iPhone 5
Die verständliche Anleitung

von
Hans-Peter Kusserow

Vierfarben

Liebe Leserin, lieber Leser,

das iPhone 5 ist ein Smartphone, wie es im Buche steht. Es erleichtert Ihnen auf durchdachte und benutzerfreundliche Art und Weise das Leben und Ihre Kommunikation, und noch dazu ist es ein schickes Gerät, ja fast schon ein Statussymbol.

Wir wollen in diesem Buch aber nicht ins Schwärmen geraten, sondern Ihnen auf sachlicher Ebene zeigen, was Ihr iPhone alles kann und wofür Sie es nutzen können. Telefonieren Sie damit, schreiben Sie SMS, E-Mails oder Facebook-Posts, hören Sie Musik, machen Sie Fotos oder surfen Sie im Internet. Es lässt sich sogar als vollwertiges Navigationsgerät einsetzen. Und natürlich kommt der Spaß nicht zu kurz: Sie erfahren von Hans-Peter Kusserow auch, wie Sie auf dem iPhone E-Books lesen, Videos anschauen oder Spiele spielen.

Wenn Sie alle Funktionen und Kniffe kennen, werden Sie Ihr Telefon bald als Schaltzentrale verwenden: für Ihre Kommunikation, für Adressen, Termine und andere wichtige Informationen, die Sie gerne griffbereit haben, oder um immer auf dem aktuellen Stand zu sein. Nehmen Sie sich ein bisschen Zeit – für das Gerät ebenso wie für dieses ausführliche Handbuch –, dann können Sie Ihr iPhone bald für sehr viel mehr als nur zum Telefonieren gebrauchen.

Dieses Buch wurde mit größter Sorgfalt geschrieben und hergestellt. Sollten Sie dennoch einmal Fehler finden oder inhaltliche Anregungen haben, freue ich mich, wenn Sie mit mir in Kontakt treten. Für konstruktive Kritik bin ich dabei ebenso offen wie für lobende Worte. Doch zunächst einmal wünsche ich Ihnen viel Freude beim Lesen!

Ihre Maike Lübbers
Lektorat Vierfarben

maike.luebbers@vierfarben.de

Auf einen Blick

Sie haben Fragen, Wünsche oder Anregungen zum Buch?
Gerne sind wir für Sie da:

Anmerkungen zum Inhalt des Buches: maike.luebbers@vierfarben.de
Bestellungen und Reklamationen: service@vierfarben.de
Rezensions- und Schulungsexemplare: thomas.losch@vierfarben.de

An diesem Buch haben viele mitgewirkt, insbesondere:

Lektorat Maike Lübbers
Korrektorat Petra Biedermann, Reken
Herstellung Iris Warkus
Einbandgestaltung Janina Conrady
Coverentwurf Daniel Kratzke
Coverfotos Apple Incorporated
Typographie und Layout Vera Brauner
Satz Dirk Hemke, Krefeld
Druck Offizin Andersen Nexö Leipzig

Gesetzt wurde dieses Buch aus der ITC Charter (10,5 pt/15 pt) in Adobe InDesign CS4. Und gedruckt wurde es auf mattgestrichenem Bilderdruckpapier (115 g/m²). Hergestellt in Deutschland.

Bibliografische Information der Deutschen Nationalbibliothek
Die Deutsche Nationalbibliothek verzeichnet diese Publikation in der Deutschen National-bibliografie; detaillierte bibliografische Daten sind im Internet über *http://dnb.d-nb.de* abrufbar.

ISBN 978-3-8421-0070-1

1. Auflage 2013
© Vierfarben, Bonn 2013
Vierfarben ist ein Verlag der Galileo Press GmbH
Rheinwerkallee 4, D-53227 Bonn
www.vierfarben.de

Der Verlagsname Vierfarben spielt an auf den Vierfarbdruck, eine Technik zur Erstellung farbiger Bücher. Der Name steht für die Kunst, die Dinge einfach zu machen, um aus dem Einfachen das Ganze lebendig zur Anschauung zu bringen.

Inhalt

Kapitel 5: Im Internet surfen mit Safari 111

Kapitel 6: E-Mails senden und empfangen 135

Kapitel 7: Kalender, Erinnerungen & Kontakte 163

Kapitel 8: Weitere interessante Apps 189

Kapitel 9: Synchronisieren mit iCloud 235

Kapitel 10: Kamera und Fotos 261

Kapitel 11: Videos aufzeichnen 287

Kapitel 12: Karten und Navigation 303

Kapitel 13: Musik hören auf dem iPhone 323

Kapitel 14: Musik und Videos kaufen im iTunes Store 353

Kapitel 15: Apps kaufen und installieren über den App Store

Kapitel 16: Datensicherheit

Kapitel 1
Start mit dem iPhone

Das lang erwartete iPhone 5 ist endlich da! Jetzt kann es losgehen. In diesem Kapitel zeige ich Ihnen, wie Sie Ihr iPhone so einstellen, dass es für Sie ganz persönlich den größten Nutzen bietet und Ihnen nebenbei auch noch richtig viel Spaß macht.

Zum Lieferumfang des neuen iPhones 5 gehören wie immer: technische Referenz ❶, Kurzübersicht ❷, Apple-Aufkleber ❸, Werkzeug zum Auswerfen des SIM-Karten-Faches ❹, Verbindungskabel zwischen USB-Anschluss und dem neuen Lightning Connector ❺, »EarPods« genannte Kopfhörer ❻ und Netzteil ❼.

Das iPhone 5 wird – wie auch schon seine Vorgänger – mit einer schicken Verpackung ausgeliefert. Darin befindet sich neben der Garantie, den obligatorischen Apple-Aufklebern und den Kurzanleitungen ein Stecker mit einem USB-Anschluss, das sogenannte *USB-Netzteil*. Dieses ist wie auch schon beim Vorgänger relativ schmal und passt somit auch in flache Steckdosen.

Die SIM-Karte einlegen

Um Ihr iPhone überhaupt als Telefon nutzen zu können, müssen Sie zuerst die SIM-Karte einlegen. Der SIM-Karten-Schacht befindet sich ungefähr mittig auf der rechten Seite des Geräts. Sie erkennen ihn an einem kleinen Loch ❶, das zum Öffnen verwendet wird.

Damit Sie den SIM-Karten-Schacht öffnen können, liefert Apple Ihnen ein kleines Werkzeug mit, das Sie in der Hülle mit der Garantie und der Kurzanleitung finden. Dort ist auch eine kurze Bildanleitung aufgedruckt. Im Folgenden erkläre ich es Ihnen etwas ausführlicher:

1. Lösen Sie das mitgelieferte Werkzeug (die »Stimmgabel«), stecken Sie es in das kleine Loch, und drücken Sie so lange, bis der Schacht etwas herausfährt. Das kann besonders am Anfang etwas schwierig sein. Wenn Sie das mitgelieferte Werkzeug einmal nicht zur Hand haben sollten, können Sie das Ganze auch mit einer aufgebogenen Büroklammer erledigen.

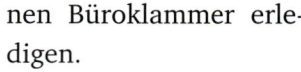

2. Sie können nun den Schlitten komplett herausziehen und die SIM-

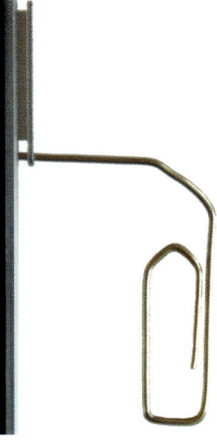

Karte so einlegen, dass sie passt. Sie erkennen das an der abgeschrägten Ecke oben links an der SIM-Karte.

3. Schieben Sie anschließend den SIM-Karten-Schlitten wieder in den Schacht. Ihr iPhone gibt dann erst einmal die Meldung aus, dass die eingelegte SIM-Karte gesperrt ist.

4. Tippen Sie auf den Button **Entsperren**, und Sie gelangen sofort auf einen Bildschirm, auf dem Sie Ihre vierstellige PIN eingeben müssen. Den PIN-Code finden Sie in Ihren Vertragsunterlagen!

5. Bestätigen Sie anschließend die Eingabe, und in aller Regel wird die SIM-Karte daraufhin schon aktiviert.

HINWEIS

Die richtige SIM-Karte?

Apple verwendet für sein iPhone 5 sogenannte *Nano-SIM-Karten*, die noch etwas kleiner sind als die normalen handelsüblichen SIM-Karten, die noch bis zum iPhone 4S verwendet wurden. Die Provider haben dieser Entwicklung aber bereits Rechnung getragen und Karten produziert, aus denen man die Nano-SIM-Karte herausbrechen kann ❷.

Zur Information habe ich Ihnen einmal die Entwicklung der SIM-Karten dargestellt. Der Trend zur Miniaturisierung ist hier deutlich zu erkennen.

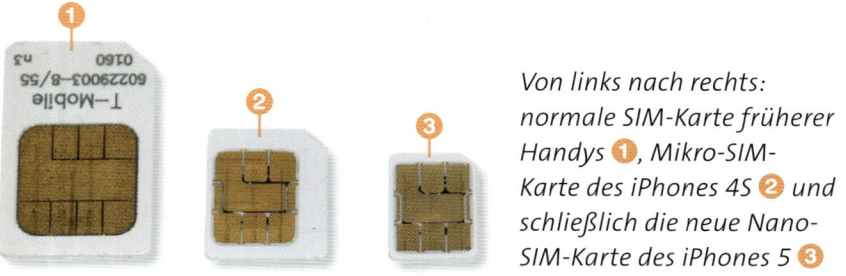

Von links nach rechts: normale SIM-Karte früherer Handys ❶, Mikro-SIM-Karte des iPhones 4S ❷ und schließlich die neue Nano-SIM-Karte des iPhones 5 ❸

Ist iTunes installiert?

Ganz besonders wichtig, um Ihr iPhone mit Ihrem Mac oder PC nutzen zu können, ist iTunes. Dieses Programm verwaltet nicht nur alle Ihre digitalen Medien wie Musik, Filme, Podcasts etc., sondern dient auch dazu, Ihr iPhone mit Ihrem Computer zu synchronisieren.

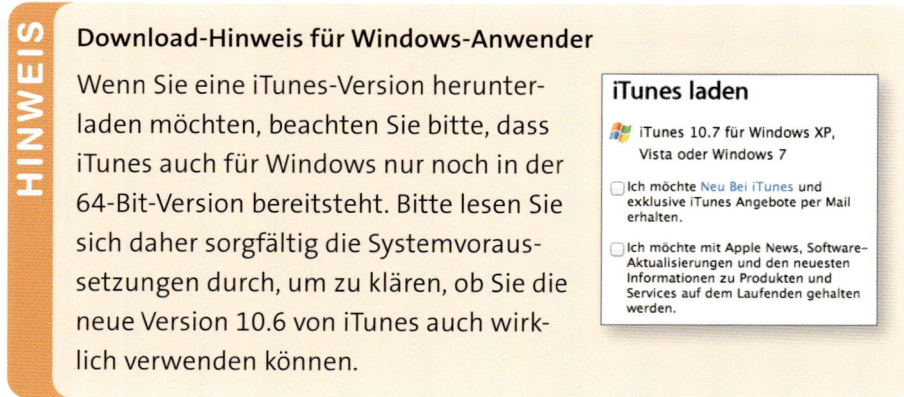

HINWEIS

Download-Hinweis für Windows-Anwender

Wenn Sie eine iTunes-Version herunterladen möchten, beachten Sie bitte, dass iTunes auch für Windows nur noch in der 64-Bit-Version bereitsteht. Bitte lesen Sie sich daher sorgfältig die Systemvoraussetzungen durch, um zu klären, ob Sie die neue Version 10.6 von iTunes auch wirklich verwenden können.

iTunes laden

iTunes 10.7 für Windows XP, Vista oder Windows 7

☐ Ich möchte Neu Bei iTunes und exklusive iTunes Angebote per Mail erhalten.

☐ Ich möchte mit Apple News, Software-Aktualisierungen und den neuesten Informationen zu Produkten und Services auf dem Laufenden gehalten werden.

Um iTunes zu installieren, gehen Sie wie im Folgenden beschrieben vor:

1. Laden Sie sich die aktuelle Version von iTunes bei Apple unter *www.apple.com/de/itunes/download* herunter.

2. Die heruntergeladene iTunes-Installationsdatei liegt dann standardmäßig in Ihrem *Downloads*-Ordner bzw. wird vom Mac direkt auf dem Desktop dargestellt.

3. Starten Sie den Installationsprozess nun mit einem Doppelklick auf die iTunes-Installationsdatei, und folgen Sie den Anweisungen des Installationsassistenten.

4. Sobald iTunes installiert ist, können Sie es direkt öffnen und mit der Arbeit beginnen. Sie müssen vorher lediglich noch die Lizenzbedingungen akzeptieren.

Sie sollten stets darauf achten, dass Sie jeweils die aktuelle Version von iTunes auf Ihrem Computer installiert haben. Um das zu überprüfen, klicken Sie in der Menüleiste auf **iTunes ▸ Auf Updates überprüfen**. Sollte ein Update verfügbar sein, können Sie es hier installieren.

Das iPhone anmelden und aktivieren

Da iTunes nun auf dem neuesten Stand ist, können Sie Ihr iPhone anmelden und aktivieren. Das tun Sie folgendermaßen:

1. Wenn Sie Ihr iPhone einschalten, gelangen Sie direkt auf den in der Abbildung dargestellten Startbildschirm. Ein Finger-Tipp auf das kleine i oberhalb des **Entsperren**-Sliders ❹ zeigt Ihnen die IMEI- und die ICCID-Nummer Ihres iPhones an.

2. Entsperren Sie Ihr iPhone, indem Sie den Slider mit dem Daumen nach rechts bewegen.

3. Sie gelangen dadurch auf die Seite der Sprachwahl. An dieser Stelle tippen Sie auf **Deutsch**. Wahrscheinlich zeigt Ihnen Ihr iPhone nun erst einmal eine Nachricht, die besagt, dass Ihre SIM-Karte noch gesperrt ist.

Tippen Sie auf den **Entsperren**-Button, und geben Sie anschließend Ihren vierstelligen SIM-Code (PIN) ein. Bestätigen Sie diese Aktion mit **OK**.

4. Wählen Sie, nachdem Sie Sprache und PIN eingegeben haben, die Region bzw. das Land aus, und aktivieren Sie die Ortungsdienste ❶. Bestätigen Sie alle Eingaben mit einem Tipp auf **Weiter** ❷.

5. Im nächsten Schritt müssen Sie Ihr WLAN auswählen. Suchen Sie Ihr Netzwerk, falls vorhanden, aus der Liste aus, tippen Sie darauf ❸, und geben Sie Ihr Kennwort ein. Haben Sie alles korrekt eingegeben, tippen

Sie auf den **Verbinden**-Button ❹. Auf dem nächsten Bildschirm wird Ihr WLAN blau dargestellt und vorn mit einem Häkchen versehen. Bestätigen Sie diesen Bildschirm ebenfalls mit dem **Weiter**-Button ❺.

6. Ihr iPhone wird nun aktiviert, was einige Minuten dauern kann. Im nächsten Bildschirm müssen Sie das Gerät konfigurieren. Wählen Sie aus den Optionen **Als neues iPhone konfigurieren** aus, wenn es sich bei Ihnen um eine Erstkonfiguration handelt.

7. Geben Sie nun Ihre Apple-ID ein, oder erstellen Sie eine neue Apple-ID, falls Sie noch keine haben.

8. Haben Sie bis hierher alles eingerichtet, müssen Sie noch die Servicebedingungen akzeptieren.

9. Anschließend können Sie entscheiden, ob Sie iCloud verwenden möchten oder nicht und ob Sie gegebenenfalls eine Datensicherung in iCloud erstellen möchten. Tippen Sie dazu auf **iCloud verwenden** ⑥ und dann auf **iCloud-Backup** ⑦.

10. Entscheiden Sie als Nächstes, ob Sie die Funktion **Mein iPhone suchen** verwenden möchten. Falls ja, tippen Sie hier auf **Verwenden**. Auf die Art können Sie Ihr iPhone orten lassen, wenn Sie es einmal verlieren.

11. Im nächsten Bildschirm legen Sie fest, ob Sie die Sprachsteuerung Siri verwenden möchten. Tippen Sie hierzu auf **Siri verwenden**. Näheres zu diesem Thema erfahren Sie im Abschnitt »Den intelligenten Assistenten Siri nutzen« ab Seite 37.

INFO

Backup in iCloud?

Wenn Sie Ihr iPhone 5 ohne einen Computer betreiben möchten, dann sollten Sie den Menüpunkt **iCloud-Backup** auswählen. Nutzen Sie hingegen ohnehin einen Computer, mit dem Sie Ihre iPhone-Daten abgleichen, bietet sich der Menüpunkt **Backup auf meinem Computer** an.

Das iPhone anmelden und aktivieren

12. Zu guter Letzt können Sie der Firma Apple bei der Verbesserung ihrer Produkte helfen, wenn Sie möchten, indem Sie im Bereich **Diagnose und Nutzung** den Button **Autom. senden** antippen. Zum Schluss müssen Sie sich nur noch bei Apple registrieren.

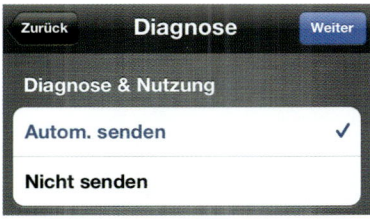

Gratulation! Sie haben es geschafft – Ihr iPhone ist eingerichtet und konfiguriert. Um es mit Daten zu versorgen, müssen Sie es nun an Ihren PC anschließen, es bei iTunes anmelden und dort mit allen Ihren Daten synchronisieren. Je nachdem, wie Sie sich in Schritt 9 entschieden haben, müssen Sie Ihr iPhone nur ein einziges Mal mit iTunes synchronisieren oder aber jedes Mal (falls Sie die Option **Backup auf meinem Computer** gewählt haben).

Das iPhone bei iTunes anmelden

Im folgenden Workshop erfahren Sie, wie Sie das iPhone zum ersten Mal bei iTunes anmelden und die notwendigen Einstellungen für die erste Synchronisation Ihrer Daten vornehmen.

1. Schließen Sie Ihr iPhone mit dem mitgelieferten Dock-Connector-Kabel an Ihren Computer an.

2. Öffnen Sie iTunes. Nach wenigen Augenblicken wird iTunes Ihr Gerät erkennen und sich mit dem folgenden Startbildschirm melden.

3. Sie können Ihrem iPhone an dieser Stelle einen beliebigen Namen geben. Dieser Name wird später immer sichtbar sein, wenn Sie Ihr iPhone mit iTunes verbinden. Sie können ihn aber nachträglich noch ändern. Sie legen hier ebenfalls fest, ob Sie Kontakte, Kalender und Programme synchronisieren möchten. Haben Sie alles nach Ihren Wünschen eingerichtet, bestätigen Sie Ihre Einstellungen mit dem **Fertig**-Button.

4. Sie gelangen zum nächsten Schritt des Initialisierungsprozesses, in dem Sie alle weiteren Synchronisationseinstellungen vornehmen können.

Neben der Übersicht und den Infos stehen Ihnen folgende Kategorien zur Verfügung: **Klingeltöne**, **Apps**, **Musik**, **Filme**, **TV-Sendungen**, **Podcasts**, **Bücher** und **Fotos**.

HINWEIS

Was ist eine Apple-ID?

Eine *Apple-ID* ist die individuelle Kennung, die Sie als Apple-Kunden ausweist und mit der Sie im App Store, im iTunes Store und im iBook Store einkaufen können. Darüber hinaus wird die Apple-ID als Kennung für Ihre iCloud-Dienste und weitere Dienste verwendet. Das hat Apple ganz praktisch eingerichtet, denn auf diese Weise müssen Sie nicht für jede Aktion neue Anmeldedaten erstellen.

Sinnvolle Einstellungen für die erste Synchronisation

Um Ihr iPhone das erste Mal richtig zu synchronisieren, sollten Sie im Bereich **Infos** sinnvolle Einstellungen wählen. An dieser Stelle nehmen Sie die wichtigsten Grundeinstellungen vor, deshalb schauen wir uns diesen Bereich genauer an. Hierbei gehen wir nach den einzelnen Kategorien vor.

Im ersten Bereich, **Adressbuchkontakte synchronisieren**, geht es um die Synchronisation Ihrer Kontakte. Hier entscheiden Sie, ob Sie alle Ihre Kontakte auf das iPhone kopieren ❶ oder aber nur bestimmte Kontaktgruppen synchronisieren möchten. Diese Kontaktgruppen müssen Sie allerdings vorher bereits im Adressbuch oder in Outlook angelegt haben. Wie das geht, erfahren Sie in Kapitel 7, »Kalender, Erinnerungen & Kontakte«, ab Seite 163.

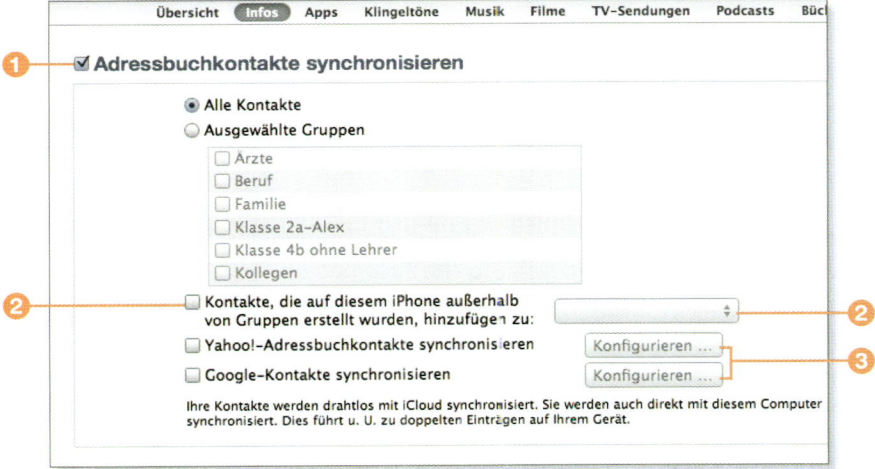

Wenn Sie auf Ihrem iPhone einen Kontakt außerhalb der von Ihnen definierten Gruppen erstellen, können Sie hier selbst festlegen, welcher Gruppe dieser Kontakt zugeordnet werden soll ❷. Sollten Sie bereits über einen Yahoo!- oder über einen Google-Account ver-

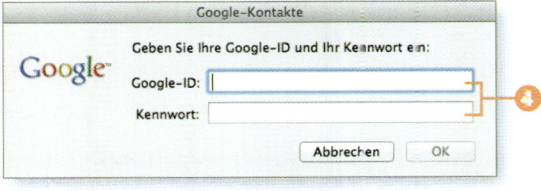

fügen und Ihre Kontakte bisher damit abgeglichen haben, können Sie den jeweiligen Account an dieser Stelle entsprechend konfigurieren ❸. Geben Sie die Google-ID und das Kennwort ein ❹, und starten Sie den Synchronisationsvorgang mit **OK**.

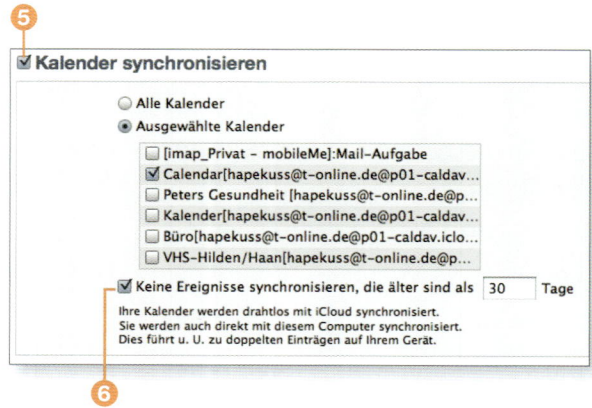

Beim nächsten Punkt, **Kalender synchronisieren** ❺, können Sie auch ein Häkchen setzen, um Ihre Kalender abzugleichen. Hier wählen Sie wieder aus, ob Sie alle Ihre Kalender synchronisieren möchten oder nur bestimmte. Je nachdem, welche Kalender Sie angelegt haben, können Sie z. B. zwischen beruflichen oder privaten Kalendern unterscheiden.

Um die Menge Ihrer Kalender nicht ausufern zu lassen, können Sie noch einstellen, dass nur die Kalender synchronisiert werden sollen, die nicht älter als X Tage sind ❻. Geben Sie hier z. B. »30 Tage« ein, so dass Sie immer noch einen Monat im Rückblick haben. Sollte Ihnen das zu wenig sein, tragen Sie entweder eine höhere Zahl ein, oder Sie lassen den Eintrag ohne Häkchen und synchronisieren alle Kalenderdaten, die auf Ihrem Computer gespeichert sind.

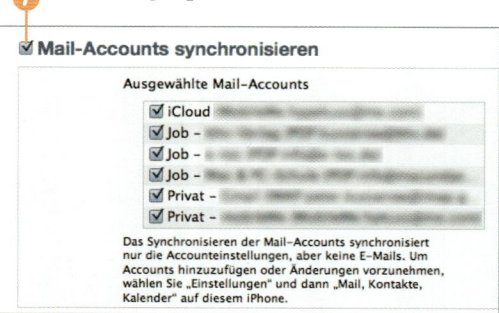

Unter **Mail-Accounts synchronisieren** ❼ haben Sie die Möglichkeit, die Account-Einstellungen Ihrer E-Mail-Postfächer zu synchronisieren. Wenn Sie mehrere Postfächer haben, können Sie für jedes einzelne Postfach bestimmen, ob es synchronisiert werden soll, indem Sie ein Häkchen setzen oder nicht. Mehr zur Verwaltung Ihrer E-Mails erfahren Sie in Kapitel 6, »E-Mails«, ab Seite 135.

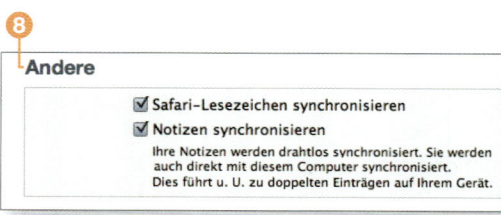

Unter **Andere** ❽ finden Sie die Synchronisationsmöglichkeiten für Ihre Safari-Lesezeichen und Ihre Notizen. Sie können hier leider keine weiteren Einstellungen vornehmen, sondern lediglich ein Häkchen setzen oder nicht.

Im Bereich **Erweitert** 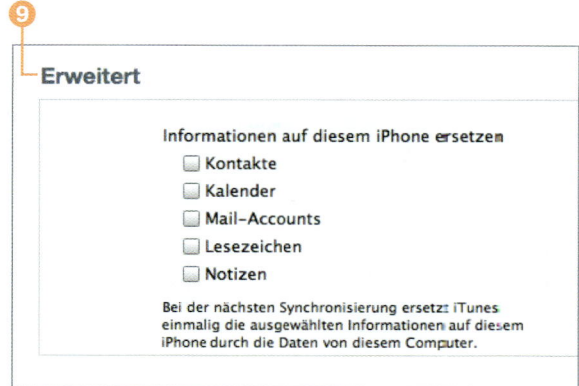 setzen Sie in den Kategorien **Kontakte**, **Kalender**, **Mail-Accounts**, **Lesezeichen** und **Notizen** jeweils ein Häkchen, wenn Sie diese einmalig von Ihrem Computer auf Ihr iPhone kopieren möchten. Dieser Prozess ist jeweils nur für einen Synchronisationsvorgang vorgesehen und muss bei Bedarf vor jeder Synchronisation wieder neu eingestellt werden.

TIPP

Sicherheitskopie anlegen!

Bevor Sie die Bedingungen akzeptieren, sollten Sie auf jeden Fall eine Sicherheitskopie Ihrer Kontaktdaten anlegen, damit sind Sie auf der sicheren Seite. Danach steht einer Synchronisation Ihrer Kontaktdaten nichts mehr im Wege.

Nach Aktualisierungen suchen

iTunes bietet Ihnen auf der Übersichtsseite für Ihr iPhone den Button **Nach Update suchen** 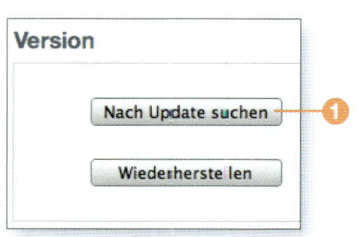 an, der das Programm nach neuer Software für Ihr iPhone suchen lässt.

Oberhalb davon befindet sich ein Bereich, in dem unter anderem die aktuelle Softwareversion verzeichnet ist, so dass Sie auf einen Blick erkennen, ob Sie auf dem neuesten Stand sind. Falls nicht, gehen Sie wie folgt vor, um Ihr iPhone zu aktualisieren:

1. Tippen Sie auf den Button **Nach Update suchen**. Nach einer Weile erscheint das folgende Dialogfeld, in dem Sie einfach nur den Button **Laden und aktualisieren** ❷ mit der Maus oder mit der ⏎ -Taste bestätigen müssen. Schon startet der Aktualisierungsvorgang.

2. Als Erstes wird Ihnen angezeigt, um welche Art von Aktualisierung es sich handelt und für welche iPhone-Modelle das Update gedacht ist. Dieses Dialogfeld bestätigen Sie mit einem Klick auf den **Weiter**-Button, um zum nächsten Schritt zu gelangen.

3. Das nächste Dialogfeld enthält den iPhone-Software-Lizenzvertrag, den Sie sich durchlesen sollten. Sie können diesen Vertrag aber auch auf Ihrem Computer sichern ❸ und ihn später lesen, wenn Ihnen das lieber ist. In jedem Fall müssen Sie ihn akzeptieren ❹, bevor Sie die neue Software auf Ihrem iPhone installieren können.

4. Haben Sie den iPhone-Software-Vertrag akzeptiert, beginnt der sofortige Download der Software. Sie erkennen den Fortschritt des Downloads in der iTunes-Anzeige und können nun in aller Ruhe den automatisierten Installationsprozess durchlaufen. In diesem Prozess sollten Sie nicht eingreifen, da dies zu schweren Fehlern führen kann.

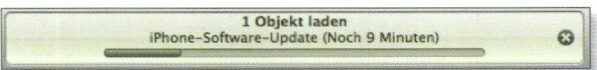

Nach einigen Minuten ist der Installationsprozess beendet, und Sie müssen die SIM-Karte wieder entsperren. Verbinden Sie danach Ihr iPhone wieder mit iTunes, und der Installationsprozess ist abgeschlossen.

ACHTUNG

Softwareinstallation

Seien Sie bitte unbedingt vorsichtig beim Installieren der neuen Firmware Ihres iPhones! Unterbrechen Sie den Aktualisierungs-prozess auf keinen Fall, denn das kann zu irreparablen Schäden an Ihrem Gerät führen.

Alle Knöpfe und Schalter auf einen Blick

Ihr iPhone verfügt über einige Knöpfe und Schalter, die Sie zur schnelleren Bedienung nutzen können. Diese lernen Sie im Folgenden in einem kurzen Überblick kennen:

❶ Auf der Oberseite des iPhones finden Sie den An-Aus- und den Standby-Schalter. Die genaue Funktion wird im Abschnitt »Einschalten, Aus-schalten und Standby«, ab Seite 28 näher erläu-tert.

❷ Links oben befindet sich der Schalter für die Stummschaltung. Nutzen Sie ihn, können Sie zwar weiterhin Anrufe und Nachrichten emp-fangen und Ihr iPhone normal bedienen, Sie hören allerdings keine Signal- und Anruftöne mehr. In einem Meeting oder bei einem Konzert stören Sie Ihre Umgebung so nicht, bleiben aber dennoch erreichbar. Wenn Sie diesen Schalter verwenden, erhalten Sie über das Display Ihres iPhones eine optische Rückmeldung, dass der Ton entweder ein- oder ausgeschaltet ist.

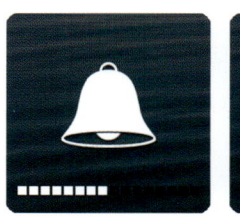 

*An diesen Icons erkennen Sie, ob der Ton
an- (links) oder ausgeschaltet ist (rechts).*

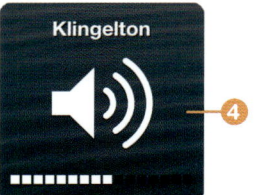

❸ Direkt unter dem Stummschalter befinden sich die
mit + und − beschrifteten Tasten für die Steuerung
der Lautstärke. Mit diesen Tasten regeln Sie die
Gesamtlautstärke, die Lautstärke von Signal- und
Warntönen und die Lautstärke beim Telefonieren. Auch hier bekommen
Sie eine visuelle Rückmeldung ❹, wenn Sie die Lautstärke verändern.

❺ Diese Taste ist die sogenannte *Home-Taste* – oft auch als *Home-Button*
bezeichnet –, die zentrale Steuerungstaste des iPhones. Mit dieser Taste
steuern Sie ganz verschiedene Dinge. Sie können das iPhone, wie bereits erwähnt, aus dem Standby-Modus »aufwecken«, Sie steuern damit
aber ebenso die Multitasking-Funktion und die Sprachsteuerung Siri.
Dazu lesens Sie im Abschnitt »Den intelligenten Assistenten Siri nutzen«
auf Seite 37 mehr.

Diese wenigen Tasten reichen für eine schnelle Bedienung Ihres iPhones
eigentlich aus. Auf die Art schalten Sie Ihr iPhone z. B. schnell und ohne
Umstände stumm, wenn Sie in einer Besprechung oder im Kino sind; sie
decken aber natürlich nur die Grundfunktionen und lange nicht alles ab,
was das iPhone kann.

Einschalten, Ausschalten und Standby

Beginnen wir mit der Oberseite des iPhones. Hier befindet sich der An-Aus-
Schalter ❻, der gleichzeitig die Standby-Taste ist. Wenn Sie diese Taste ein-

mal kurz drücken, »wecken« Sie das iPhone aus dem Standby-Modus auf, so dass Sie das Touch-Display entriegeln und Ihr iPhone bedienen können. Nochmaliges kurzes Drücken dieser Taste versetzt Ihr iPhone wieder in den Standby-Modus, und das Display wird wieder schwarz.

Die Oberseite des iPhones 5

In diesem Standby-Modus ist Ihr iPhone aber immer noch empfangsbereit, und Sie können weiterhin angerufen werden und Nachrichten empfangen. Sie können ebenfalls die iPod-Funktion nutzen und Musik hören. Nur der Bildschirm ist dabei ausgeschaltet und reagiert in diesem Zustand nicht mehr auf Berührungen. Der Standby-Modus spart so eine Menge Strom, und Ihr Akku hält entsprechend länger.

Standardmäßig ist das iPhone so eingestellt, dass der Standby-Modus aktiviert wird, wenn der Bildschirm eine Minute nicht berührt wird. Diesen Zeitraum können Sie allerdings selbst an Ihre eigenen Bedürfnisse anpassen, indem Sie unter **Einstellungen ▸ Allgemein ▸ Automatische Sperre** einen entsprechend längeren Zeitraum auswählen.

Längeres Drücken der An-Aus-Taste – mehr als drei Sekunden – führt dazu, dass Sie das iPhone komplett ausschalten können. Hierfür müssen Sie lediglich den roten Schieberegler nach rechts ziehen. Ihr iPhone wird daraufhin komplett abgeschaltet.

Wenn Sie diesen Schieberegler nach rechts ziehen, wird das iPhone ausgeschaltet.

Die Unterseite des iPhones 5

Es hat sich im Gegensatz zu den Vorgängern des iPhones 5 einiges verändert, was die Anschlüsse angeht. Der Dock-Connector ❶ ist beispielsweise stark geschrumpft und hat so den Platz auf der Unterseite für den EarPod-Anschluss ❷ frei gemacht.

Der EarPod-Anschluss befindet sich nun unten links, während der neue Lightning-Dock-Anschluss in der Mitte deutlich kleiner ist als seine Vorgänger.

Zwischen Bildschirmen wechseln

Die einzelnen Bildschirmdarstellungen des iPhones werden als *Screens* bezeichnet. Wenn Sie Ihr iPhone das erste Mal einschalten, gibt es zwei Screens. Wenn Sie aber – so wie ich – ein Jäger und Sammler interessanter Apps sind und diese eines Tages nicht mehr auf einen Bildschirm passen, müssen Sie notgedrungen weitere Screens anlegen, bzw. Ihr iPhone erledigt das für Sie.

Insgesamt können Sie elf Bildschirme anlegen und zwischen ihnen hin und her blättern. Die Anzahl der einzelnen Bildschirme erkennen Sie an den Punkten ❸ zwischen den Apps und dem Dock.

Um zwischen den einzelnen Bildschirmen zu blättern, wischen Sie einfach mit dem Finger von rechts nach links; Sie schieben damit sozusagen den aktuellen Screen nach links aus dem Bild, und der nächste Screen erscheint. Der weiß hervorgehobene Punkt zeigt Ihnen dabei an, auf welchem Bildschirm Sie sich gerade befinden. Das Wischen, um die Bildschirme zu verschieben, funktioniert übrigens in beide Richtungen.

Apps starten

Das Starten von Apps ist wahrscheinlich die am meisten ausgeführte Aktion auf dem iPhone. Sie ist auch ganz einfach: Tippen Sie eine App auf dem Display lediglich mit dem Finger an. Sofort nach dem Berühren des jeweiligen App-Symbols öffnet sich die App.

Mehrere Apps gleichzeitig laufen lassen

Seit der Softwareversion iOS 4.0 beherrscht das iPhone das sogenannte *Multitasking*. Das bedeutet, Sie können gleichzeitig mit mehreren Apps arbeiten, ohne eine App beenden zu müssen, bevor Sie die nächste öffnen.

1. Öffnen Sie einfach einmal mehrere Apps hintereinander, und schließen Sie diese Anwendungen wieder, indem Sie auf die Home-Taste drücken.

2. Drücken Sie nun die Home-Taste zweimal kurz hintereinander. Es öffnet sich nun die sogenannte *Multitasking-Übersicht*. Hier sehen Sie alle Apps, die Sie in der letzten Zeit geöffnet haben. Der obere Teil des Displays wird dabei abgeblendet, so dass Sie die geöffneten Apps besser erkennen können.

3. Wenn Sie mehr als vier Apps geöffnet haben, sind nicht alle sofort sichtbar, weil auf dem Display immer nur vier Apps gleichzeitig angezeigt werden können. Um die anderen anzuzeigen, wischen Sie einfach mit dem Finger nach links. Mit rechts geht es wieder zurück.

4. Tippen Sie anschließend auf die App Ihrer Wahl, und sie öffnet sich an der gleichen Stelle, an der Sie sie verlassen haben. Das erneute Drücken des Home-Buttons schließt die App wieder.

5. Um eine App endgültig zu schließen (und damit z. B. auch Ihren Akku zu schonen), drücken Sie einen Augenblick länger mit dem Finger darauf. Daraufhin fangen die Apps an zu wackeln und bekommen jeweils ein Minuszeichen oben links. Wenn Sie nun auf dieses Minuszeichen tippen, wird die App vollständig geschlossen (kann aber natürlich jederzeit wieder auf dem üblichen Weg geöffnet werden).

Es kommt vor, dass Sie relativ viele Apps im Hintergrund geöffnet haben. Ab und zu sollten Sie diese Liste einfach mal bereinigen, wie eben gezeigt.

Apps vollständig ausschalten

Mit der Zeit kann es allerdings passieren, dass Sie eine ganze Reihe von Apps geöffnet haben und entsprechend hin und her wischen müssen. In dieser Situation ist es sinnvoll, einzelne Apps vollends auszuschalten. Das erledigen Sie wie folgt:

1. Klicken Sie doppelt auf den Home-Button, und Sie gelangen in die Multitasking-Ansicht.

2. Halten Sie nun den Finger so lange auf einer App, bis die Apps zu wackeln beginnen.

3. Am oberen linken Rand befindet sich dann jeweils ein kleines weißes Minus-Zeichen in einem roten Kreis. Drücken Sie auf dieses Symbol, und die jeweilige App wird sofort geschlossen.

Diese Aktion können Sie in der Multitasking-Leiste so lange durchführen, bis alle Apps geschlossen sind. Ein einfacher Klick auf den Home-Button beendet die gesamte Aktion.

Apps einrichten und sortieren

Das Organisieren Ihrer Apps funktioniert nach demselben Prinzip wie das Schließen der Apps in der Multitasking-Leiste. Angenommen, Sie haben mittlerweile eine stattliche Anzahl an Apps erworben und möchten diese nun in eine für Sie logische Reihenfolge bringen, um sich besser auf Ihrem iPhone zurechtzufinden. Gehen Sie dazu wie folgt vor:

1. Drücken Sie längere Zeit, etwa 2 bis 3 Sekunden, auf das Symbol einer App, bis alle Apps zu wackeln beginnen.

2. Nun können Sie die einzelnen Apps anfassen und an eine andere Stelle ziehen.

3. Wenn Sie eine App jeweils über den linken oder rechten Rand des Screens hinwegziehen, wird sie auf die nächste Seite bewegt. Ist dort noch keine App abgelegt, erscheint eine komplett neue Seite, die Sie nun mit Apps füllen können.

4. Auf dieser neuen Seite wird die verschobene App dann oben links eingefügt. Ein kurzer Druck auf den Home-Button fixiert Ihre Apps wieder, und sie hören auf zu wackeln.

Sie können Ihre Apps nicht nur anders anordnen, sondern sie sogar nach Themen zusammenfassen. Dazu legen Sie App-Ordner an. Wie das geht, erfahren Sie im Abschnitt »Ordner erstellen« ab Seite 34.

Apps vom iPhone löschen

Ist die eine oder andere App nicht mehr so nach Ihrem Geschmack, können Sie sie schnell wieder loswerden. Gehen Sie zum Löschen folgendermaßen vor:

1. Löschen Sie die App einfach, indem Sie etwa 2 bis 3 Sekunden auf ihr Symbol drücken und damit alle Apps in den Wackelzustand bringen.

2. Drücken Sie dann auf das kleine Kreuzchen oben links ❶ an der App, die Sie löschen möchten.

Es gibt auch Apps, die im Wackelzustand kein Kreuzchen aufweisen ❷. Diese Apps gehören zur Standardausstattung Ihres iPhones und können nicht gelöscht werden.

> **HINWEIS**
>
> **Sind gelöschte Apps endgültig verschwunden?**
>
> Sie müssen nicht befürchten, dass aus Versehen gelöschte Apps auf Nimmerwiedersehen verschwunden sind. Alle Apps, die Sie jemals geladen haben, sind nach wie vor in iTunes gesichert. Von hier können Sie alle Apps immer wieder durch einen Synchronisationsvorgang auf Ihr iPhone zurückholen.

Ordner erstellen

Wenn Ihnen die vielen Apps auf Ihrem iPhone zu unübersichtlich geworden sind, fassen Sie sie doch einfach in Ordnern zusammen. In diese Ordner passen jeweils bis zu 16 Apps. So richten Sie die Ordner ein:

1. Halten Sie eine beliebige App so lange gedrückt, bis alle Apps zu wackeln beginnen, und ziehen Sie dann eine App auf eine andere.

2. Es öffnet sich ein grau hinterlegtes Feld, das bereits mit einem Namen versehen ist und das nun die beiden Apps enthält.

3. Sind Sie mit dem Namen des Ordners einverstanden, drücken Sie einfach den Home-Button, und der Ordner wird sofort angelegt ❸.

4. Möchten Sie einen anderen Ordnernamen vergeben, berühren Sie das graue Kreuz ❹ rechts und geben nun mit Hilfe der Bildschirmtastatur einen neuen Namen ein oder diktieren ihn, indem Sie auf den Mikrofon-Button links neben der Leertaste tippen (siehe dazu auch den Abschnitt »Den intelligenten Assistenten Siri nutzen« auf Seite 37).

5. Bestätigen Sie Ihre Eingabe mit dem **Fertig**-Button auf der Tastatur unten rechts. Daraufhin verschwindet die Tastatur wieder.

6. Auch hier müssen Sie Ihre Aktion wieder mit dem Home-Button bestätigen, und schon haben Sie einen Ordner erstellt und ihn mit einem eigenen Namen versehen.

Wenn Sie Ihre Ordner wieder umsortieren wollen, können Sie die Apps auf die gleiche Weise wieder aus einem Ordner herausziehen: Drücken Sie darauf, bis die Apps wackeln, und ziehen Sie die App wieder aus dem Ordner auf den Screen. Um einen ganzen Ordner zu löschen, leeren Sie ihn einfach komplett.

Ordner in iTunes erstellen

Wenn Ihnen das Erstellen von Ordnern auf dem iPhone zu kompliziert erscheint oder Sie einen besseren Überblick über Ihre Apps benötigen, können Sie das Ganze auch in iTunes erledigen.

1. Gehen Sie in iTunes in die App-Ansicht für Ihr iPhone, und ziehen Sie hier mit gedrückter Maustaste einfach eine App auf eine andere.

2. In dieser Ansicht entsteht nun, wie auf Ihrem iPhone auch, eine graue Fläche, auf der sich die beiden Apps befinden und die bereits mit einem Namen ❶ versehen ist.

3. Sie können auch noch den Namen des Ordners ändern, wenn er Ihnen nicht gefällt. Ist alles so weit in Ordnung, klicken Sie mit der Maus einfach an eine beliebige Stelle außerhalb des Ordners und fixieren den Ordner auf diese Weise.

Bei der nächsten Synchronisation wird der neu erstellte Ordner auf Ihr iPhone kopiert und sieht dann genauso aus, als ob Sie ihn von Hand direkt auf dem iPhone angelegt hätten. Mehr zum Thema Synchronisation finden Sie im Abschnitt »Das iPhone anmelden und aktivieren« auf Seite 17.

Den intelligenten Assistenten Siri nutzen

Die Sprachsteuerung, die auf den älteren iPhones mehr oder weniger zuverlässig funktionierte, hat Apple bereits beim iPhone 4S durch *Siri* ersetzt. Damals handelte es sich aber noch um eine sogenannte Beta-Version, die für iOS 6 nun noch verbessert wurde.

Siri ist ein intelligenter, sprachgesteuerter Assistent, der auch indirekte und semantisch unpräzise Aussagen versteht und seine Befehle daraus selbstständig erkennt. Diese neue Art der Sprachsteuerung hat etwas Revolutionäres und macht vor allem viel Spaß in der täglichen Anwendung. Sie können Siri Ihre Befehle entweder ganz normal über Ihr iPhone geben oder das mitgelieferte Headset dafür nutzen.

Doch zunächst einmal möchte ich Ihnen einige Einstellungen empfehlen, die für eine reibungslose Nutzung von Siri sinnvoll sind.

1. Um Siri nach Ihren Wünschen einzustellen, tippen Sie auf **Einstellungen** ▸ **Allgemein** ▸ **Siri**. Hier können Sie Siri über einen Schieberegler aktivieren und deaktivieren ❶.

2. Als Sprache ist standardmäßig die gleiche Sprache eingestellt, auf die auch das iPhone eingestellt ist, in unserem Fall also Deutsch. Im Menü **Sprache** ❷ können Sie für Siri insgesamt zwischen acht Sprachen in verschiedenen Ausprägungen wählen (leider stehen hier nicht alle Sprachen zur Auswahl, die Sie im Menü **Einstellungen** ▸ **Allgemein** ▸ **Landeseinstellungen** wählen können).

3. Sie können ebenfalls entscheiden, ob Sie immer ein gesprochenes Feedback erhalten möchten oder nur dann, wenn Ihr iPhone an eine Freisprechanlage angeschlossen ist (diese Optionen finden Sie unter dem Menüpunkt **Sprach-Feedback** ❸).

4. Fügen Sie unter **Meine Info** ❹ noch Ihre Kontaktdaten, also Ihre eigene Telefonnummer, hinzu, damit Siri quasi weiß, wer Sie sind, und Ihre Informationen verwenden kann, um Ihnen zu helfen. Schließen Sie dann Ihre Eingaben ab.

Nachdem Sie diese Grundeinstellungen vorgenommen haben, können Sie Siri benutzen. Wie das funktioniert und was Ihr neuer Assistent alles kann, erfahren Sie in den nächsten beiden Abschnitten.

So funktioniert Siri

Halten Sie den Home-Button einige Sekunden gedrückt, dann erscheint im unteren Drittel des Bildschirms Siri mit der Frage: »Wie kann ich behilflich sein?«

Ist in diesem Mikrofon-Symbol ein violetter Schein zu erkennen, ist das Mikrofon aktiv **5**. Ein inaktives Mikrofon ist einfach schwarz **6**. Während des Sprechens erhöht sich dann der Mikrofonpegel **7**, und im Rahmen des Mikrofons verläuft eine violette Leuchtspur, wenn die Anfrage an Apple geschickt wird **8**.

*Von links nach rechts: Inaktives Mikrofon **6**, eingeschaltetes Mikrofon (Siri ist bereit), die Frage wird aufgenommen **7**, die Frage oder Aufgabe wird bearbeitet **8**.*

Siri hat auch ein integriertes Handbuch, das Sie abrufen können, indem Sie folgenden Befehl sprechen: »Was kannst du tun?« oder: »Was kannst du?« Dann öffnet sich das Handbuch, und Sie sehen, mit welchen Programmen Siri zusammenarbeitet.

Wenn Sie im Handbuch auf den kleinen Pfeil **9** am rechten Rand einer App tippen, wird Ihnen eine Reihe von Fragen angezeigt, die Sie stellen können, um von Siri eine Antwort zu bekommen oder um eine Aktion auszulösen. Probieren Sie es aus. Sie werden feststellen, dass sich die Art, wie Sie mit Ihrem iPhone umgehen, im Laufe der Zeit grundlegend verändern wird.

So nutzen Sie Siri mit dem Headset

Falls Sie Ihr Headset für die Zusammenarbeit mit Siri verwenden möchten, bedienen Sie es genauso wie sonst:

1. Um Siri zu starten, drücken Sie einige Sekunden auf die Vertiefung an der Steuerungseinheit des Headsets – auch dann, wenn das iPhone sich

lediglich im Bereitschaftsmodus befindet. Es erscheint das unten darge-
stellte Display, und es ertönen zwei Signaltöne. Anschließend können
Sie Siri einen Befehl geben oder eine Frage stellen.

2. Um den Sprachbefehl so klar wie möglich formulieren zu können, lassen
Sie das Kabel des Headsets frei hängen und halten es am besten nicht
fest. Das auf der Rückseite des Steuerelementes eingebaute Mikrofon ist
empfindlich. Sprechen Sie dann Ihren Befehl.

3. Die Lautstärke können Sie an der Steuerungseinheit des Headsets über
die Tasten + und − regulieren.

Die mitgelieferten EarPods und die Bedienungseinheit wurden neu entwickelt und liefern nun eine noch flüssigere Bedienung und vor allem einen
besseren Klang.

Inhalte auf dem iPhone suchen

Spotlight ist der Name der Suchfunktion, die Sie vielleicht bereits von Ihrem
Mac kennen. Auf Ihrem Display befindet sich unten – neben den Punkten für
die einzelnen Screens – ein kleines Lupen-Symbol ❶. Dahinter verbirgt sich
die Spotlight-Suche. Sie gelangen dorthin, indem Sie auf diese Lupe tippen
oder wenn Sie den Home-Screen nach rechts aus dem Bild wischen.

Zunächst lernen Sie aber die grundlegenden Einstellungen von Spotlight kennen. Sie können nämlich selbst bestimmen, was genau Sie eigentlich durchsuchen lassen möchten.

1. Um die nötigen Einstellungen vorzunehmen, tippen Sie zuerst auf das Symbol **Einstellungen** und wechseln dann zum Menüpunkt **Allgemein**.

2. Auf dem nächsten Bildschirm wählen Sie den Eintrag **Spotlight-Suche** aus.

3. Sie gelangen in die Einstellungen von Spotlight. Hier bestimmen Sie, welche Rubriken Sie durchsuchen lassen möchten. Tippen Sie jeweils auf den gewünschten Menüpunkt, so dass er mit einem Häkchen versehen wird. Möchten Sie ein Häkchen entfernen, gehen Sie genauso vor.

4. Um die Reihenfolge Ihrer zu durchsuchenden Rubriken zu ändern, tippen Sie einfach auf die drei Striche am Ende eines Eintrags ❷, und ziehen Sie die Rubrik an die gewünschte Stelle.

Nachdem Sie Ihre Einstellungen abgeschlossen haben, drücken Sie noch einmal auf die Home-Taste, und Sie gelangen zurück zum Home-Screen. Wie Sie nun Ihr iPhone durchsuchen, erfahren Sie im nächsten Abschnitt.

Die Suche starten

Nun können Sie mit der Suche nach bestimmten Inhalten auf Ihrem iPhone beginnen. Nachdem Sie den Home-Screen, wie oben gezeigt, nach rechts gewischt haben, sehen Sie Ihren Suchbildschirm mit einem Suchfeld. Die Bildschirmtastatur wird eingeblendet, und Sie können einen Suchbegriff eingeben oder ihn mit einem Finger-Tipp auf den Mikrofon-Button ❶ diktieren (siehe dazu auch den Abschnitt »Den intelligenten Assistenten Siri nutzen« ab Seite 37).

Noch während der Eingabe erscheinen schon die ersten Resultate. Das Ganze geht blitzschnell. In unserem Beispiel habe ich nach dem Begriff »Foto« gesucht und bin zu den Ergebnissen gelangt, die Sie in der rechten Abbildung sehen.

Die Rubriken werden in den Ergebnissen in der gleichen Reihenfolge angezeigt, die Sie unter **Einstellungen** festgelegt haben (siehe dazu die Anleitung auf Seite 41).

Das Hintergrundbild ändern

Sie können mit wenigen Schritten ganz einfach auch das Hintergrundbild Ihres iPhones an Ihren Geschmack anpassen. Nutzen Sie hierzu entweder

Fotos, die sich im Bilderordner Ihres iPhones befinden, oder nehmen Sie ein Foto mit Ihrer Kamera auf und verwenden es dann als Hintergrundbild. Gehen Sie dabei wie folgt vor:

1. Tippen Sie auf das Symbol **Einstellungen** ▶ **Helligkeit & Hintergrund**.

2. Auf der nächsten Seite tippen Sie auf die Display-Bilder im Bereich **Hintergrundbild**, um zur eigentlichen Auswahl zu gelangen.

3. In dieser Ansicht wählen Sie, aus welcher Quelle Sie Ihr Bild nehmen möchten, um es für den Hintergrund zu verwenden. Sie haben die Wahl zwischen den Ordnern **Hintergrundbild** ❷, **Aufnahmen** ❸, **Fotoarchiv** ❹, von Ihnen erstellten und synchronisierten Ordnern ❺ und **Mein Fotostream** ❻.

Die etwas separierte Rubrik **Hintergrundbild** enthält alle Bilder, die Apple für Ihr iPhone bereits mitliefert. Es handelt sich hierbei um Bilder mit mehr oder weniger dezenten Farben und Mustern.

4. Möchten Sie ein Bild aus Ihren mit dem iPhone erstellten Aufnahmen auswählen, tippen Sie einfach auf **Aufnahmen**, und wählen Sie ein Bild aus, indem Sie die kleine Vorschau im Ordner antippen. Daraufhin öffnet sich das Bild auf Ihrem Display.

5. Skalieren Sie nun das Bild nach Belieben (vergrößern oder verkleinern Sie es), indem Sie Daumen und Zeigefinger darauf setzen und beide Finger auseinander ziehen oder zusammen schieben. Dann verschieben Sie das gesamte Bild so lange an die richtige Stelle (setzen Sie den Finger darauf und ziehen Sie am Bild), bis Ihnen der Ausschnitt auf dem Display gefällt. Tippen Sie dann auf **Festlegen** ❼.

6. Entscheiden Sie, wo Sie das Bild verwenden möchten: **Sperrbildschirm**, **Home-Bildschirm** oder **Beide**.

7. Sobald Sie sich entschieden haben, speichern Sie Ihre Auswahl. Tippen Sie dazu erneut auf **Festlegen**.

Das war schon alles. Gefällt Ihnen Ihre Auswahl? Das Foto wird nun, je nachdem, welche Option Sie in Schritt 6 ausgewählt haben, als Hintergrund für Ihre Apps und Ordner angezeigt oder immer dann, wenn Sie Ihr iPhone nicht benutzen und es gesperrt ist.

Bitte nicht stören

Kennen Sie das auch, dass Ihr Handy ständig nach Feierabend klingelt und sich mit Terminen, SMS, Anrufen und anderen Tönen meldet? Das ist normalerweise zwar sehr praktisch, allerdings kann es nach bestimmten Uhrzeiten sehr nervig werden, nämlich dann, wenn Sie Ihre verdiente Ruhe genießen möchten. Apple hat sich auch hierzu Gedanken gemacht und in iOS 6 eine neue Funktion integriert, die **Nicht stören** heißt. Diese Funktion befindet sich im Menü **Einstellungen** direkt oberhalb der Mitteilungen.

1. Um die Funktion anzuschalten, aktivieren Sie den Regler ❶, indem Sie ihn mit dem Finger nach rechts ziehen.

2. Dann können Sie die Funktion noch konfigurieren. Tippen Sie unter dem Regler auf **Mitteilungen** ❷ und im Menü **Mitteilungen**, das sich daraufhin öffnet, wieder auf **Nicht stören**.

3. Nun erscheint endlich das Menü, in dem Sie dann die Einstellungen vornehmen können, um die Funktion **Nicht stören** genauer zu definieren und Ihren Wünschen anzupassen. Stellen Sie beispielsweise eine planmäßige Nachtruhe von 22:00 bis 09:00 Uhr ein ❸.

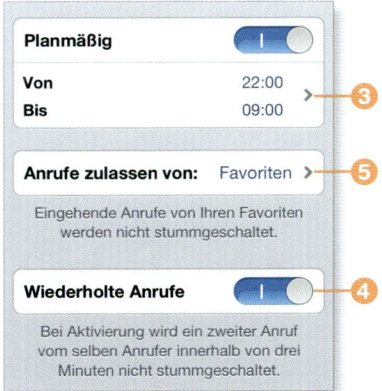

4. Entscheiden Sie darüber hinaus noch ob, Sie Anrufe, die wiederholt eingehen ❹, oder die Anrufe Ihrer Favoriten ❺ trotz der Funktion **Nicht**

stören annehmen möchten, weil davon auszugehen ist, dass es sich um wichtige Anrufe handelt. Sie können im letzteren Fall natürlich auch rigoros sein und niemanden durchkommen lassen.

Ist diese Funktion dann entsprechend eingerichtet, werden Sie nach der eingestellten Uhrzeit keine Signale mehr von Ihrem iPhone hören. Dass die Funktion aktiviert ist, erkennen Sie anhand eines kleinen Mondsymbols ➏ am oberen Rand Ihres Displays.

Sie werden feststellen, dass die neu gewonnene Ruhe wirklich erholsam ist. Nutzen Sie diese Funktion, und Sie werden deutlich entspannen.

Kapitel 2
Mit der Tastatur schreiben

Das iPhone ist bekanntlich ein Smartphone, das ohne die üblichen Tasten auskommt. Auch hier müssen Sie allerdings häufig Eingaben machen. Die Lösung ist eine Bildschirmtastatur, die sich bei Bedarf einblendet. Neu ist in iOS 6, dass die Tastatur auch die deutschen Umlaute enthält. In der letzten Version waren die Umlaute noch nicht auf der Haupttastatur vorhanden, wodurch die Eingabe umständlich war. Wie diese Bildschirmtastatur genau funktioniert und wie Sie sie am besten bedienen, erfahren Sie in diesem Kapitel.

Die Tastatur – nun auch mit deutschen Umlauten

Die Tastatur im Hoch- und Querformat

Wie Sie in der ersten Abbildung dieses Kapitels bereits gesehen haben, können Sie die Bildschirmtastatur im Hoch- oder im Querformat verwenden.

Das Tastaturlayout in der App Notizen – im Hochformat ❶ und im Querformat ❷

In jeder App, bei der Eingaben möglich sind, können Sie die Bildschirmtastatur nutzen. Sollte sich die Tastatur nicht automatisch einblenden, müssen Sie eventuell einmal auf das Display tippen, und schon wird die Bildschirmtastatur sichtbar. Normalerweise wird sie im Hochformat dargestellt, wie Sie in den Abbildungen erkennen.

Die Tastatur im Hochformat in drei verschiedenen Apps: Mail ❸,
Nachrichten ❹, Notizen ❺

Wenn Sie das iPhone im Winkel von 90° um die eigene Achse drehen, ändert sich die Darstellung der Tastatur entsprechend, sie wird also im Querformat angezeigt. Es ist übrigens egal, in welche Richtung Sie Ihr iPhone drehen. Das im iPhone integrierte *Gyroskop* (Kreiselinstrument) passt die Tastatur immer entsprechend an.

Einige Fingerübungen

Um auf der iPhone-Bildschirmtastatur flüssig schreiben zu können, bedarf es einiger Übung, da Sie keine haptische Rückmeldung von den Tasten bekommen. Als Erstes bietet es sich daher an, die Tastentöne zu aktivieren. Auf diese Weise erhalten Sie zumindest eine Audiorückmeldung, wenn Sie eine Taste gedrückt haben.

Diese Einstellung nehmen Sie unter **Einstellungen ▸ Töne** vor. Aktivieren Sie die Option **Tastaturanschläge** ❻ in diesem Menü. Die Lautstärke der Tastentöne steuern Sie dann über die Lautstärkeregler an der linken Seite Ihres iPhones.

Wenn Sie ein absoluter Neuling an der Bildschirmtastatur sind, sollten Sie die Tastatur zunächst im Querformat nutzen, da die einzelnen Buchstaben hier viel größer angezeigt werden als im Hochformat.

Die Tastatur gibt Ihnen darüber hinaus eine visuelle Kontrolle. Wenn Sie auf einen Buchstaben tippen, vergrößert sich dieser entsprechend, so dass Sie sofort erkennen, ob Sie den richtigen Buchstaben getroffen haben ❼. Wird ein Buchstabe derart dargestellt, wird er erst nachdem Sie die Taste losgelassen haben auch geschrieben. Sollten Sie einmal versehentlich einen falschen Buchstaben angetippt haben, halten Sie den Finger auf der Tastatur und bewegen ihn auf dem Display an die Stelle des gewünschten Buchsta-

bens. Ist schon der falsche Buchstabe eingegeben, löschen Sie ihn einfach wieder mit der entsprechenden Taste **8**.

Probieren Sie es einfach mal aus. Sie werden feststellen, dass der Umgang mit der Tastatur eigentlich ganz einfach ist.

Umlaute, Akzente und Ligaturen eingeben

Die Tastatur des iPhones mag Ihnen etwas vereinfacht vorkommen, denn das scharfe S oder Sonderzeichen wie Akzente scheinen auf den ersten Blick nicht vorhanden zu sein. Sie sind aber da!

1. Um z. B. ein »ß« zu schreiben, halten Sie einfach die ⃞S⃞-Taste etwas länger gedrückt. Es erscheinen dann alle möglichen Darstellungsformen dieses Buchstabens.

2. Dann wischen Sie einfach mit dem Finger so lange nach rechts, bis Sie beim »ß« angekommen sind. Setzen Sie dabei nicht ab! Dass Sie den richtigen Buchstaben ausgewählt haben, erkennen Sie daran, dass er blau hinterlegt ist.

3. Nehmen Sie nun den Finger vom Bildschirm, und das »ß« wird eingefügt.

Die typisch deutschen Umlaute Ä, Ö und Ü können mit iOS 6 nun auch direkt angezeigt werden, so dass Sie dafür nicht mehr die Sonderzeichenfunktion nutzen müssen. Stellen Sie unter **Einstellungen ▸ Allgemein ▸ Landeseinstellungen** die Sprache **1** auf **Deutsch** und die Region **2** auf **Deutschland**.

Die oben beschriebene Eingabe der Zeichen funktioniert natürlich nicht nur mit »ß«, sondern auch mit allen anderen Buchstaben. In der folgenden Tabelle finden Sie die Abfolge der verschiedenen Zeichen im Überblick.

Buchstabe	Sonderzeichen
a	a à á â æ ã å ā
e	e é è ê ë ė
i	ì ī í ï î i
o	ō ø œ õ ó ò ô o
u	ū ú ù û u
c	c ç ć č
n	ń ñ n
s	s ß ś š
y	ÿ y

Die verschiedenen Sonderzeichen auf den einzelnen Buchstabentasten

Falls Sie eine andere Sprache einstellen, ändert sich auch die Reihenfolge der zu diesem Buchstaben gehörenden Sonderzeichen. Als Beispiel sehen Sie in den folgenden beiden Abbildungen den Buchstaben »e«, der einmal auf Deutsch und einmal auf Italienisch dargestellt wird.

Italienische (links) und deutsche (rechts) Sonderzeichen hinter dem Buchstaben »e«

Wie Sie sehen, werden die Buchstaben je nach der eingestellten Sprache angepasst. Probieren Sie es einfach selbst aus, indem Sie eine andere Sprache einstellen. Möchten Sie einen Großbuchstaben eingeben, müssen Sie übrigens die ⇧-Taste einmal antippen.

Ziffern und Sonderzeichen eingeben

Um Zahlen auf Ihrer Bildschirmtastatur einzugeben, tippen Sie auf die Taste 123, und schon wandelt sich die Tastatur von einer normalen Tastatur in eine Zahlentastatur mit weiteren Sonderzeichen um.

Die Taste 123 ❶ schaltet die Tastatur um auf die Zahlendarstellung. Sie ändert sich in die Taste ABC ❷, mit der Sie dann wieder zur Normaldarstellung wechseln.

In der Zahlenansicht geben Sie dann wie gewohnt Zahlen und Sonderzeichen ein. Ein weiteres Tippen auf #+= ❸ fördert eine erweiterte Sonderzeichenansicht zutage.

Nach dem Antippen der ⌨#+= -Taste erscheint die erweiterte Sonderzeichen-ansicht, die sich im Wesentlichen in den oberen beiden Zeilen unterscheidet.

Die in der folgenden Tabelle aufgeführten Sonderzeichen können auf dem iPhone genutzt werden.

Sonderzeichen	Erweiterung
0	° 0
-	- – — •
€	₩ ¥ £ $ €
&	& §
)	» « " " „ "
.	. …
?	? ¿
!	! ¡

Sonderzeichen	Erweiterung
,	
%	

Alle auswählbaren Sonderzeichen in einer Übersicht

Die Rechtschreibkorrektur nutzen

Die Tastatur auf Smartphones ist bauartbedingt immer recht klein – auch auf dem iPhone. Da passiert es natürlich schon mal, dass Sie sich verschreiben, weil Sie versehentlich auf den falschen Buchstaben tippen.

Das iPhone hat für derartige Fälle aber wie jedes ordentliche Office-Programm eine Rechtschreibkorrektur eingebaut, und es macht sogar schon beim Schreiben Vorschläge. Sie schalten die Rechtschreibkorrektur unter **Einstellungen** ▶ **Allgemein** ▶ **Tastatur** ein oder aus.

In diesem Abschnitt erfahren Sie, wie Sie die Rechtschreibkorrektur nutzen (siehe dazu auch den Kasten auf Seite 56).

1. Öffnen Sie eine App, in der Sie schreiben können, z. B. Mail, und beginnen Sie mit der Texteingabe.

2. Haben Sie aus Versehen einen falschen Buchstaben erwischt, das Wort aber ansonsten korrekt geschrieben, macht Ihnen das iPhone unterhalb Ihres Begriffs einen Vorschlag ❶ – in unserem Fall »Hallo«.

3. Sie können das vorgeschlagene Wort übernehmen, indem Sie einfach einmal die Leertaste ❷ antippen.

4. Ist das vorgeschlagene Wort nicht korrekt, tippen Sie mit dem Finger auf das kleine Kreuzchen ❸ und ignorieren so den Vorschlag, oder Sie schreiben einfach weiter, bis Sie das richtige Wort eingegeben haben.

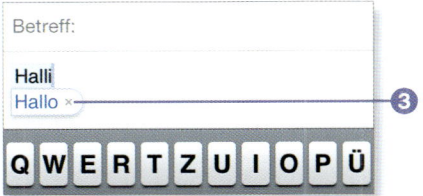

5. Hat die Rechtschreibprüfung einmal ein Wort nicht erkannt und auch keinen passenden Vorschlag parat, wird das entsprechende Wort mit einer rot gepunkteten Linie unterstrichen ❹.

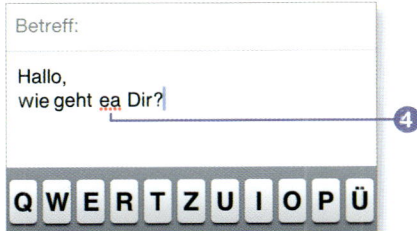

6. Wenn Sie nun auf das unterstrichene Wort tippen, klappt ein Dialog auf, der Ihnen verschiedene Vorschläge anbietet. Suchen Sie sich das passende Wort aus den angebotenen Vorschlägen heraus, und schreiben Sie dann einfach weiter.

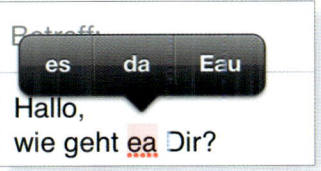

Wenn Sie Ihre Texte lieber selbst schreiben, können Sie die Auto-Korrektur natürlich auch abstellen. Öffnen Sie dazu das Menü **Einstellungen ▶ Allgemein ▶ Tastatur**, und stellen Sie die Option **Auto-Korrektur** ab.

INFO

Unterschied zwischen Korrektur und Auto-Korrektur

Während die Auto-Korrektur selbständig Korrekturen vorschlägt oder Wörter bei der Eingabe vervollständigt, arbeitet die Korrektur verhaltener: Sie unterstreicht falsch geschriebene Wörter, und Sie müssen auf ein unterstrichenes Wort tippen, um Korrekturvorschläge angezeigt zu bekommen.

Zusätzliche Sprachen einstellen

Um auch in anderen Sprachen Texte verfassen und dabei die äußerst praktische Rechtschreibkorrektur nutzen zu können (siehe dazu den Abschnitt »Die Rechtschreibkorrektur nutzen«), können Sie weitere Sprachen wählen.

1. Tippen Sie auf **Einstellungen ▸ Allgemein ▸ Tastatur ▸ Tastaturen**, und wählen Sie unter **Tastatur hinzufügen** eine beliebige Sprache aus ❶.

2. Nachdem Sie alle Sprachen ausgewählt haben, die Sie benötigen, können Sie noch die Reihenfolge der Sprachen verändern. Tippen Sie dazu auf den **Bearbeiten**-Button, und verschieben Sie die einzelnen Sprachen in ihrer Reihenfolge ganz nach Ihrem Geschmack, indem Sie auf die

drei Linien tippen und den Finger beim Ziehen auf dem Display lassen. Wenn Sie so weit sind, tippen Sie auf **Fertig** ❷.

Wir zeigen Ihnen die beiden zusätzlichen Tastatursprachen im nächsten Bild noch einmal in der Gegenüberstellung (links Englisch und rechts Italienisch).

Das Bild links zeigt die englische Tastatur mit einer $\boxed{\text{space}}$ *- und einer* $\boxed{\text{return}}$ *-Taste; rechts sehen Sie die italienische Tastatur mit der* $\boxed{\text{spazio}}$ *- und der* $\boxed{\text{invio}}$ *-Taste.*

Selbstverständlich können Sie während des Schreibens auch zwischen den einzelnen Tastaturen wechseln. Nutzen Sie hierzu die Weltkugel-Taste ❸. Tippen Sie einmal darauf, und Sie wechseln zur nächsten Sprache. Wenn Sie den Finger etwas länger auf dieser Taste halten, sehen Sie ein Sprachwahlmenü, über das Sie nun auch die Sprache direkt wählen können.

Als besonderes Schmankerl können Sie als neue Tastursprache auch sogenannte *Emoji-Symbole* einblenden, Icons, mit denen Sie Emotionen in Ihren Texten bildlich zeigen können. Wählen Sie dafür einfach im Menü **Einstellungen ▶ Allgemein ▶ Tastatur ▶ Tastaturen ▶ Tastatur hinzufügen** den Eintrag **Emoji-Symbole** aus. Danach können Sie diese Symbolsprache genauso wie Ihre anderen Tastaturen über die Weltkugel-Taste auswählen.

Tipps für eine schnellere Eingabe

Bald werden Sie feststellen, dass das Schreiben relativ flott geht. Trotzdem können Sie Ihre Eingabegeschwindigkeit noch weiter erhöhen. In diesem Abschnitt gebe ich Ihnen dazu ein paar Tipps.

Zuerst sollten Sie sicherstellen, dass Sie an Ihrem iPhone alle notwendigen Einstellungen für schnelleres Schreiben vorgenommen haben. Dazu müssen Sie unter **Einstellungen ▸ Allgemein ▸ Tastatur** dafür sorgen, dass Sie alle Optionen entsprechend ausgewählt haben.

Satzzeichen und Ziffern schneller eingeben

Wenn Sie einen Satz beenden und einen Punkt setzen möchten, müssen Sie nicht jedes Mal zur Bildschirmtastatur für die Zahlen und Sonderzeichen wechseln, auf der sich der Punkt befindet. Es gibt eine viel schnellere Möglichkeit, die Sie durch die Option „."-Kurzbefehl ❶ an- oder ausstellen.

Tippen Sie einfach zweimal schnell hintereinander auf die Leertaste, und direkt am Wortende wird ein Punkt eingefügt, gefolgt von einem Leerzeichen, damit Sie sofort weiterschreiben können.

Um spezielle Zeichen wie Klammern, einen Doppelpunkt, ein Frage- oder Ausrufezeichen oder Zahlen einzugeben, gibt es auch eine superschnelle Möglichkeit: Tippen Sie auf die 123-Taste, und ziehen Sie den Finger, *ohne ihn abzusetzen*, an die Stelle des Zeichens, das Sie einfügen möchten. Lösen Sie erst dann den Finger vom Display, wenn das Zeichen hervorgehoben wird. Das Zeichen wird nun eingefügt, und das Display springt automatisch wieder in den normalen Schreibmodus zurück. Auf diese Weise sparen Sie viel Zeit.

Die Feststelltaste

Eine weitere Möglichkeit, Zeit zu sparen, ergibt sich, wenn Sie mehrere Zeichen hintereinander in Großbuchstaben schreiben müssen. Normalerweise müssten Sie vor jedem Buchstaben einmal die ⇧-Taste antippen, um einen weiteren Großbuchstaben zu erzeugen.

Das ist jedoch gar nicht nötig. Stattdessen tippen Sie zweimal schnell hintereinander auf die ⇧-Taste. Die Taste ändert daraufhin ihr Aussehen. Schreiben Sie dann das Wort, und tippen Sie zum Beenden des Großschreibmodus noch einmal auf die ⇧-Taste. Diese Funktion können Sie unter **Einstellungen ▸ Allgemein ▸ Tastatur ▸ Feststelltaste** an- und ausstellen.

Eingaben widerrufen

Haben Sie sich einmal so richtig verschrieben, hilft die »Schüttelfunktion« Ihres iPhones. Wenn Sie es schütteln, widerrufen Sie damit Ihre letzte Eingabe, und anschließend können Sie dann Ihren Text erneut eingeben.

Kurzbefehle einfügen

Sie können noch schneller schreiben, indem Sie Kurzbefehle nutzen, um etwa immer wiederkehrende Floskeln ausschreiben zu lassen. Tippen Sie z. B. »mfg«, und Ihr iPhone macht automatisch »Mit freundlichen Grüßen« daraus.

1. Öffnen Sie hierzu das Menü **Einstellungen ▸ Allgemein ▸ Tastatur**, und tippen Sie dann im Bereich **Kurzbefehle** auf **Kurzbefehl hinzufügen**.

2. Geben Sie dann im Feld **Text ❷** den Text ein, den Sie automatisch schreiben lassen möchten, und im Feld **Kurzbefehl ❸** das dafür von Ihnen gewählte Kürzel.

3. Zum Schluss tippen Sie auf **Sichern ❹**, um den Kurzbefehl zu speichern.

Wenn Sie in Zukunft einen Text schreiben, in dem dieser Kurzbefehl vorkommt, wird Ihr iPhone dieses Kürzel immer durch die Langversion ersetzen.

Den Cursor positionieren und Text auswählen

Wenn Sie einen längeren Text auf Ihrem iPhone verfassen möchten, z. B. eine E-Mail, kann es vorkommen, dass Sie mal an eine bestimmte Stelle im Text springen müssen, um dort etwas einzufügen. Sie können natürlich einfach auf die Stelle tippen und hoffen, dass Sie den richtigen Punkt für Ihre Eingabe gefunden haben. Dieses Verfahren ist jedoch recht unpräzise, und Sie werden feststellen, dass Sie in der Regel nicht oder nur zufällig zum gewünschten Ergebnis gelangen. Es gibt für dieses Problem jedoch eine Lösung, die ich Ihnen hier vorstellen möchte:

1. Tippen Sie auf den Text, und lassen Sie den Finger auf dem Display. Nach etwa zwei Sekunden erscheint auf dem Display eine Lupe ❶, in der der Cursor und die Textstellen vergrößert dargestellt werden.

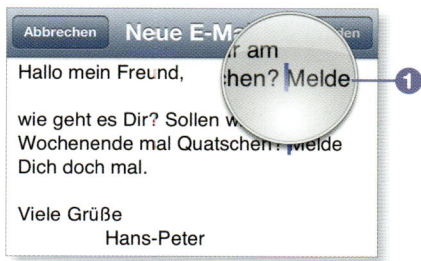

2. Ziehen Sie den Cursor an die Stelle, an der Sie weiteren Text eingeben möchten, und nehmen Sie dann den Finger vom Display. Der Cursor steht nun an der richtigen Stelle.

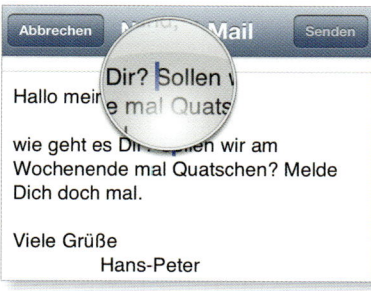

3. Wenn Sie das Display losgelassen haben und der Cursor richtig positioniert ist, geben Sie entweder eigenen Text ein oder fügen einen bereits vorher ausgewählten Text mit Hilfe des **Einsetzen**-Buttons aus dem Zwischenspeicher des iPhones ein.

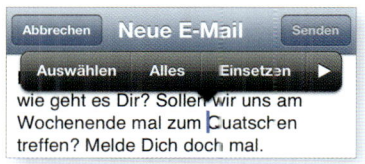

Wie Sie Text kopieren bzw. ausschneiden, um ihn an anderer Stelle wieder einzusetzen, erfahren Sie im nächsten Abschnitt. Das funktioniert sogar App-übergreifend – z. B. können Sie Text in Safari markieren, kopieren und ihn in eine Notiz einfügen.

Kopieren und einfügen

Wenn Sie beispielsweise einen bestimmten Text aus einer Notiz in eine E-Mail hineinkopieren möchten, um ihn zu versenden, können Sie das mit der integrierten Kopieren-und-einfügen-Funktion (*Copy & Paste*) erledigen. Auch Textkorrekturen gelingen so schneller.

1. Um etwas zu kopieren, markieren Sie diesen Text zuerst, indem Sie einmal darauf tippen und in dem Overlay-Menü, das dann erscheint, auswählen, was Sie vorhaben. Hier markieren Sie entweder den ganzen Text (**Alles** ❷), oder Sie tippen auf den **Auswählen**-Button ❸.

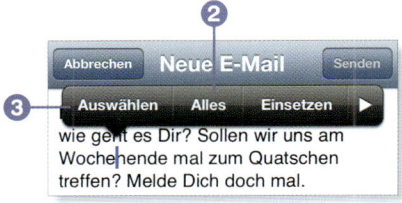

2. In letzterem Fall wird das Wort, in dem der Cursor steht, blau markiert und mit zwei Anfasserpunkten ❹ versehen. Wenn Sie mehr als ein Wort markieren möchten, ziehen Sie einen der Anfasserpunkte mit dem Finger über den Text, bis der gewünschte Bereich markiert ist.

3. Ein weiteres Overlay-Menü erscheint, in dem Sie auswählen, ob Sie den markierten Text ausschneiden ❺, kopieren ❻, einsetzen ❼ oder ersetzen (im erweiterten Menü ❽) möchten. Wählen Sie hier den Befehl **Kopieren** aus.

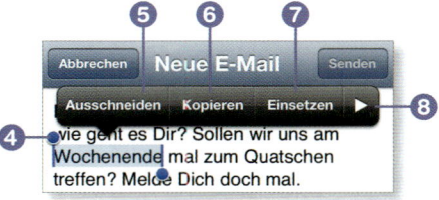

4. Setzen Sie den Cursor an die Stelle, an der Sie den kopierten Text einfügen möchten, indem Sie an der entsprechenden Stelle auf das Display tippen. Wählen Sie dann **Einsetzen** ❾ aus dem Menü.

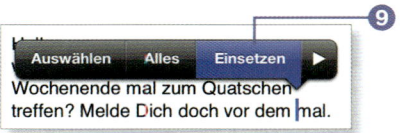

Der Text wird daraufhin an genau der Stelle eingefügt, an der der Cursor steht ❿. Auf diese Weise können Sie auch am iPhone Ihre Texte ganz leicht editieren, ohne ständig alles neu schreiben zu müssen. Das Ausschneiden von Text funktioniert übrigens ganz genauso, nur dass Sie statt **Kopieren** den Befehl **Ausschneiden** wählen und der Text an der ursprünglichen Stelle entfernt wird.

> Hallo,
> wie geht es Dir? Sollen wir uns am Wochenende mal zum Quatschen treffen? Melde Dich doch vor dem Wochenende mal.

INFO

Schnelleres Auswählen von Text

Das Auswählen von Text geht aber noch etwas schneller, und wenn Sie bereits etwas Übung im Umgang mit der Tastatur haben, ist das sicherlich interessant für Sie: Um ein Wort zu markieren, tippen Sie einfach zweimal schnell hintereinander auf das zu kopierende Wort. Es wird daraufhin direkt ausgewählt, und Sie können es dann sofort kopieren.

Kapitel 3
Telefonieren

Telefonieren können Sie mit dem iPhone neben allen anderen Funktionen tatsächlich auch – und das sogar sehr gut. Wie Sie alle Telefonfunktionen sinnvoll nutzen können, erfahren Sie in diesem Kapitel.

Das iPhone funktioniert im Prinzip wie alle anderen Telefone: Erst wird gewählt ❶, *dann gesprochen* ❷. *Manchmal möchten Sie den Anruf vielleicht nicht entgegennehmen* ❸.

Eine Telefonnummer wählen

Die einfachste Möglichkeit, mit Ihrem iPhone zu telefonieren, ist das Wählen einer Nummer über den Ziffernblock.

1. Um zu telefonieren, tippen Sie einmal kurz auf das grüne Telefon-Symbol ❶ im Dock.

2. Das Telefon öffnet sich. Wählen Sie nun den vierten Punkt in der Tableiste aus, **Ziffernblock** ❷. Die gewählte Option wird entsprechend farbig hervorgehoben.

3. Geben Sie auf dem nun erschienenen Ziffernblock eine Telefonnummer ein, und tippen Sie dann auf **Wählen** ❸. Daraufhin wählt Ihr iPhone die Nummer, und Sie werden mit dem Anschluss verbunden.

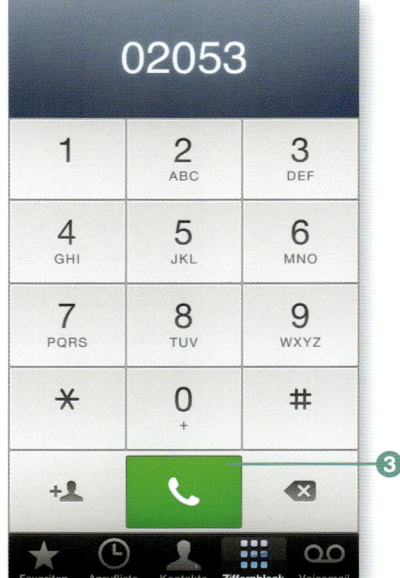

Auf dem Display wird die Dauer des Anrufs eingeblendet, außerdem haben Sie die Möglichkeit, auf mehrere Befehle zuzugreifen: **Stumm**, **Ziffernblock**, **Lautsprecher**, **Anruf hinzufügen**, **FaceTime** und **Kontakte**. Weitere Informationen zu den verschiedenen Funktionen finden Sie im Abschnitt »Mit mehreren Teilnehmern sprechen und Anrufe halten« auf Seite 77. Wenn Sie Ihr Telefonat beenden möchten, tippen Sie einfach auf die Schaltfläche mit dem roten Hörer.

INFO

Stummschaltung und Lautsprecher

Wenn Sie während eines Anrufs auf die Schaltfläche **Stumm** tippen, die auf dem Display zu sehen ist, wird Ihr Mikro abgestellt, und Ihr Gesprächspartner kann Sie nicht mehr hören. Mit **Lautsprecher** hingegen können Sie weitere Personen Ihr Gespräch mithören lassen. Beide Funktionen deaktivieren Sie mit einem erneuten Tippen auf die entsprechende Schaltfläche.

Einen Kontakt anrufen

Wenn Sie Ihr iPhone schon einmal mit Ihrem PC oder Mac synchronisiert haben, haben Sie auch Ihre Kontakte, die Sie entweder mit Outlook oder auf dem Mac im Adressbuch (*Kontakte*) gepflegt haben, auf dem iPhone gespeichert. Daneben legen Sie natürlich auch direkt auf dem iPhone neue Kontakte an (siehe dazu den Kasten »Einen neuen Kontakt anlegen« auf Seite 66 oder den Abschnitt »Kontakte verwalten« auf Seite 179). Diese Kontakte können Sie nutzen, um jemanden mit dem iPhone anzurufen. Das geht wie folgt:

1. Nach einem Finger-Tipp auf das Telefon-Symbol tippen Sie in der Tableiste auf das **Kontakte**-Symbol ❹.

2. Daraufhin öffnet sich Ihre Kontaktliste. Durchsuchen Sie sie nun entweder nach einem bestimmten Namen ❺, oder wischen Sie von unten nach oben durch Ihre Kontakte. Um z. B. alle Einträge unter M aufzurufen, tippen Sie mit dem Finger auf diesen Buchstaben ❻.

3. Wenn Sie den Kontakt Ihrer Wahl gefunden haben, tippen Sie ihn einmal an, und der Kontakt öffnet sich. Tippen Sie auf die Telefonnummer, und das iPhone startet umgehend den Wahlvorgang.

Wie Sie Ihr Mac-Adressbuch mit Ihren iPhone-Kontakten synchronisieren, erfahren Sie im Abschnitt »Anrufergruppen synchronisieren und nutzen« ab Seite 92. Auch der Abschnitt »Neue Kontakte zu einer Gruppe hinzufügen« auf Seite 94 könnte dann interessant für Sie sein.

> **INFO**
>
> **Einen neuen Kontakt anlegen**
>
> Neue Kontakte lassen sich auf mehreren Wegen anlegen. Entweder tippen Sie auf das Plus-Symbol oben rechts in der Kontakte-App und tragen dann alle Daten ein, die Sie speichern möchten (Name, Nummer, E-Mail-Adresse, Geburtstag etc.), oder Sie öffnen Ihre Anrufliste und tippen auf den blauen Pfeil rechts neben dem Teilnehmer, dessen Nummer Sie speichern möchten. Im darauffolgenden Menü tippen Sie auf **Neuen Kontakt erstellen**, um einen ganz neuen Eintrag anzulegen, und ergänzen dann alle weiteren Daten (die Telefonnummer wurde automatisch übernommen). Bei einer SMS eines nicht gespeicherten Kontakts funktioniert es ähnlich: Tippen Sie oben rechts auf Kontakt und dann auf **Neuen Kontakt erstellen**.

Einen Anruf annehmen

Einen Anruf anzunehmen ist ebenfalls ganz einfach:

1. Wenn Sie angerufen werden und Ihr iPhone sich im Standby-Modus befindet, leuchtet das Display, und der Schieberegler, der sonst zum Entsperren dient, wird grün. Die Beschriftung lautet nun **Annehmen ❶**.

2. Entriegeln Sie das Telefon wie gehabt, indem Sie den Regler mit dem Finger von links nach rechts wischen. Sie können dann sofort telefonieren.

3. Ist Ihr iPhone bereits entriegelt, weil Sie gerade etwas damit gemacht haben, sieht die Annahme etwas anders aus, wie im nächsten Bild zu sehen. Wenn Sie den Anruf entgegennehmen möchten, tippen Sie auf **Annehmen**; wenn Sie gerade keine Zeit haben, tippen Sie auf **Ablehnen**.

Wenn Sie einen Anruf gerade nicht annehmen können oder einen Anruf verpasst haben, können Sie den Anrufer darüber informieren oder ihn zurückrufen. Näheres dazu lesen Sie im folgenden Abschnitt »Eine Absage senden« oder auch im Abschnitt »Verpasste Anrufe anzeigen« ab Seite 72.

Eine Absage senden

Sicher haben Sie den kleinen Telefonhörer ❷ ganz rechts neben dem **Annehmen**-Button gesehen. Dahinter verbirgt sich eine neue Funktion: Sie können nun nämlich bestimmen, wie Sie einen Anruf ablehnen möchten, und dem Anrufer das schnell und unkompliziert mit einer SMS mitteilen.

1. Angenommen, Sie werden angerufen und wollen – aus welchen Gründen auch immer – den Anruf nicht direkt annehmen. Schieben Sie den kleinen Telefonhörer rechts etwas nach oben, bis ein kleines Auswahlmenü erscheint.

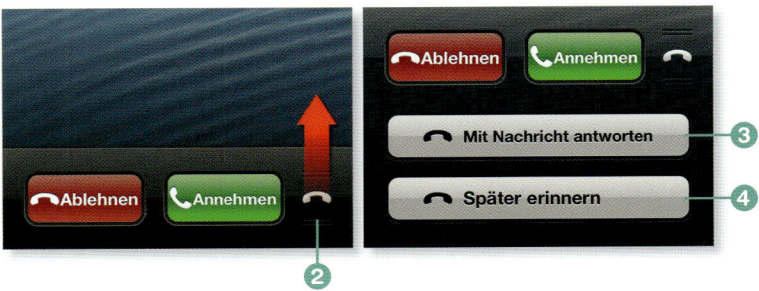

2. Tippen Sie entweder auf den Button **Mit Nachricht antworten** ❸ oder auf **Später erinnern** ❹ (in diesem Fall lesen Sie den nächsten Abschnitt, »Später erinnern«). Wenn Sie auf **Mit Nachricht antworten** tippen, werden Ihnen folgende Antwortoptionen ❺ angeboten:

▶ Ich rufe später an.

▶ Ich bin unterwegs.

▶ Was gibt's?

3. Sie können aber auch einen eigenen Text verfassen, indem Sie unter **Einstellungen** ▶ **Telefon** ▶ **Mit Nachricht antworten** den vorgefertigten Textbaustein einfach mit einem neuen Text überschreiben ❻.

Auf diese Weise haben Sie einen persönlichen Text verfasst, der dem Anrufer als SMS zugeht, damit er weiß, dass Sie seinen Anruf nicht entgegennehmen konnten, aber wahrgenommen haben.

Später erinnern

Wenn Sie auf den Button **Später erinnern** tippen, können Sie entscheiden, ob Sie **In einer Stunde** oder **Beim Verlassen** an das entgangene Telefonat erinnert werden möchten. In beiden Fällen springt der Anrufbeantworter an und nimmt den Anruf an Ihrer statt entgegen.

Haben Sie den Button **In einer Stunde** gedrückt, wird eine sogenannte tagesabhängige Erinnerung ❼ erzeugt, die Sie dann in einer Stunde an den entgangenen Anruf erinnert.

Wenn Sie sich hingegen dafür entschieden haben, den Button **Beim Verlassen** zu drücken, werden Sie an den Anruf erinnert, wenn Sie Ihren derzeitigen Standort verlassen. In diesem Fall wird also eine ortsabhängige Erinnerung ❽ erzeugt.

In beiden Fällen werden Sie von Ihrem iPhone an den entgangenen Anruf erinnert, so dass Sie entsprechend reagieren können. Wie Sie sonst noch mit Erinnerungen arbeiten können, erfahren Sie im Abschnitt »Die App ›Erinnerungen‹« auf Seite 174.

Die Favoriten einrichten

Sie können natürlich auch noch schneller wählen als über Ihre Kontaktliste. Dazu richten Sie sich eigene Favoriten ein. Die Einstellung als Favorit gilt jeweils nur für eine bestimmte Telefonnummer Ihres jeweiligen Kontakts. Um einen Favoriten anzulegen, gehen Sie wie folgt vor:

1. Tippen Sie auf das Telefon-Symbol und anschließend auf **Favoriten** ❶, das ist der erste Eintrag in der Tableiste.

2. Das leere **Favoriten**-Fenster öffnet sich. Tippen Sie auf das Plus-Symbol oben in der rechten Ecke ❷, um einen Favoriten hinzuzufügen.

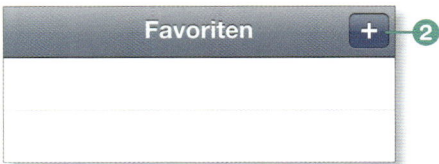

3. Daraufhin öffnet sich wieder die Kontaktliste, aus der Sie dann einen Kontakt für die Favoriten auswählen.

4. Tippen Sie die Rufnummer Ihrer Wahl an, und entscheiden Sie dann, ob Sie einen normalen Sprachanruf zu dieser Nummer tätigen ❸ oder die Nummer für einen FaceTime-Anruf nutzen ❹ möchten.

5. Wir entscheiden uns hier für einen Sprachanruf. Schon ist ein neuer Favorit angelegt – in diesem Fall mit der Handynummer, was Sie rechts an der Angabe **Mobil** ❺ erkennen.

6. Die Favoriten erkennen Sie auch in Ihrer normalen Kontaktliste, und zwar daran, dass die Nummer, die als Favorit genutzt wird, mit einem kleinen blauen Sternchen ❻ gekennzeichnet ist.

HINWEIS

Welche Nummer in die Favoriten?

Da ein Favorit immer nur eine Nummer sein kann, müssen Sie, wenn ein Kontakt mehrere Telefonnummern hat und Sie all diese für den Favoritenstatus auswählen wollen, mehrere einzelne Favoriten anlegen, z. B. für die Festnetznummer und die Mobilfunknummer separat. Das mag etwas umständlich sein, lässt sich allerdings leider nicht vermeiden. Ansonsten nehmen Sie einfach die Nummer, unter der Ihr Favorit am besten zu erreichen ist.

Der richtige Umgang mit der Anrufliste

Die Anrufliste ist sehr nützlich, denn sie verzeichnet alle Anrufe und Anrufversuche, die Sie mit Ihrem iPhone unternommen haben. Selbstverständlich werden hier auch die verpassten Anrufe protokolliert. So können Sie leicht jemanden zurückrufen, dessen Anruf Sie nicht entgegennehmen konnten.

1. Um in die Ansicht der Anrufliste zu gelangen, tippen Sie wieder das Telefon-Symbol an und wählen anschließend den zweiten Eintrag, **Anrufliste** ❶, in der Tableiste.

2. Die Anrufliste öffnet sich. Die getätigten Anrufe werden, wenn die Nummern im Telefonbuch Ihres iPhones stehen, mit Namen angezeigt, alle anderen Anrufe mit der entsprechenden Telefonnummer. Ihr iPhone zeigt auch an, ob es sich um eine private, mobile oder geschäftliche Nummer handelt ❷. Voraussetzung hierfür ist natürlich die gute Pflege Ihrer Kontaktdaten.

3. Die Standardansicht ist die Ansicht **Alle** ❸, mit der alle Anrufe gemeint sind, die Sie mit dem iPhone getätigt haben oder die bei Ihnen eingegangen sind.

4. Verpasste Anrufe werden auf dem iPhone in Rot dargestellt, so dass sie Ihnen sofort auffallen. Diese Anrufe sehen Sie selbstverständlich nicht nur unter **Alle**, sondern auch unter **Verpasst** ❹. Sie wechseln mit dem entsprechenden Button oberhalb der Anrufliste zu den verpassten Anrufen.

Sie können auch ganz schnell bei Ihrem Kontakt nachschauen, welche Nummern und Informationen Ihnen zu ihm noch bekannt sind. Tippen Sie dazu auf den kleinen blauen Pfeil ❺ rechts neben der Anrufanzeige. Sie sehen nun den Kontakt, wann genau der Anrufversuch stattgefunden hat ❻ und unter welcher Nummer er erfolgt ist ❼ (diese Nummer ist entsprechend rot gefärbt).

Welche Ansicht Sie nutzen, bleibt ganz Ihnen überlassen. Ein Tipp: Wenn Sie unter **Alle** bereits eine lange Anrufliste haben, kann es etwas mühsam werden, über alle verpassten Anrufe den Überblick zu behalten. In diesen Fällen wechseln Sie einfach auf **Verpasst**.

Verpasste Anrufe anzeigen

Wenn Sie einmal einen Anruf verpasst haben, ist das kein Problem. Ihr iPhone zeigt es Ihnen auf mehrere Arten an. Als Erstes wird eine Meldung auf dem Sperrbildschirm angezeigt ❶. Sie können aus dieser Situation bereits zurückrufen, indem Sie das Telefon-Symbol einfach – analog zum Entsperren – nach rechts schieben ❷. Ihr iPhone leitet dann sofort den Rückruf ein.

Hat der Anrufer auf Ihre Mailbox gesprochen, erkennen Sie das ebenfalls direkt im Sperrbildschirm ❸. Schieben Sie, wie schon beim Rückruf, das Symbol nach rechts, um die Nachricht abzuhören.

Wenn Sie Ihr iPhone entriegelt haben, erkennen Sie die Anzahl der entgangenen Gespräche an einer kleinen Zahl rechts oben am Telefon-Symbol ❹.

Schließlich erkennen Sie die Anzahl entgangener Gespräche, nachdem Sie auf das Telefon-Symbol getippt haben, ebenfalls an der kleinen Zahl rechts oben am Tab **Anrufliste** ❺.

Sollten Sie bei Ihrem Provider die Einstellung gewählt haben, dass Sie eine SMS erhalten, wenn Sie einen Anruf verpasst haben, wird Ihnen zusätzlich eine entsprechende Nachricht geschickt, die auf Ihrem Display erscheint.

Bei Bedarf können Sie sich den Anruf auch über die *Mitteilungszentrale* anzeigen lassen. Eine entsprechende Nachricht erscheint auf dem Display, steht dort einige Sekunden und verschwindet dann wieder.

In der Mitteilungszentrale, die Sie vom oberen Rand aus wie eine Jalousie herunterziehen können, finden Sie den Anruf aber weiterhin. Ihnen wird also in Zukunft garantiert nichts mehr entgehen.

Um diese Benachrichtigungen zu aktivieren, müssen Sie lediglich die Telefon-App in die Mitteilungszentrale aufnehmen. Sie finden die Mitteilungszentrale im Menü **Einstellungen ▸ Mitteilungen**. Tippen Sie auf **Telefon** ❻, und schieben Sie den Regler bei **In der Zentrale** nach rechts.

TIPP

Störende Anzeige für verpassten Anruf loswerden

Wenn Sie den Anrufer nicht unmittelbar zurückrufen möchten, aber die kleine Zahl in der Anzeige wieder loswerden wollen, öffnen Sie die Anrufliste und schließen sie direkt wieder. Der verpasste Anruf wird trotzdem noch in Rot angezeigt, aber die Zahl am Telefon-Symbol ist nun verschwunden.

Die Anrufliste löschen

Wenn Sie Ihre Anrufliste nach einiger Zeit zu unübersichtlich und voll finden, können Sie sie selbstverständlich auch löschen. Entweder leeren Sie sie komplett, oder Sie entfernen nur einzelne Anrufe. Zunächst zeige ich Ihnen, wie Sie die komplette Liste löschen.

1. Öffnen Sie die Anrufliste über **Telefon ▸ Anrufliste**, und tippen Sie dann oben rechts in Ihrer Anrufliste auf den Menüpunkt **Bearbeiten**.

2. Das Menü verändert sich. Tippen Sie links auf den **Löschen**-Button , um die Liste zum Löschen bereit zu machen. Vor den einzelnen Einträgen erscheinen rote Minuszeichen (dazu mehr im nächsten Abschnitt »Einzelne Anrufe aus der Liste löschen«).

3. Um die komplette Liste zu bereinigen, tippen Sie mit dem Finger auf die Schaltfläche **Alle löschen**  ganz unten.

Um aus der Anrufliste nur einzelne Anrufe zu löschen, z. B. die älteren Datums, müssen Sie etwas anders vorgehen. Wie, das erfahren Sie im nächsten Abschnitt.

Einzelne Anrufe aus der Liste löschen

Es ist auch möglich, einzelne Anrufe aus der Anrufliste zu löschen. Gehen Sie dazu so vor:

1. Tippen Sie hierzu in Ihrer Anrufliste oben rechts auf den Menüpunkt **Bearbeiten**.

2. Dann tippen Sie einfach auf das kleine Minus-Symbol ❸ auf der linken Seite des Anrufeintrags, den Sie löschen möchten, damit rechts von dem betreffenden Eintrag ein **Löschen**-Button ❹ erscheint.

3. Tippen Sie zum Schluss auf den **Löschen**-Button, und der Anrufeintrag ist verschwunden.

4. Um die Bearbeitung der Anrufliste abzuschließen, tippen Sie zum Schluss auf **Fertig** ❺.

Eine noch schnellere Möglichkeit ist, den Eintrag der Anrufliste, den Sie löschen möchten, mit dem Finger nach rechts zu ziehen. Auch dann wird der **Löschen**-Button angezeigt, und Sie müssen den **Bearbeiten**-Button gar nicht benutzen.

Wo finde ich meine eigene Telefonnummer?

Wie das immer so geht mit den Telefonnummern – man kann sich viele Nummern merken, nur die eigene vergisst man ständig. Ist ja auch kein Wunder, man ruft sich selbst ja in der Regel nicht an … Ihr iPhone hält Ihre Nummer aber immer für Sie bereit.

1. Um die eigene Nummer angezeigt zu bekommen, tippen Sie auf das **Telefon**-Symbol im Dock und dann auf **Kontakte**.

2. Als Nächstes scrollen Sie bis zum Anfang, bis das Suchfeld ❶ eingeblendet wird.

3. Wenn Sie nun noch einmal mit dem Finger nach unten wischen, erscheint oberhalb des Suchfeldes Ihre Mobilfunknummer ❷. Auf diese Weise haben Sie Ihre eigene Nummer immer griffbereit.

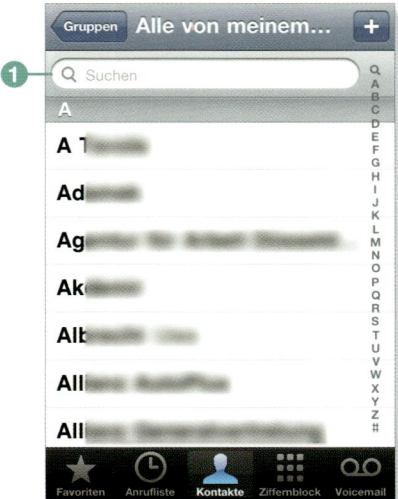

Mehrere eigene Nummern

Wenn Sie sich mehr als Ihre Handynummer merken müssen, legen Sie einfach einen Telefonbucheintrag »Eigene Nummer« an; dort können Sie dann Ihre Festnetznummer, Ihre Handynummer, Ihre Büronummer und weitere Daten angeben.

Mit mehreren Teilnehmern sprechen und Anrufe halten

Mit Ihrem iPhone können Sie auch mit mehreren Personen gleichzeitig telefonieren, entweder indem Sie die einzelnen Anrufe makeln – d. h. mit einem Teilnehmer sprechen, während ein anderer Teilnehmer auf **Halten** gesetzt wird – oder indem Sie eine Konferenzschaltung anberaumen. Wie das genau funktioniert, erfahren Sie in diesem Abschnitt.

Angenommen, Sie telefonieren mit einem Gesprächspartner, und während des Anrufs erreicht Sie ein weiteres wichtiges Gespräch, das Sie nicht aufschieben wollen, dann können Sie das Gespräch ebenfalls annehmen und das wichtige Gespräch führen, während Sie das andere Gespräch in der Leitung halten.

1. Tippen Sie zum Annehmen des zweiten Gesprächs auf den Button **Halten + Annehmen** ❸, wenn Sie beide Anrufe aktiv halten möchten. Der neue Anruf ist nun der aktive, und der vorherige Anruf wird gehalten. Mit dem Antippen des Buttons **Beenden + Annehmen** ❹ beenden Sie das erste Gespräch und nehmen das zweite an.

Der Button **Keine Aktion** ❺ vermittelt dem zweiten Anrufer, dass die Leitung besetzt ist und er entweder erneut anrufen oder auf Ihren Anrufbeantworter (*Voicemail*) sprechen muss.

2. Wenn Sie auf den Button **Halten + Anneh-men** getippt haben, werden die beiden An-rufe im Display dargestellt, wobei der erste auf **Halten** gesetzt ist **6**.

3. Möchten Sie zwischen beiden Gesprächen wechseln, tippen Sie auf den **Tauschen**-Button **7**. Der gehaltene Anruf wird dann zum aktiven **8**.

4. Wenn Sie dann auf **Beenden** **9** tippen, beenden Sie lediglich das zurzeit aktive Gespräch, und der gehaltene Anruf wird zum aktiven.

TIPP

Hinweis zum Telefonieren mit mehreren Personen

Wenn Sie bereits im Vorfeld wissen, dass Sie mit mehreren Personen gleichzeitig sprechen möchten, bietet es sich an, die Freisprechfunk-tion zu nutzen. Das wiederum kann aber bei lauten Umgebungsge-räuschen zu schlechter Sprach- bzw. Empfangsqualität führen.

Eine weitere Möglichkeit ist die Nutzung eines Headsets. Entweder verwenden Sie ein Bluetooth-Headset oder die mitgelieferten Ohr-hörer mit eingebautem Mikrofon. Das Ganze hat den Vorteil, dass Sie die Hände für die Bedienung des Telefons frei haben und Ihre Gespräche in Ruhe über das Display makeln können. Wie das genau funktioniert, erfahren Sie im Abschnitt »Ein Headset nutzen« ab Seite 82.

Selbst einen zweiten Anruf tätigen

Sie können einem bestehenden Anruf auch selbst ein weiteres Gespräch hinzufügen. Tippen Sie dazu auf den Button **Anruf hinzufügen** ❶, und wählen Sie im Anschluss einen Kontakt aus Ihrer Kontaktliste aus.

Eine Konferenz einleiten

Angenommen, Sie möchten mit mehreren Teilnehmern gleichzeitig sprechen, so dass jeder Teilnehmer hört, was der andere sagt. Das ist mit dem iPhone kein Problem. Dazu leiten Sie einfach eine Konferenz ein.

Tippen Sie hierzu während eines Gesprächs auf den Button **Konferenz** ❷, und schon ist die Telefonkonferenz eingeleitet. Sofort danach funktioniert die Konferenzschaltung, und jeder kann mit jedem reden.

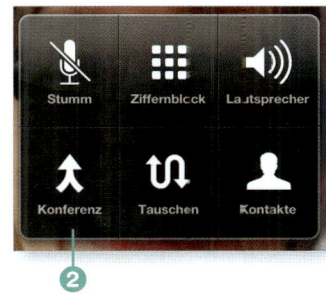

Konferenzteilnehmer einzeln löschen

Wenn Sie eine Konferenzschaltung eingerichtet haben, können Sie einzelne Teilnehmer je nach Bedarf auch wieder aus der Konferenz entfernen:

1. Tippen Sie während der Konferenzschaltung auf den Namen des Teilnehmers, den Sie aus der Konferenz entfernen wollen.

2. Wenn Sie nun auf das Telefon-Symbol vor dem Namen tippen, ändert sich dieses Symbol in einen **Beenden**-Button ❸.

3. Tippen Sie auf **Beenden**, wird der Teilnehmer aus der Konferenz entlassen.

Sollte die Konferenz nur aus Ihnen und zwei weiteren Teilnehmern bestehen, ist damit auch die Konferenz beendet, und Sie führen wieder ein Einzelgespräch. Sind es mehr als drei Konferenzteilnehmer (Sie eingeschlossen), wird die Konferenz mit den restlichen Teilnehmern weitergeführt.

Den Anrufbeantworter einrichten

Ein modernes Telefon verfügt natürlich auch über eine ausgereifte Voice-mail-Funktion, zu Deutsch einen eingebauten Anrufbeantworter. Wie Sie die Voicemail einrichten, erfahren Sie hier.

1. Um zu den Anrufbeantworter-Einstellungen zu gelangen, tippen Sie in der Tableiste auf den letzten Punkt, **Voicemail** ❶.

2. Sie gelangen in das Menü, in dem Sie entscheiden, ob Sie die voreingestellte Standardbegrüßung nutzen oder eine eigene Ansage verwenden möchten.

3. Wenn Sie eine eigene Begrüßung aufnehmen möchten, tippen Sie auf den Button **Eigene** ❷.

4. Um Ihre persönliche Begrüßung aufzunehmen, tippen Sie im nächsten Bildschirm auf **Aufnehmen** ❸. Wenn Sie bereits eine Aufnahme gemacht haben, können Sie den **Abspielen**-Button ❹ wählen, um sie sich anzuhören.

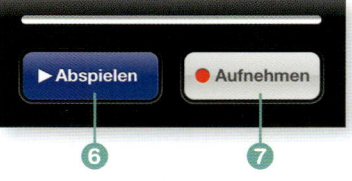

5. Sobald Sie die Begrüßung aufgenommen haben, tippen Sie auf **Stopp** ❺ und hören sich Ihre Ansage an. Wenn Sie zufrieden sind, tippen Sie anschließend auf **Sichern** ❻.

Ihr iPhone hat als erstes Smartphone überhaupt sogar eine Visual Voicemail. Das bedeutet, dass Sie die Anrufe, die Sie bekommen haben, nicht erst mühsam der Reihe nach abhören müssen, sondern direkt die Voicemail auswählen können, die Ihnen am wichtigsten erscheint. Wie Sie die Visual Voicemail nutzen, erfahren Sie nun.

Den Anrufbeantworter abhören

Hat mit Ihrer Aufnahme alles geklappt und sind die ersten Voicemails eingegangen, können Sie sich die wichtigsten Voicemails zuerst anhören und die unwichtigen später. Diese Möglichkeit nennt sich *Visual Voicemail*.

1. Um Ihre Anrufbeantworter-Nachrichten aufzurufen, tippen Sie in der Tableiste auf den letzten Punkt, **Voicemail** ❼.

2. In der Liste tippen Sie dann auf die Voicemail-Nachricht ❽, die Sie interessiert. Schon können Sie sich die Nachricht anhören. Dafür halten Sie entweder Ihr Telefon ans Ohr, oder Sie tippen auf **Lautsprecher** ❾ und hören sich dann die Nachricht über die integrierten Lautsprecher Ihres iPhones an.

Auf der rechten Seite des jeweiligen Eintrags sehen Sie darüber hinaus, wann die Nachricht eingegangen ist. Sie können die Voicemails so lange in Ihrem Voicemail-Fach belassen, wie Sie mögen. Die Nachrichten werden nicht automatisch gelöscht. Falls Sie eine Voicemail löschen möchten, wischen Sie einfach zügig mit dem Finger von links nach rechts über die Nachricht. Daraufhin erscheint der **Löschen**-Button, den Sie nur noch antippen müssen, um die Voicemail endgültig zu entfernen.

Ein Headset nutzen

An dieser Stelle möchte ich noch einmal kurz erläutern, wie Sie mit den verschiedenen Typen von Headsets – kabelgebunden oder via Bluetooth-Technologie – telefonieren. Nähere Anweisungen zu Ihrem Bluetooth-Headset entnehmen Sie bitte dessen Bedienungsanleitung.

Um ein Bluetooth-Headset mit Ihrem iPhone nutzen zu können, müssen Sie die beiden Geräte natürlich zunächst miteinander verbinden. Hierzu gehen Sie wie folgt vor:

1. Um ein Bluetooth-Headset an Ihr iPhone anzuschließen, aktivieren Sie unter **Einstellungen ▸ Allgemein ▸ Bluetooth ❶** den Schalter **Bluetooth ❷**. Daraufhin sucht Ihr iPhone nach dem Headset, und wenn es erkannt wird, wird es als **Nicht verbunden ❸** gekennzeichnet.

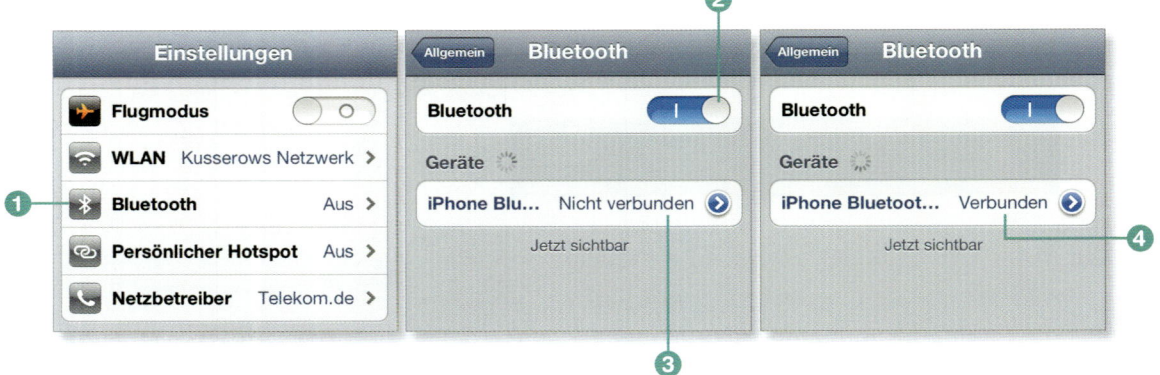

2. Tippen Sie einmal darauf, und das Headset wird mit dem iPhone gekoppelt, was Sie an der Meldung **Verbunden ❹** erkennen.

3. In der Menüleiste sehen Sie dies daran, dass das Bluetooth-Symbol ❺ kräftig (nicht mehr ausgegraut) angezeigt wird. Falls Sie das Apple-Headset nutzen, wird dessen Batteriestatus ❻ ebenfalls hier angezeigt.

4. Wenn Sie die **Wählen**-Taste Ihres Headsets drücken, öffnet Siri sich, um Ihre Befehle entgegenzunehmen. Sprechen Sie dann z. B. »Lisa anrufen« oder Ähnliches. Versteht Siri Ihren Befehl, wird der Anruf umgehend eingeleitet.

5. Ist die Verbindung zustande gekommen, sehen Sie das folgende Menü. Das Lautsprecher-Symbol befindet sich dabei beim Bluetooth-Headset.

6. Sie können während des Gesprächs natürlich auch auf die beiden anderen Gesprächsmöglichkeiten **iPhone** und **Lautsprecher** umschalten, wenn Sie darauf tippen.

INFO

Das iPhone mit einem kabelgebundenen Headset verbinden

Verwenden Sie z. B. das Headset, und tippen Sie mehrere Sekunden auf den mittleren Button, um den Anruf zu starten. Daraufhin startet Siri und erwartet Ihren Anrufbefehl. Sagen Sie z. B. »Netty anrufen« – schon wählt Siri für Sie, und der Anruf kommt zustande.

Klingeltöne auswählen

Sie können beim iPhone natürlich auch verschiedene Klingeltöne verwenden. Wählen Sie zwischen den vorinstallierten Klingeltönen, oder erstellen Sie eigene. Hier erfahren Sie, wie genau das funktioniert.

1. Um einen Klingelton auszuwählen, tippen Sie auf **Einstellungen ▸ Töne** ❶. Scrollen Sie nun nach unten bis zum Bereich **Töne- und Vibrationsmuster**, und tippen Sie dort auf **Klingelton** ❷.

2. Wählen Sie einen Klingelton aus, indem Sie einmal darauf tippen ❸. Von nun an klingelt Ihr Telefon mit dem neuen Ton.

Die Liste an Klingeltönen ist sehr lang. Im Menü **Töne- und Vibrationsmuster** können Sie unterschiedliche Hinweistöne für Anrufe, SMS, E-Mails und andere Ereignisse einstellen (siehe dazu auch den Abschnitt »Töne für Nachrichten einrichten« auf Seite 105 in Kapitel 4). Während es bis zur Version iOS 5 nur möglich war, die vorgegebenen Klingeltöne auszuwählen, können Sie inzwischen auch passende Töne im iTunes Store kaufen. Wie das geht, erfahren Sie im nächsten Abschnitt.

Klingeltöne kaufen und nutzen

Was früher nur in den USA möglich war, geht nun auch in Deutschland: Mittlerweile können Sie auch hierzulande Klingeltöne im iTunes Store kaufen. Wie Sie dazu vorgehen, erfahren Sie in diesem Abschnitt.

1. Tippen Sie im Auswahlmenü **Klingelton** oben rechts auf den Button **Store** 4. Sie werden umgehend zum iTunes Store weitergeleitet.

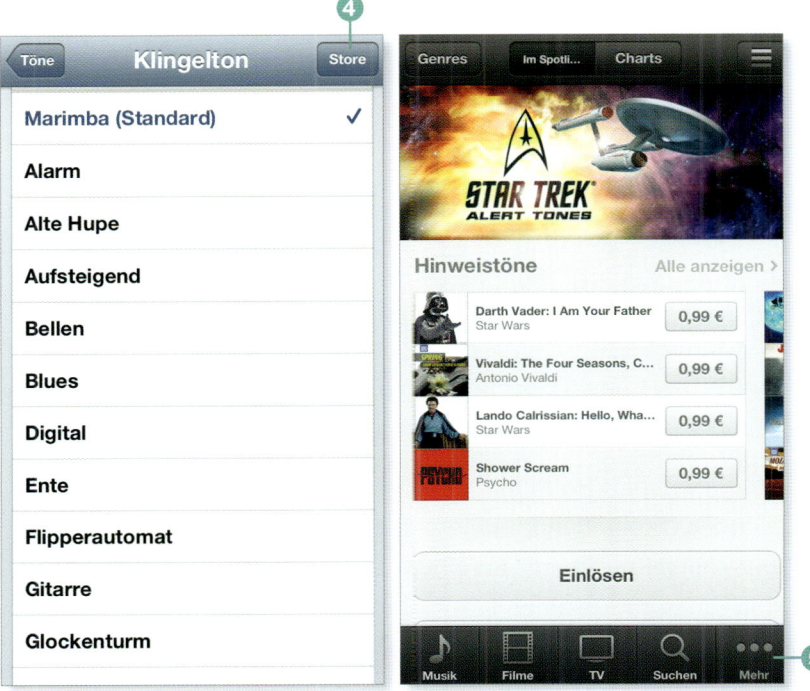

2. Tippen Sie unten rechts auf die Schaltfläche **Mehr** ❺, und wählen Sie im zugehörigen Menü **Töne** ❻ aus.

3. Sie sehen nun eine Auswahl an Musik und anderen Audiodateien, die Sie als Klingelton benutzen können (rechts im Bild). Kaufen Sie den Ton Ihrer Wahl mit Hilfe Ihrer Apple-ID, und nutzen Sie ihn anschließend als Klingel- oder Hinweiston.

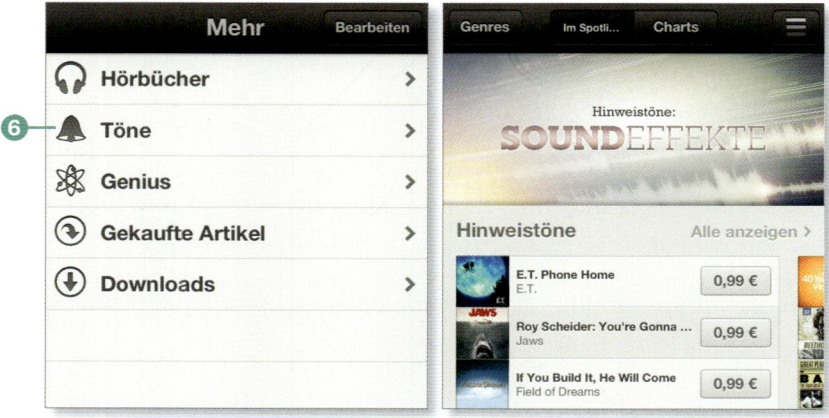

Neben der Möglichkeit, Klingeltöne zu kaufen, können Sie auch eigene Klingeltöne für das iPhone erstellen. Wie das geht, zeige ich Ihnen im nächsten Abschnitt.

Eigene Klingeltöne erstellen

Um eigene Klingeltöne für Ihr iPhone zu erzeugen, können Sie die Software GarageBand von Apple nutzen, die auf jedem neueren Apple-Computer installiert ist.

1. Öffnen Sie GarageBand, und wählen Sie auf der linken Seite die Option **iPhone-Klingelton** ❶ aus. Rechts wählen Sie am besten **Voice** ❷ aus und bestätigen mit **Auswählen** ❸.

2. Geben Sie der Datei zunächst einen Namen. Sie müssen sich nicht wundern, der Song wird erst einmal im GarageBand-eigenen Format mit der Endung *.band* angelegt. Klicken Sie dann auf **Anlegen**.

3. Löschen Sie die beiden Stimmen-Tonspuren ❹ jeweils mit der Tastenkombination `cmd` + `←` -Taste. Sie können über den Button **i** ❺ die rechte Infoleiste ausblenden, da Sie sie hierfür nicht benötigen. Das Wiederholungssymbol ❻ blendet die obere gelbe Leiste ❼ ein, die die Länge und Position Ihres Loops markiert. Diese Leiste muss eingeblendet bleiben.

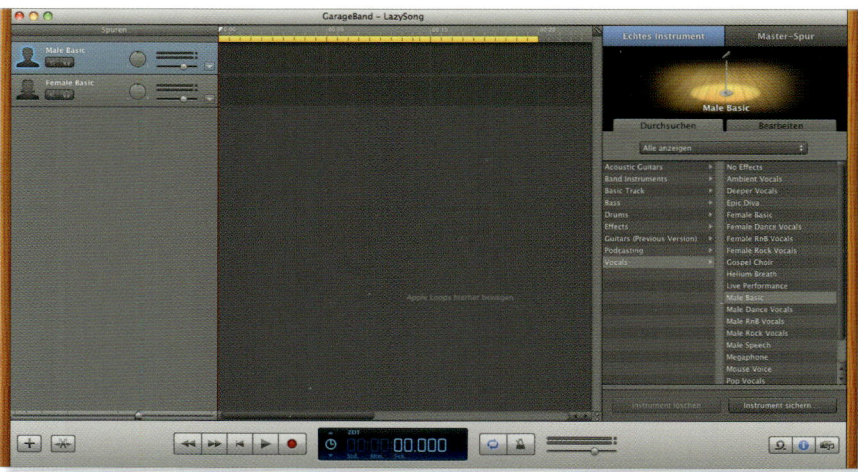

4. Nun ziehen Sie per Drag & Drop die Musikdatei, die Sie als Klingelton verwenden möchten, von iTunes auf das Hauptfenster von GarageBand.

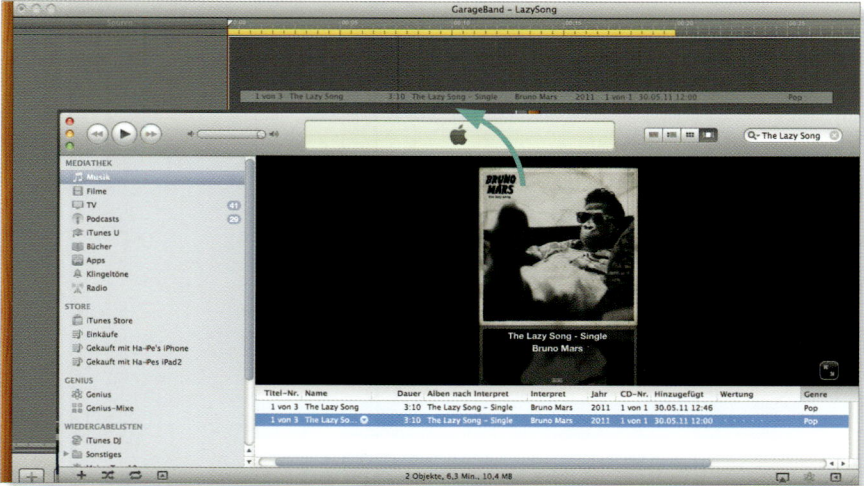

5. Ziehen Sie den Song als Nächstes per Drag & Drop an den Anfang der Musikspur. Passen Sie die gelbe Leiste so an, dass Sie genau den Teil des Liedes auswählen, den Sie als Klingelton verwenden möchten. Ziehen Sie dafür mit gedrückter linker Maustaste den Beginn und das Ende an die gewünschte Stelle.

6. Zusätzlich können Sie die Lautstärke der Tonspur einblenden ❽ und diese am Ende etwas reduzieren, indem Sie an zwei Stellen ❾ + ❿ auf die Lautstärkelinie klicken. Damit erzeugen Sie einen Punkt, den Sie frei bewegen können, um die Lautstärke anzupassen.

Damit ist Ihr selbsterstellter Klingelton fertig. Sie müssen ihn nur noch an iTunes übergeben. Dafür gehen Sie folgendermaßen vor: Öffnen Sie das Menü **Bereitstellen**, und wählen Sie dort den Punkt **Klingelton an iTunes senden** ⓫ aus.

Daraufhin finden Sie Ihren neuen Klingelton in iTunes in der Rubrik **Klingeltöne** bzw. **Töne**. Bei der nächsten Synchronisation sollte er damit auch auf Ihrem iPhone im Be

reich **Klingeltöne** auswählbar sein. Um die Klingeltöne zu synchronisieren, aktivieren Sie in iTunes bei **Töne synchronisieren** ⓬ entsprechend das Häkchen und wählen aus, ob Sie **Alle Töne** oder nur **Ausgewählte Töne** synchronisieren möchten.

Mehr zum Thema Synchronisation lesen Sie im Abschnitt »Das iPhone anmelden und aktivieren« auf Seite 17 in Kapitel 1.

Der Vibrationsalarm

In vielen Situationen sind laut klingelnde Handys sehr störend – z. B. in einem wichtigen Meeting oder bei einem Konzert. Nutzen Sie in solchen Fällen den Vibrationsalarm Ihres iPhones. Die Einstellungsmöglichkeiten finden Sie unter dem Menüpunkt **Einstellungen** ▸ **Töne**. Sie sehen hier zwei Einträge im Bereich **Vibrieren**.

Der erste Menüpunkt, **Bei Klingelton vibrieren** ❶, bedeutet, dass nicht nur das Display aus dem Standby-Modus aufwacht, sondern dass das iPhone zusätzlich zum Klingelton vibriert. Das ist insbesondere für laute Umgebungen nützlich, wo Sie unter Umständen den Klingelton überhören.

Der zweite Schalter, **Bei „Lautlos" vibrieren** ❷, bewirkt, dass im Lautlosbetrieb nur der Vibrationsalarm erfolgt, ohne dass ein Klingelton zu hören ist. Den Lautlosbetrieb aktivieren Sie übrigens über den kleinen Schalter oberhalb der Lautstärketasten ❸.

Wenn der Lautlosbetrieb aktiviert ist, ist eine leuchtend orangefarbene Markierung zu erkennen.

Darüber hinaus können Sie für alle anderen Töne – z. B. für SMS – Vibrationsmuster hinzufügen, so dass Sie diese ebenfalls durch Vibrationsalarme ersetzen können. Dazu gehen Sie wie folgt vor:

1. Wählen Sie aus dem Menü **Einstellungen** ▸ **Töne** ▸ **Töne- und Vibrationsmuster** ein Ereignis aus, für das Sie ein Vibrationsmuster anlegen möchten, z. B. **SMS-Ton**, und tippen Sie darauf.

2. Im nächsten Menü scrollen Sie ganz nach oben und tippen auf **Vibration**.

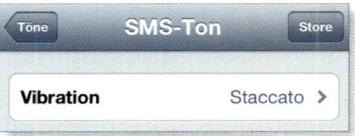

3. Daraufhin werden Ihnen in einem neuen Menü verschiedene Vibrationsmuster zur Auswahl angeboten (unter **Normal** sind die Standardtöne zu finden, unter **Eigene** die von Ihnen geladenen Klingeltöne).

4. Daneben gibt es sogar die Möglichkeit, eigene Vibrationen zu erstellen. Tippen Sie hierzu auf **Neue Vibration erstellen** ❹.

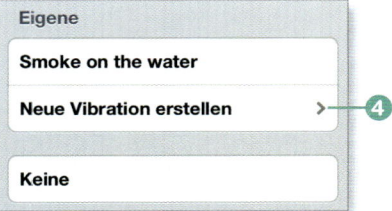

5. Dann nehmen Sie Ihre Vibration einfach auf, indem Sie mit dem Finger im Rhythmus auf das Display tippen. Der eingegebene Rhythmus wird in der unteren Laufleiste durch Punkte ❺ dargestellt.

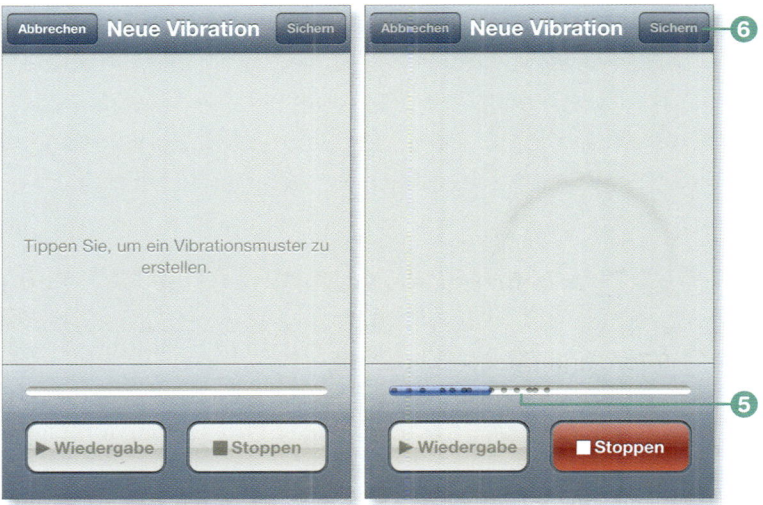

6. Speichern Sie das aufgenommene Vibrationsmuster unter einem beliebigen Namen ab. Tippen Sie hierzu auf den **Sichern**-Button ❻, und geben Sie dann die entsprechenden Namen im Menü **Neue Vibration erstellen** ❼ an.

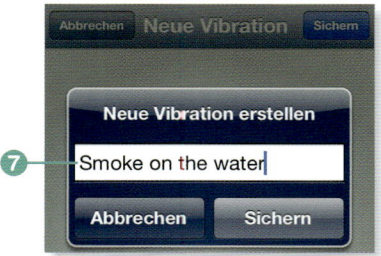

7. Das neue, individuelle Vibrationsmuster erscheint in der eingangs gezeigten Liste im Bereich **Eigene** und kann dort jederzeit per Finger-Tipp ausgewählt werden.

Die Vibration ist eine gute Methode, wenn Sie eine zu auffällige Rufton-Melodie vermeiden wollen, aber Sie sollten sich darüber im Klaren sein, dass auch die Vibration nicht ganz lautlos vonstattengeht, vor allem dann nicht, wenn das Handy auf dem Tisch liegt. Wenn es also wirklich ohne Ton und Vibration sein soll, stellen Sie im Menü **Einstellungen ▸ Töne** die Vibration komplett aus. Sie können dann über den länglichen Schalter auf der linken Seite des Rahmens auf stumm schalten. Sie hören dann absolut gar nichts mehr. Das einzige Signal, dass Sie erkennen können, ist dann das Display, das den Anruf natürlich anzeigt.

Anrufergruppen synchronisieren und nutzen

Sie können Ihre Kontakte für eine bessere Übersicht in Ihrer Kontaktverwaltung auch in einzelne Gruppen unterteilen. iTunes erkennt diese Gruppen, und Sie können bestimmen, welche Gruppen Sie synchronisieren möchten.

Das iPhone kann die entsprechenden Gruppen ebenfalls anzeigen. Auf dem iPhone selbst können Sie diese Gruppen jedoch nicht ändern oder verwalten; dazu müssen Sie die Software Kontakte oder Outlook verwenden. Ich zeige Ihnen nun, wie Sie die Kontaktgruppen mit Ihrem iPhone synchronisieren und nutzen.

1. Sie öffnen Sie Ihr Adressbuch und ordnen Ihre Kontakte verschiedenen Gruppen zu. Leider funktioniert die Synchronisation nicht mit intelligenten Gruppen.

2. Im nächsten Schritt verbinden Sie Ihr iPhone mit iTunes und klicken im Menü **Einstellungen** auf **Infos** ❶. Der oberste Bereich, **Adressbuchkontakte synchronisieren** ❷, ist bereits das, was wir suchen.

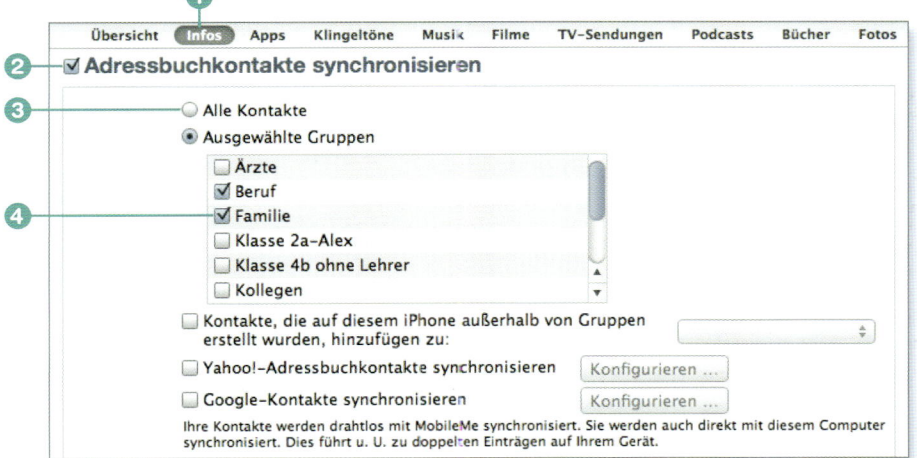

3. Mit der Auswahl **Alle Kontakte** ❸ werden alle Einträge Ihres Mac-Adressbuchs auf Ihr iPhone übertragen.

4. Wenn Sie nicht alle Ihre Kontakte synchronisieren möchten, können Sie, wie oben dargestellt, auch nur ausgewählte Gruppen synchronisieren. Hierzu setzen Sie vor die jeweilige Kontaktgruppe einfach ein Häkchen ❹. Bei der nächsten Synchronisation Ihres iPhones werden die Kontakte entsprechend Ihren Vorgaben aufgespielt.

Selbstverständlich können Sie Ihre Kontakte auch mit Hilfe des neuen iCloud-Dienstes von Apple synchronisieren. Mehr zum Thema iCloud erfahren Sie in Kapitel 9, »Synchronisieren mit iCloud«.

Neue Kontakte zu einer Gruppe hinzufügen

Wenn Sie auf Ihrem iPhone neue Kontakte anlegen, können Sie im Vorfeld schon entscheiden, zu welcher Kontaktgruppe sie gehören sollen. iTunes hat hierfür unterhalb der Gruppenauswahl eine Möglichkeit geschaffen. Sie können allerdings nur zwischen den Gruppen wählen, die Sie auch für die Synchronisation vorgesehen haben, und Sie müssen sich für eine Gruppe entscheiden.

Um die neu hinzugefügten Kontakte auf dem iPhone einer Gruppe zuzuordnen, setzen Sie das Häkchen ❶. Wählen Sie nun aus den Synchronisierungsgruppen die Gruppe aus, der fortan neue Kontakte, die Sie auf dem iPhone erstellen, zugeordnet werden.

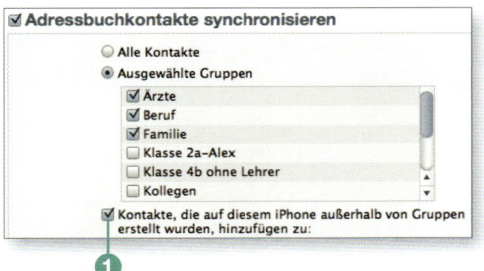

Telefonieren mit FaceTime

Eine weitere sehr interessante Funktion wird in Zukunft wahrscheinlich zu einer Änderung des Telefonverhaltens führen. Gemeint ist *FaceTime*, die Videotelefoniefunktion von Apple, die es mittlerweile nicht mehr nur auf dem iPhone gibt, sondern auch auf dem Mac, dem iPad und dem iPod touch. Auf diese Weise wächst die Verbreitung von FaceTime stetig.

Es ist eigentlich ganz einfach, einen FaceTime-Anruf zu tätigen. Angenommen, Sie kennen jemanden, der ebenfalls über ein iPhone, einen iPod touch oder einen Mac-Rechner verfügt, dann können Sie ihn einfach anrufen und zu FaceTime einladen.

1. Um einen FaceTime-Anruf zu tätigen, tippen Sie einen Kontakt an und scrollen bis ganz nach unten. Tippen Sie dann auf **FaceTime** ❷, und schon wird das Videotelefonat eingeleitet.

2. Der Angerufene erhält daraufhin eine FaceTime-Einladung, die er einfach wie einen ganz normalen Anruf annehmen kann ❸.

3. Das FaceTime-Gespräch wird unmittelbar gestartet. Sie sehen Ihren Gesprächspartner im kompletten Display, und Sie selbst sind in der oberen rechten Ecke als kleines Bild erkennbar ❹. Am unteren Displayrand befindet sich eine Befehlsleiste.

4. Mit einem Finger-Tipp auf das Symbol links ❺ können Sie sich selbst stumm schalten, was Sie daran erkennen, dass über Ihrem kleinen Bild die Angabe **Stumm** ❻ eingeblendet wird. Ein erneutes Tippen auf das Symbol bringt Sie tontechnisch wieder auf Sendung.

5. Wenn Sie Ihrem Gesprächspartner zeigen möchten, was Sie gerade sehen, tippen Sie einmal unten auf das Symbol ganz rechts ❼. Sie verwenden nun die Kamera auf der Rückseite.

6. Um das Gespräch zu beenden, tippen Sie unten auf den mittleren Button, **Beenden** ❽.

Ein FaceTime-Gespräch können Sie sowohl über WLAN als auch über das Mobilfunknetz führen. Für letztere Option müssen Sie unter **Einstellungen ▸ FaceTime** den Schalter **Mobile Daten verwenden** aktivieren, indem Sie ihn mit dem Finger nach rechts ziehen.

Die Möglichkeit, FaceTime-Gespräche über das Mobilfunknetz zu führen, ist jedoch lediglich für das iPhone 4S und 5 (sowie das iPad 3) vorgesehen. Ob Sie FaceTime so tatsächlich nutzen können, hängt von Ihrem Provider ab. Sie sollten sich in jedem Fall bewusst sein, dass FaceTime über das Mobilfunknetz viel Datenvolumen verbraucht. Beschränken Sie FaceTime im Zweifel lieber auf WLAN-Umgebungen.

Kapitel 4
Nachrichten senden und empfangen

Die am häufigsten genutzte Anwendung bei Mobiltelefonen ist die SMS-Funktion. Laut Bitkom wurden in Deutschland allein im Jahr 2011 insgesamt ca. 46 Milliarden SMS versendet. Ein Grund mehr, sich mit diesem Thema zu beschäftigen. In diesem Kapitel erfahren Sie alles darüber.

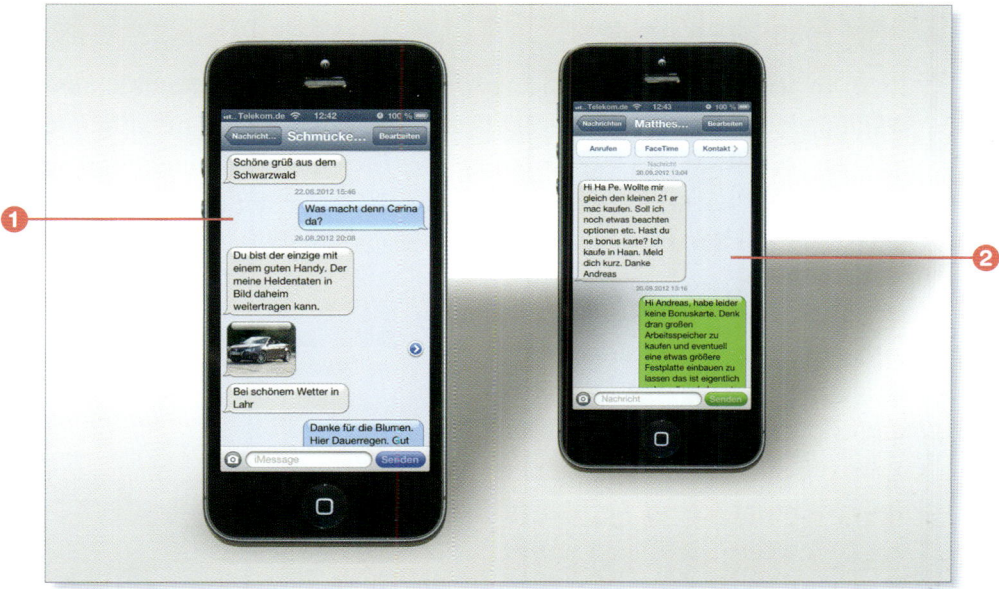

Die verschiedenen Ansichten des Fensters »Nachrichten«: Einblick in eine iMessage-Unterhaltung inklusive Bild ❶ und eine normale SMS-Unterhaltung ❷.

Textnachrichten versenden

Die Textnachrichten erreichen Sie über das Symbol mit der kleinen Sprechblase. Wenn Sie es antippen, öffnet sich sofort das Standardfenster, in dem Sie Ihre Textnachricht verfassen. Um z. B. einem Freund eine Textnachricht zu schicken, gehen Sie wie folgt vor:

1. Im Standardfenster müssen Sie zunächst angeben, wem Sie eine SMS schreiben möchten. Dazu tippen Sie auf das kleine blaue Plus-Symbol in der rechten oberen Ecke ❶.

2. Im nächsten Schritt können Sie aus Ihrer Kontaktliste den Kontakt auswählen, den Sie für Ihre SMS vorgesehen haben. (Übrigens funktioniert es auch so: Öffnen Sie Ihre Kontakteliste, tippen Sie auf einen Eintrag und dann auf **Nachricht senden**. Schon wird das Fenster **Neue Nachricht** angezeigt, das Sie in der nächsten Abbildung sehen.)

3. Daraufhin wird der Kontakt in einer farbigen Blase hinter dem Begriff **An:** dargestellt ❷; die Tastatur erscheint, und Sie können beginnen, Ihren Text einzugeben. Dazu steht Ihnen das Feld **Nachricht** ❸ zur Verfügung. Was der Unterschied zwischen grünen und blauen »Namensblasen« ist, erfahren Sie im Abschnitt »iMessage – die Umsonst-SMS zwischen iOS 6-Anwendern« auf Seite 100.

4. Verfassen Sie nun Ihre Nachricht. Während Sie die Nachricht tippen, wird Ihnen angezeigt, wie viele Zeichen Sie von den Ihnen zur Verfügung stehenden Zeichen bereits eingetippt haben ❹. Auch der **Senden-**

Button ❺ wird hervorgehoben. Sollten Sie keine Zeichenanzahl sehen, aktivieren Sie unter **Einstellungen ▸ Nachrichten** die Option **Zeichenanzahl**.

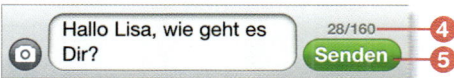

5. Wenn Sie Ihren Text geschrieben haben, tippen Sie auf **Senden**.

6. Die gesendete SMS erscheint daraufhin als farbige Sprechblase in dem blau hinterlegten Fenster ❻. Bekommen Sie eine Antwort, wird diese ebenfalls dort, aber in einer anderen Farbe dargestellt ❼. Diese Sammlung von Nachrichten zwischen Ihnen und einem Kontakt nennt man *Unterhaltung*.

Jede SMS erhält einen exakten Zeitstempel ❽, der genau Auskunft darüber gibt, wann eine SMS gesendet bzw. empfangen wurde.

TIPP

SMS an mehrere Adressaten senden

Selbstverständlich können Sie auch eine SMS gleichzeitig an mehrere Adressaten versenden. Hierzu müssen Sie lediglich erneut auf das Plus-Symbol ❶ tippen und weitere Adressaten auswählen. Jeder neue Adressat erscheint in einer eigenen »Namensblase«.

Wenn Sie selbst eine SMS erhalten, werden Sie in iOS 6 bereits auf Ihrem Sperrbildschirm davon in Kenntnis gesetzt, doch dazu mehr im Abschnitt »Nachrichten empfangen und lesen« auf Seite 102.

iMessage – die Umsonst-SMS zwischen iOS 6-Anwendern

Viele Anbieter von iPhone-Verträgen sind über das Angebot iMessage von Apple ganz schön sauer. Meinen sie doch, sie verlören einiges an SMS-Umsatz, wenn iOS 6-Kunden untereinander Gratis-SMS hin und her schicken können. Sicherlich ist das auch so; Sie als iPhone-Besitzer hingegen können sich freuen.

Ihr Handy erkennt automatisch, ob Sie eine SMS an ein anderes iOS 6-Gerät (iPhone, iPad oder iPod touch) senden möchten oder eine Nachricht von einem solchen Gerät erhalten. Es schaltet dann automatisch in den iMessage-Modus um. Schon bei der Auswahl des Adressaten erkennen Sie, ob dessen Smartphone iMessage-fähig ist, und zwar anhand der kleinen blauen Sprechblase ❶ am rechten Rand des Kontakteintrags. Auch die »Namensblase« und der **Senden**-Button ❷ sind unter iMessage blau eingefärbt.

Schließlich wird auch Ihre gesendete Nachricht in Blau dargestellt ❸. Wie Sie am Kamera-Symbol ❹ erkennen, können Sie auch Bilder via iMessage versenden, was Ihnen unter Umständen sehr teure MMS-Kosten erspart.

Und noch ein kleiner Vorteil: Beim Chatten können Sie über iMessage sofort sehen, wenn Ihr Gesprächspartner Ihnen etwas schreibt, denn während des Schreibvorgangs Ihres Gegenübers wird auf Ihrem Display eine leere Sprechblase mit drei Punkten ❺ eingeblendet.

Bildnachrichten versenden

Aus Ihrer Nachrichten-App heraus können Sie selbstverständlich auch Bildnachrichten, sogenannte *MMS*, versenden, und zwar wie folgt:

1. Als Erstes wählen Sie wieder einen oder mehrere Empfänger für Ihre
Bildnachricht aus und schreiben Ihren Text, den Sie übrigens aus der
App heraus direkt korrigieren.

2. Anschließend tippen Sie, um ein Foto hinzuzufügen,
links neben dem Text auf das kleine Kamera-Symbol
6. Daraufhin öffnet sich in der unteren Hälfte des
Displays eine Auswahl, die Sie vor die Alternative
stellt, ein Foto oder Video direkt aufzunehmen **7**
oder ein Bild aus dem Album auszuwählen **8**. Wir
wollen Letzteres; tippen Sie also auf **Aus Album auswählen**.

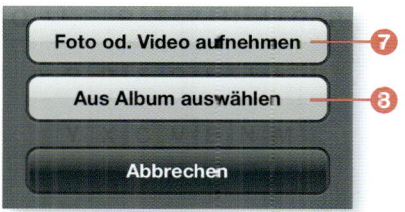

3. Suchen Sie das gewünschte Bild aus Ihren Aufnahmen heraus, indem
Sie es einmal kurz antippen. Das Bild wird daraufhin in einer Vorschau
dargestellt. Tippen Sie zur endgültigen Verwendung des Bildes unten
rechts auf den Button **Auswählen 9**.

4. Das ausgewählte Bild wird als kleine Vorschau im Textfenster angezeigt
10. Wenn Sie möchten, geben Sie nun direkt unter oder über dem Bild
noch einen Text ein und schicken dem Empfänger des Bildes so einen
kleinen Gruß. Über den Button **Senden 11** schicken Sie Ihre MMS ab.

5. Die MMS wird nach dem Senden mit Bild in Ihrem Nachrichtenfenster dargestellt und wird – genau wie eine Textnachricht – zum Teil der Unterhaltung zwischen Ihnen und dem Empfänger.

Wie Sie übrigens Ihr Nachrichtenfenster »aufräumen« und von älteren oder speicherplatzintensiven Nachrichten ebenso wie von Bildnachrichten befreien, erfahren Sie im Abschnitt »Nachrichten löschen« auf Seite 107.

Nachrichten empfangen und lesen

Der Empfang einer Nachricht ist kein großes Geheimnis, denn er funktioniert automatisch – dazu müssen Sie keinerlei Einstellungen vornehmen.

1. Wenn Sie eine SMS oder MMS-Nachricht erhalten, wird Ihnen das direkt auf dem Sperrbildschirm Ihres iPhones angezeigt.

2. Indem Sie auf das Nachrichten-Symbol  tippen und es mit dem Finger, analog zum Entsperren Ihres iPhones, nach rechts bis zum Ende ziehen ❷, gelangen Sie sofort in die Nachricht und können diese direkt lesen. Eine weitere Entriegelung ist dann nicht mehr notwendig, und Sie müssen auch die Nachrichten-App nicht gesondert öffnen.

Praktischerweise sehen Sie nach dem Öffnen auch immer die ganze Unterhaltung, also alle SMS und MMS, die Sie bisher mit diesem Kontakt ausgetauscht haben, so dass Sie einen guten Überblick bekommen.

3. Wenn Sie als Empfänger die MMS öffnen, sehen Sie eine Sprechblase mit dem Bild – tippen Sie mit dem Finger darauf, wird das Bild in Displaygröße angezeigt, und Sie können es in Ihrem iPhone-Fotoarchiv speichern.

Natürlich können Sie sofort auf eine SMS antworten, indem Sie Ihren Antworttext in das Textfeld ganz unten tippen und auf **Senden** klicken. Das funktioniert nicht nur bei gerade empfangenen SMS, sondern immer, nachdem Sie eine Unterhaltung geöffnet haben.

Die Einstellungen für Nachrichten ändern

Um schnell auf die eingehenden Nachrichten zugreifen zu können, müssen Sie vorher folgende Einstellungen vornehmen:

1. Öffnen Sie zunächst das Menü **Einstellungen**, und wählen Sie **Mitteilungen** ❸ ▶ **Nachrichten** ❹ aus.

2. In den Einstellungen für die Nachrichten aktivieren Sie den Schieberegler für den Menüpunkt **Im Sperrbildschirm** ⑤. Dazu müssen Sie zunächst ganz nach unten scrollen.

3. Wenn Sie auch noch den Schieberegler für den Punkt **In der Zentrale** ⑥ (oben) aktivieren, werden eingehende SMS auch dort angezeigt. Zum Schluss legen Sie noch fest, wie Sie die Nachrichten angezeigt bekommen möchten. Wählen Sie hier z. B. **Banner** ⑦ aus.

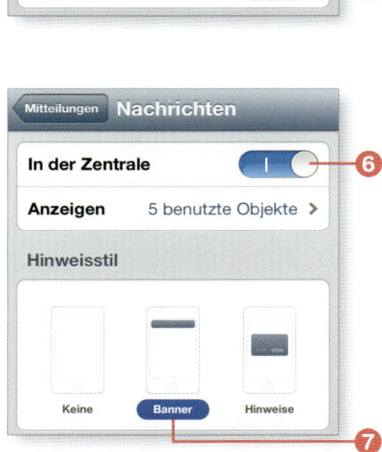

Dank dieser Einstellungen sind Sie immer auf dem Laufenden und verpassen sicher keine wichtige Textnachricht mehr. Zum einen werden neue Nachrichten Ihnen nun auf dem Sperrbildschirm angezeigt, zum anderen können Sie sie über die Mitteilungszentrale abrufen. Um die Mitteilungszentrale zu öffnen, wischen Sie einfach vom oberen Rand des Displays nach unten (es ist ein bisschen, als ob Sie ein Rollo nach unten ziehen).

Doch nicht nur die Anzeige ist wichtig; Sie können auch einstellen, dass Sie geräuschvoll auf eine Nachricht aufmerksam gemacht werden. Wie das geht, erfahren Sie im nächsten Abschnitt.

Töne für Nachrichten einrichten

In Kapitel 3 habe ich im Abschnitt »Klingeltöne auswählen« auf Seite 84 beschrieben, wie Sie bestimmte Klingeltöne für Ihre Anrufe einstellen. Selbstverständlich können Sie auch die Töne für den Nachrichteneingang ganz Ihren Wünschen anpassen. Wählen Sie einfach aus einer ganzen Reihe von Tönen einen passenden aus.

1. Hierzu gehen Sie wieder in die **Einstellungen** und wählen den Menüpunkt **Töne** aus.

2. Scrollen Sie etwas nach unten bis zum Menüpunkt **SMS-Ton**, den Sie ebenfalls auswählen.

3. Im nächsten Schritt wählen Sie den Ton, der Ihnen als Nachrichten-Signalton am besten gefällt. Sie können hier auch **Keine** auswählen.

4. Tippen Sie schließlich den Ton Ihrer Wahl an, und das war's auch schon!

Wenn Sie möchten, stellen Sie auch eine Vibration als Hinweiston für den Eingang einer SMS ein (unter **Einstellungen ▸ Töne ▸ Töne und Vibrationsmuster ▸ SMS-Ton ▸ Vibration**).

Nachrichten weiterleiten

Wenn Sie eine SMS erhalten, z. B. eine Einladung, dann können Sie diese Nachricht natürlich auch weiterleiten, um auch anderen diese Information zuteilwerden zu lassen. Und so geht's:

1. Öffnen Sie die Nachricht, die Sie weiterleiten wollen, und tippen Sie dann oben in der rechten Ecke auf den Button **Bearbeiten ❶**.

2. Anschließend tippen Sie direkt auf die Nachricht ❷, die daraufhin durch ein kleines Häkchen in einem roten Kreis hervorgehoben wird ❸.

3. Tippen Sie unten rechts auf **Weiterleiten** ❹.

4. Es öffnet sich ein neues Fenster, in dem die Nachricht erneut im Textfeld steht ❺. Geben Sie über das Plus-Symbol ❻ einen neuen Adressaten für die weiterzuleitende Nachricht ein, und tippen Sie zum Abschluss auf **Senden** ❼.

Falls Sie die weitergeleitete Nachricht an eine Person versenden, der Sie schon einmal eine Nachricht geschickt haben, finden Sie die weitergeleitete Nachricht hinterher in der bestehenden Unterhaltung.

Natürlich können Sie die Nachricht auch gleich an mehrere Personen weiterleiten. Fügen Sie einfach mehrere Empfänger über das Plus hinzu. Weil sich diese Nachricht dann aber keiner vorherigen Unterhaltung zuordnen lässt, taucht sie als neue Unterhaltung in Ihrem Nachrichtenfenster auf.

Nachrichten löschen

Hin und wieder wollen Sie sicherlich Ihr Nachrichtenarchiv aufräumen und Ihren Speicherplatz von altem Ballast befreien. Dazu können Sie entweder ganze Unterhaltungen oder einzelne Nachrichten löschen. Um in einer Unterhaltung eine einzelne Nachricht zu entfernen, gehen Sie wie folgt vor:

1. Öffnen Sie eine SMS-Unterhaltung, und tippen Sie rechts oben auf **Bearbeiten**.

2. Dann tippen Sie auf die Nachricht, die Sie löschen möchten. Sie wird markiert, was durch ein kleines Häkchen ❶ in einem roten Kreis verdeutlicht wird.

3. Nun tippen Sie unten links auf den **Löschen**-Button ❷, bestätigen die anschließende Abfrage, und schon ist die Nachricht verschwunden. Der **Löschen**-Button zeigt übrigens auch an, wie viele Nachrichten Sie markiert haben ❸.

Sie können auch ein Bild, das Ihnen geschickt wurde oder das Sie an eine Nachricht angehängt haben, wieder löschen. Öffnen Sie die Unterhaltung, tippen Sie auf **Bearbeiten** und dann auf das Bild, um es zu markieren. Nun können Sie es mit einem Finger-Tipp auf den **Löschen**-Button aus der Unterhaltung entfernen.

Eine ganze Unterhaltung löschen

Um gleich die ganze Unterhaltung und nicht nur einzelne SMS zu löschen, haben Sie zwei Möglichkeiten, die ich Ihnen in diesem Abschnitt vorstellen möchte. Die erste Möglichkeit ist diese:

1. Öffnen Sie die Nachrichten in der Übersicht, und tippen Sie oben links auf **Bearbeiten** ❹. Die einzelnen Unterhaltungen werden dann mit einem Minus-Symbol in einem roten Kreis ❺ markiert.

2. Wählen Sie eine Unterhaltung aus, indem Sie auf das ihr zugeordnete Minus-Symbol tippen.

3. Das Symbol stellt sich daraufhin senkrecht ❻, und auf der rechten Seite des Nachrichteneintrags erscheint einen **Löschen**-Button ❼. Einmal kurz darauf getippt, und die Unterhaltung ist gelöscht.

Wenn Ihnen das noch zu umständlich ist, sollten Sie die zweite Möglichkeit nutzen: Öffnen Sie die Nachrichtenübersicht, und streichen Sie zügig mit dem Finger von links nach rechts über die zu löschende Unterhaltung. Am rechten Rand erscheint daraufhin auch diesmal der **Löschen**-Button ❽. Tippen Sie darauf, und schon ist die Unterhaltung entfernt.

Darauf sollten Sie im Ausland achten

Wenn Sie mit Ihrem iPhone im Ausland unterwegs sind, kann es schnell teuer werden, da zu den Kosten, die Sie in Ihrem Heimatland für Telefonate und für SMS und MMS zahlen, die Gebühren für das *Datenroaming* hinzukommen. Das heißt, Sie zahlen auch noch den Service des ausländischen Providers für die Durchleitung in Ihr Heimatnetz.

> Lieber Kunde, Sie nutzen Datendienste im EU-Ausland. Es gelten die Regeln für Transparenz- und Schutzvorkehrungen für Datenroaming-Dienste. Ihre Nutzung wird erstmalig bei EUR 59,50 Datenroaming-Kosten unterbrochen. Bestätigen Sie die Weiternutzung, erfolgt eine Unterbrechung jeweils nach weiteren EUR 59,50. Kostenlose Info unter www.roaminginfo.t-mobile.ce

Das wird unter Umständen recht teuer; man liest immer wieder von horrenden Handyrechnungen, die aufgrund von Unwissenheit oder Unvorsichtigkeit im Urlaub entstanden sind. Zwar gibt es seit einigen Jahren gesetzlich festgelegte Preisobergrenzen für das Datenroaming, Sie müssen sich aber dennoch auf erhöhte Kosten einstellen, wenn Sie Ihr iPhone im Ausland verwenden. Wenn Sie Datenroaming im Ausland nutzen möchten, wird Ihr Anbieter Sie normalerweise mittels einer SMS darauf hinweisen, wie teuer das werden könnte. Die Telekom fragt Sie sogar an einer bestimmten Kostengrenze noch einmal, ob Sie weiter Datenroaming nutzen möchten (siehe Abbildung rechts).

Aus den genannten Gründen empfehle ich Ihnen, die Datenroaming-Funktion sicherheitshalber ganz abzuschalten. Und das geht so:

1. Öffnen Sie das Menü **Einstellungen** und tippen Sie dort auf **Allgemein**.

2. Anschließend wählen Sie den Menüpunkt **Mobiles Netz** aus.

3. Im zugehörigen Menü deaktivieren Sie den Punkt **Datenroaming** über den dafür vorgesehenen Schalter ❶.

Nun sind Sie auf der sicheren Seite, denn das iPhone kann keine Datenverbindungen aufbauen, wenn Sie es nicht wollen. Und wenn Sie doch einmal ins Internet wollen und sich der Kosten bewusst sind, stellen Sie das Datenroaming einfach für diese Zeit wieder an.

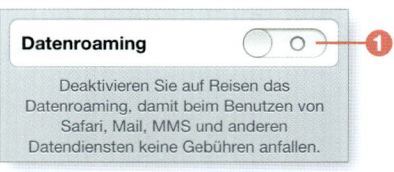

Datenroaming ❶

Deaktivieren Sie auf Reisen das Datenroaming, damit beim Benutzen von Safari, Mail, MMS und anderen Datendiensten keine Gebühren anfallen.

Kapitel 5
Im Internet surfen mit Safari

Warum kauft man sich ein iPhone? – Na, man will natürlich immer online sein! Und Safari ist das Werkzeug dafür. Damit steht Ihnen ein schlanker und sehr leistungsfähiger Browser zur Verfügung, der in der neuen Version mit einigen sehr interessanten Neuerungen aufwartet – aber sehen Sie selbst.

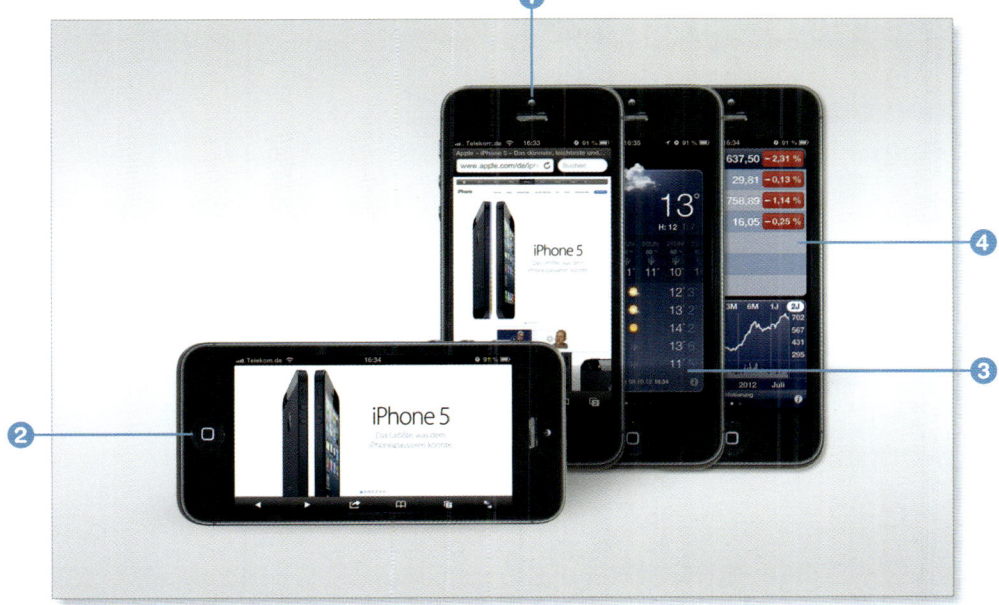

Safari auf dem iPhone im Hochformat ❶ und im Querformat ❷. Entscheiden Sie selbst, was Ihnen besser gefällt. Die Wetter-App ❸ und die Aktien-App ❹ sind standardmäßig mit im Boot.

So kommen Sie mit dem iPhone ins Internet (Safari)

Zunächst möchte ich Ihnen den Browser Safari im Überblick vorstellen. Sie werden erfahren, was es damit auf sich hat und wie Sie den Browser bedienen.

 Safari ist im Wesentlichen in drei Bereiche aufgeteilt. Der erste Bereich ❶ ist für die Suche und Eingabe zuständig. Der zweite Bereich ❷ ist der, der die eigentliche Internetseite darstellt. Er ist entsprechend der größte Bereich.

Der dritte Bereich ❸ schließlich befindet sich am unteren Rand des Displays und ist für die Navigation gedacht. Hier können Sie vor- und zurückblättern, Website-Inhalte versenden, speichern, drucken, Lesezeichen einsehen und erstellen sowie sich alle gleichzeitig geöffneten Seiten anschauen.

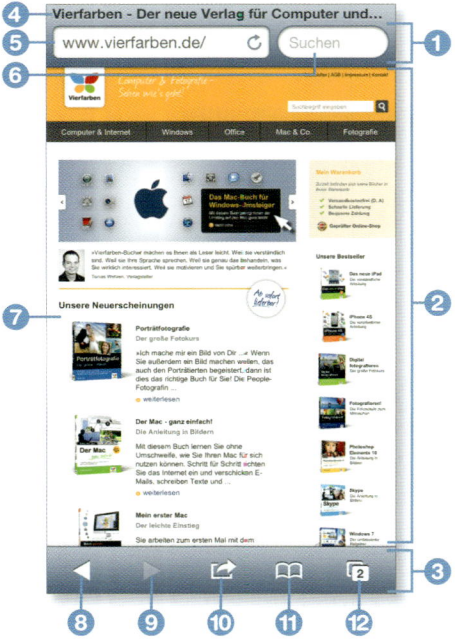

Mit dem iPhone und Safari surfen Sie auf sehr komfortable Weise im Internet.

Aber Sie wollen es ja sicher ganz genau wissen, daher gebe ich Ihnen hier noch einmal einen Überblick über jede einzelne Funktionalität von Safari:

④ In der Kopfzeile wird der Name der Internetseite eingeblendet.

⑤ Die URL finden Sie in diesem Feld.

⑥ Das ist das Feld für die Suche.

⑦ In diesem Bereich wird die Internetseite dargestellt.

⑧ Blättern Sie eine Seite zurück.

⑨ Blättern Sie eine Seite vor.

⑩ Leiten Sie die aktive Internetseite weiter (Sie können sie z. B. als Lese-zeichen speichern, den Link per E-Mail verschicken oder die Seite aus-drucken).

⑪ Hier befinden sich Ihre Lesezeichen.

⑫ An dieser Stelle sind Ihre geöffneten Seiten zu sehen. Die Ziffer besagt, wie viele Seiten geöffnet sind.

In den folgenden Abschnitten dieses Kapitels erkläre ich Ihnen ganz genau, wie Sie sicher und schnell im Internet surfen, Lesezeichen und Leselisten anlegen, um interessante Seiten schnell wiederzufinden, und wie Sie bei-spielsweise einen Link zu einer besonders sehenswerten Website an jemand anderes weitergeben.

Privates Surfen

Privates Surfen ist eine Funktion auf dem iPhone, die es Ihnen ermöglicht, im Internet zu surfen, ohne dass Ihre Bewegungen auf Ihrem iPhone proto-kolliert werden. Das bedeutet, dass beispielsweise der Browserverlauf nicht gespeichert wird, und auch die Eingabe von Suchbegriffen in der oberen Suchleiste wird nicht protokolliert. Das private Surfen richten Sie wie folgt ein:

1. Um die Option **Privates Surfen** einzurichten, öffnen Sie das Menü **Einstel-lungen ▸ Safari** und gehen dann auf den Bereich **Datenschutz**. Aktivieren Sie hier den Schalter **Privates Surfen** ⑬.

2. Sie erhalten eine Meldung, in der Sie gefragt werden, ob Sie die geöffneten Tabs schließen 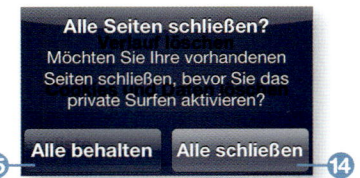 oder behalten ⑮ möchten. Treffen Sie Ihre Entscheidung.

3. Nachdem Sie diese Einstellung aktiviert haben, ändert sich das farbliche Erscheinungsbild Ihres Browsers, wie Sie in der folgenden Abbildung sehen.

4. Um das private Surfen wieder auszuschalten, deaktivieren Sie den Schalter, wie in Schritt 1 beschrieben, und bestätigen erneut den Hinweisdialog.

Wenn Sie diese Funktion aktiviert haben, ist über Ihr iPhone nicht nachzuverfolgen, was Sie im Internet tun. Das ist besonders dann sinnvoll, falls Sie Ihr iPhone einmal verlieren, denn so hat niemand Zugriff auf Ihre Passwörter, und Ihre Privatsphäre wird nicht verletzt.

Eine Webseite öffnen

Es gibt verschiedene Möglichkeiten, Webseiten mit Safari zu öffnen. Sie können das mit einer gezielten Suche über Google und Co. erledigen, durch einen Link, der Ihnen per E-Mail oder SMS zugesendet wird, mittels eines Lesezeichens in Ihrer Lesezeichenleiste oder indem Sie einfach die Internetadresse eingeben. Die letzte Möglichkeit lernen Sie jetzt kennen.

1. Öffnen Sie Safari, und geben Sie in die Adresszeile im linken oberen Bereich eine Internetadresse ein ❶. Normalerweise steht zu Beginn einer Internetadresse immer diese Zeichenfolge: *http://www*. Diese Zeichen können Sie bei der Eingabe der Adresse allerdings weglassen. Safari setzt diese Zeichenfolge automatisch vor Ihre Eingabe, so dass Sie nur den Namen der gewünschten Webseite eingeben müssen.

2. Suchen Sie dann aus den Vorschlägen ❷ von Safari diejenige Webseite aus, den Sie öffnen möchten, indem Sie darauf tippen.

3. Wenn der richtige Vorschlag noch nicht dabei ist, schreiben Sie einfach weiter – falls notwendig, so lange, bis Sie den kompletten Namen der Webseite ausgeschrieben haben.

4. Beenden Sie Ihre Eingabe mit der ⏎-Taste. Daraufhin wird die entsprechende Webseite geöffnet ❸, und Sie können sich Ihre Inhalte anschauen.

INFO

Seite vergrößern

Wenn Sie den Inhalt einer Seite etwas vergrößern wollen, um sich beispielsweise ein Menü genauer anzuschauen, zoomen Sie in die Seite hinein, indem Sie Daumen und Zeigefinger auf das Display setzen und langsam auseinander ziehen. Umgekehrt, also indem Sie die Finger wieder zusammen schieben, verkleinern Sie die Seite wieder.

Wenn es bestimmte Internetseiten gibt, die Sie immer wieder aufrufen, z. B. die Website Ihres Lieblingsvereins oder eine bestimmte Nachrichtenseite, können Sie sich dafür ein Lesezeichen (*Bookmark*) anlegen, damit Sie die Adresse nicht jedes Mal neu eingeben müssen, wenn Sie die Seite aufrufen wollen. Wie das geht, erfahren Sie im nächsten Abschnitt.

Lesezeichen nutzen und neue Lesezeichen erstellen

Das Verwenden von Lesezeichen erleichtert Ihnen das Surfen im Web ungemein, weil Sie nicht immer die komplette Adresse einer interessanten Internetseite neu eingeben müssen. Legen Sie sich für Ihre favorisierten Webseiten einfach Lesezeichen an. Diese müssen Sie dann nur noch antippen, um die entsprechende Internetseite zu öffnen. In diesem Abschnitt zeige ich Ihnen, wie Sie ein Lesezeichen anlegen.

1. Wenn Sie eine interessante Webseite gefunden und in Safari geöffnet haben, tippen Sie in der unteren Leiste Ihres iPhone-Displays auf das **Bereitstellen**-Symbol ❶.

2. Daraufhin öffnet sich ein Dialogfeld mit verschiedenen Auswahlmöglichkeiten. Hier tippen Sie in der Mitte unten auf den Punkt **Lesezeichen** ❷.

3. Passen Sie den Namen Ihres Lesezeichens ❸ an, indem Sie mit der ⟨ ← ⟩- oder der ⟨Entf⟩-Taste so viel weglöschen, bis der Begriff stimmig und schnell erfassbar ist. Sie können ihn mit einem Tipp auf das kleine Kreuzchen ❹ natürlich auch komplett löschen und einen eigenen Namen für Ihr Lesezeichen eingeben.

4. Im Feld darunter können Sie mit einem Tipp auf dem Pfeil ❺ noch festlegen, wo das Lesezeichen gespeichert werden soll, entweder direkt in der Lesezeichenleiste oder in einem Ordner, den Sie vorher angelegt haben (siehe dazu den folgenden Kasten). Den ausgewählten Ordner, in dem das Lesezeichen abgelegt wird, erkennen Sie an einem kleinen Häkchen ❻.

5. Wenn Sie mit allen Einstellungen fertig sind, tippen Sie auf **Sichern** ❼.

TIPP

Einen Lesezeichen-Ordner anlegen

Öffnen Sie in Safari das Menü **Lesezeichen**, indem Sie auf das Buchsymbol tippen. Im Menü tippen Sie auf **Bearbeiten** und dann auf **Neuer Ordner**. Daraufhin geben Sie einen passenden Namen für den neuen Ordner an und bestimmen, ob dieser auf der obersten Ebene oder als Unterordner eines bereits vorhandenen Ordners angelegt wird.

Suchen mit Google

Selbstverständlich können Sie mit Safari auf Ihrem iPhone auch über Google nach Informationen suchen. Google ist als Suchmaschine auf dem iPhone sogar voreingestellt.

1. Um eine Suche zu starten, tippen Sie einfach rechts oben in das Feld, in dem in hellgrauer Schrift **Suchen** steht **❶**.

2. Geben Sie Ihren Suchbegriff ein. Noch während Sie tippen, liefert Ihnen Google einige Vorschläge **❷**, bei denen eventuell sogar schon der gesuchte Begriff dabei ist. Wenn das der Fall ist, tippen Sie auf diesen Begriff, und die Google-Ergebnisseite öffnet sich.

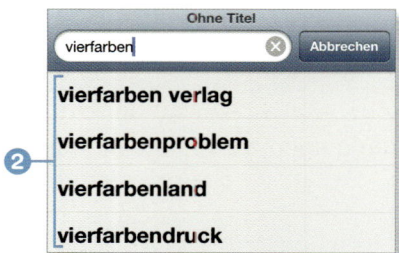

3. Wenn Sie den Suchbegriff gut gewählt haben, bekommen Sie entsprechend präzise Ergebnisse (hier ist gleich das erste Suchergebnis das passende). Tippen Sie auf den blauen Link **❸** in der Trefferliste, wird die gewünschte Seite geöffnet.

Wie beschrieben, ist Google als Suchmaschine in Safari voreingestellt. Wenn Sie das nicht möchten und lieber eine andere Suchmaschine verwenden, können Sie diese Einstellung ändern. Im nächsten Abschnitt erkläre ich Ihnen, wie das geht.

Eine andere Suchmaschine verwenden

Wenn Sie nicht mit Google, sondern lieber mit einer anderen Suchmaschine suchen möchten, können Sie dies selbstverständlich tun. Im Menü **Einstellungen ▸ Safari ④** werden Ihnen bei **Suchmaschine ⑤** weitere Möglichkeiten wie **Yahoo!** oder **Bing** angeboten **⑥**.

Mehrere Seiten gleichzeitig öffnen

Manchmal ist es durchaus sinnvoll, mehrere Internetseiten gleichzeitig zu öffnen, z. B. wenn Sie Informationen miteinander vergleichen oder – ausgehend von einer interessanten Seite – weitere Links auf der Seite anklicken möchten, ohne die vorherige Seite zu schließen. Das kann ganz besonders bei mobilen Geräten wichtig sein, da hier die Ladevorgänge immer etwas länger dauern als beim Surfen am heimischen Computer.

1. Wenn Sie eine weitere Seite öffnen möchten, tippen Sie auf einen Link und lassen nicht sofort los, sondern verharren etwa zwei Sekunden auf dem Link. Ein Dialogfeld öffnet sich mit einigen Vorschlägen für auszuführende Aktionen.

2. Wählen Sie in diesem kleinen Menü den Menüpunkt **Auf neuer Seite öffnen ⑦**, indem Sie ihn mit dem Finger antippen.

3. Daraufhin wird in Safari eine neue Seite angelegt. Das erkennen Sie auch daran, dass rechts unten auf dem Tab der Seitenansicht eine Zahl steht **⑧**. Diese Zahl

zeigt an, wie viele Seiten Sie aktuell geöffnet haben (im Beispiel sind es zwei Seiten, die aktuell angezeigte und noch eine weitere).

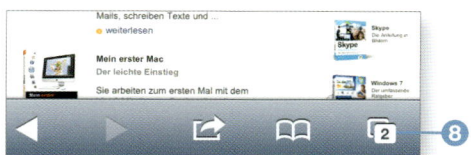

4. Wenn Sie auf diese Ziffer tippen, wird Ihnen in Miniaturform eine Übersicht der aktuell geöffneten Webseiten angezeigt ❾, durch die Sie per Wischgeste navigieren können.

5. Tippen Sie mit dem Finger auf eine Miniatur, um die betreffende Seite wieder auf dem ganzen Display darzustellen.

6. Um eine Seite (einen *Tab*) wieder zu schließen, tippen Sie auf das rote Kreuzchen ❿.

7. Wenn Sie auf **Neue Seite** ⓫ tippen, wird eine neue leere Seite geöffnet, auf der Sie eine neue Adresse in der Adressliste eingeben können. Auch sie wird als geöffnete Seite mitgezählt und als Miniatur angezeigt, wenn Sie auf die Ziffer unten rechts in der Tableiste tippen (siehe Schritt 4).

8. Sobald Sie wieder die Miniaturen sehen, gelangen Sie durch Wischen nach rechts zu der ursprünglichen Seite zurück, von der aus Sie die neue Seite geöffnet haben.

9. Um die Miniaturübersicht zu beenden, tippen Sie auf **Fertig** ⓬. Daraufhin wird die aktuell angezeigte Miniatur im Vollbild angezeigt.

Dank der Miniaturansicht verlieren Sie nie den Überblick und können praktisch und schnell zwischen mehreren gleichzeitig geöffneten Webseiten hin und her wechseln.

Tabs über iCloud mit anderen Geräten synchronisieren

Apple hat mit den neuen iCloud-Tabs mal wieder eine wirklich nützliche Funktion in Safari hinzugefügt. iCloud ermöglicht es Ihnen, auf dem Computer mit dem Surfen zu beginnen und dann auf dem iPhone weiterzu- surfen – und zwar mit den bereits geöffneten Tabs. Hier- zu müssen Sie nichts weiter tun, als die Tabs auf dem Mac geöffnet zu lassen und Safari auf Ihrem iPhone zu öffnen. Selbstverständlich müssen Sie auch in iCloud Safari aktiviert haben, sonst wird gar nichts synchroni- siert. Gehen Sie also in das Menü Einstellungen ▸ iCloud, und aktivieren Sie hier Safari ❶.

Die geöffneten Tabs werden auf all Ihren mit iCloud synchronisierten Gerä- ten im Ordner iCloud-Tabs gesammelt und können von dort aus ganz einfach aufgerufen werden. Diesen Ordner finden Sie unterhalb des Ordners Verlauf im Menü Lesezeichen ❷. (Das Menü Lesezeichen rufen Sie auf, indem Sie in Safari auf das Buchsymbol in der Tableiste tippen.)

Eine Web App aus Safari heraus erstellen

Eine *Web App* ist eine App, die Sie aus einer Internetseite heraus erstellen und die dann wie eine App auf Ihrem Home-Screen (dem Hauptdisplay) liegt. Einmal angetippt, öffnet sich die gespeicherte Internetseite, die mit dieser App verknüpft ist. Das Ganze funktioniert eigentlich nicht anders als ein Lesezeichen, doch hier können Sie Ihre Lieblingsseiten direkt über den Home-Screen ansteuern, ohne erst Safari und dort die Lesezeichenliste öffnen zu müssen. Und so geht's:

1. Geben Sie den Namen einer Ihrer Lieblingsseiten im Browser ein, z. B. *www.iphone-ticker.de.* Die Seite wird daraufhin in Safari dargestellt.

2. Tippen Sie auf den mittleren unteren Button ❸. Ein Dialogfenster öffnet sich, in dem Sie den Menüpunkt **Zum Home-Bildschirm** ❹ antippen.

3. Im Folgenden können Sie sich einen neuen Namen ❺ überlegen oder den vorgeschlagenen Namen verwenden. Tippen Sie auf **Hinzufügen** ❻, und Ihre Web App wird erstellt.

Von nun an finden Sie das entsprechende App-Symbol ❼ auf Ihrem Home-Bildschirm und können die zugehörige Webseite mit einem Klick auf dieses Symbol starten, als wäre sie eine normale App.

Eine Webseite via AirPrint ausdrucken

Heutzutage lassen sich mit jedem modernen iPhone ab der Softwareversion iOS 4.2 Ausdrucke erstellen. Sie können also jede beliebige Webseite auch auf Ihrem Drucker ausgeben. Und das geht nicht nur mit Webseiten, sondern ebenso mit E-Mails, Fotos, Karten, Notizen, Pages-, Numbers- und Keynote-Dokumenten und mit PDFs, die Sie in iBooks geöffnet haben, sowie weiteren Apps anderer Entwickler, die die Druckfunktion unterstützen.

Um AirPrint nutzen zu können, muss allerdings Ihr Drucker bestimmte Voraussetzungen erfüllen. Er muss WLAN-fähig sein und Apples AirPrint-Technologie unterstützen, was inzwischen schon einige Drucker tun. Eine Liste geeigneter Drucker finden Sie bei Apple unter *http://support.apple. com/kb/HT4356?viewlocale=de_DE*. Der Drucker wird in Ihrem WLAN automatisch von Ihrem iPhone erkannt, so dass Sie keine weiteren Installationsschritte durchlaufen müssen, um drucken zu können.

1. Möchten Sie eine Webseite drucken, tippen Sie auf den mittleren Button in der Tableiste ❽ und wählen dann aus dem zugehörigen Menü **Drucken** ❾ aus.

2. Legen Sie die Anzahl der Kopien fest, indem Sie die Plus- und Minustasten ❿ benutzen, und tippen Sie wieder auf **Drucken** ⓫.

3. Wenn Sie mehrere Druckaufträge erteilt haben, können Sie alle einsehen, indem Sie doppelt auf den Home-Button tippen. So rufen Sie die Druckzentrale auf. Diese ist nur während eines Drucks aktiv. Die Ziffer oben rechts am Button **Druckzentrale** ⑫ zeigt an, wie viele Druckaufträge gerade in Arbeit sind.

4. Tippen Sie schließlich auf den Button **Druckzentrale**, um sich die Details Ihres Druckauftrags in einem neuen Menü, **Druckinfos**, anzusehen ⑬.

Heutzutage ist es anstelle des Druckens fast schon moderner, lesenswerte Informationen einfach online weiterzugeben – sei es per E-Mail und SMS oder auch über Twitter und Facebook. Wie Sie mit Ihrem iPhone interessante Internetlinks weitergeben, erfahren Sie in den folgenden Abschnitten.

Einen Link zu einer Webseite per E-Mail versenden

Sie haben eine interessante Webseite gesehen und wollen sie Ihren Freunden und Bekannten zeigen? Das ist mit dem iPhone schnell erledigt. Versenden Sie den Link der Webseite ganz einfach in einer E-Mail. Das geht so:

1. Öffnen Sie die Seite, die Sie weitergeben möchten, in Safari, und tippen Sie auf das mittlere Symbol ❶ in der Tableiste.

2. Tippen Sie in dem sich nun öffnenden Auswahldialog auf den Button Mail ❷.

3. Es öffnet sich das Mailfenster, in dem Sie im Feld **An:** alle Empfänger ❸ eingeben, die diese E-Mail erhalten sollen.

4. Der Link zur Webseite wurde automatisch eingefügt ❹. Auch der Betreff wurde von der Internetseite übernommen ❺. Ergänzen Sie bei Bedarf oberhalb des Links noch einen eigenen Text. Wenn alles fertig ist, tippen Sie auf **Senden** ❻.

Sie müssen nur noch auf »Senden« tippen, und schon ist die E-Mail mit dem Link unterwegs.

Wie Sie die Mail-App darüber hinaus nutzen können, um E-Mails zu verschicken und zu lesen, erfahren Sie ausführlich in Kapitel 6, »E-Mails senden und empfangen«.

Einen Link via Twitter posten

Seit iOS 6 ist die Möglichkeit, etwas auf Twitter zu posten, tief im Betriebssystem verankert. So können Sie problemlos aus jeder App, die diese Funktion anbietet, »twittern«.

1. Wenn Sie eine Webseite entdeckt haben, die Sie gerne über Twitter mit anderen teilen möchten, tippen Sie in der unteren Leiste auf den **Bereitstellen**-Button ❶ und anschließend auf **Twitter** ❷.

2. Geben Sie einen passenden Text ein. Er darf maximal 140 Zeichen lang sein. Wie viele Zeichen Ihnen noch bleiben, sehen Sie unten rechts ❸. Der Verweis auf die Webseite wird, quasi wie ein Anhang, rechts oben an Ihre Nachricht (den *Tweet*) »geheftet« ❹.

3. Wenn Sie möchten, teilen Sie auch gleich noch Ihren momentanen Aufenthaltsort mit, indem Sie auf **Standort hinzufügen** ❺ tippen.

4. Zum Schluss tippen Sie auf **Senden** ❻. In der Twitter-App sieht das dann zum Beispiel aus, wie in der nebenstehenden Abbildung zu sehen.

INFO

Ortungsdienste aktivieren

Wenn Sie die Funktion **Standort hinzufügen** nutzen möchten, müssen Sie die GPS-Ortung aktivieren. Öffnen Sie dazu das Menü **Einstellungen ▶ Ortungsdienste**, und schieben Sie den Regler **Ortungsdienste** nach rechts. Darunter können Sie für jede App einzeln bestimmen, ob sie die Ortung nutzen darf oder nicht. Die dafür aktivierten Apps zeigen eine kleine Kompassnadel an, die Sie auch im Display sehen, wenn der Dienst aktiv ist.

Einen Link auf Facebook teilen

Kürzlich entdeckte interessante Webseiten oder etwas anderes, das Sie im Internet gefunden haben und gut finden, können Sie nicht nur per Mail und über Twitter, sondern natürlich auch auf Facebook teilen. Das geht so:

1. Öffnen Sie die Webseite, die sie anderen zeigen möchten. Dann tippen Sie unten im Display auf den **Bereitstellen**-Button ❼ und anschließend auf **Facebook** ❽.

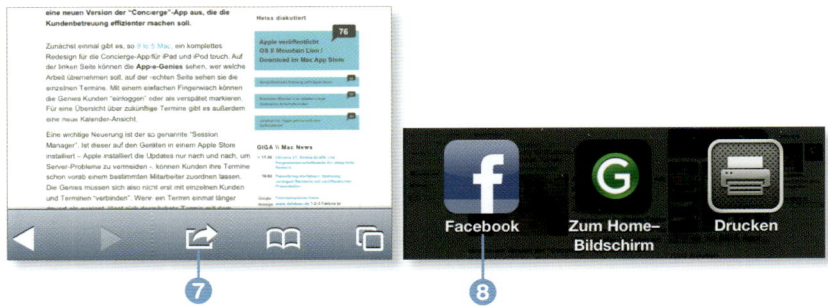

2. Schreiben Sie Ihren Eintrag (*Post*). Wie Sie sehen, wird die gewählte Webseite rechts oben »angeheftet« ❾, sozusagen als Anhang zu Ihrem Eintrag.

3. Nun entscheiden Sie, ob Sie Ihren Standort preisgeben wollen. Wenn ja, tippen Sie auf **Standort** ❿ (hier wurde er bereits ausgewählt).

4. Des Weiteren können Sie festlegen, wer diesen Post lesen darf: nur Ihre Freunde, bestimmte Kontaktgruppen oder alle (**Öffentlich**). Um das entsprechende Auswahlmenü zu öffnen, tippen Sie auf die Weltkugel ⓫.

5. Im Auswahlmenü wählen Sie eine Kategorie aus. Sie wird dann mit einem kleinen Häkchen ⓬ am Rand versehen.

6. Wenn Sie schließlich auf **Posten** ⓭ tippen, wird Ihre Nachricht versendet. Das Ganze könnte dann in der Facebook-App ausschauen, wie Sie es in der folgenden Abbildung sehen.

Weitere Informationen zum Thema Ortungsfunktion finden Sie im Kasten »Ortungsdienste aktivieren« auf Seite 127 und – noch ausführlicher – in Kapitel 12, »Karten und Navigation«.

Einen Link als Nachricht (SMS) versenden

Zum Schluss zeige ich Ihnen noch den »klassischen« Weg, einen interessanten Link an andere zu verschicken – per SMS.

1. Tippen Sie auf den **Bereitstellen**-Button ❶ unten in der Tableiste und anschließend auf **Nachrichten** ❷.

2. Das Nachrichtenfenster öffnet sich mit einer neuen SMS, die bereits den Link enthält. Geben Sie ganz oben in der Adressleiste den oder die Empfänger ein, indem Sie auf das Plus ❸ tippen und sie aus Ihrem Adressbuch auswählen.

3. Im Moment besteht die Nachricht lediglich aus dem Link; Sie können aber noch eigenen Text ergänzen. Dann tippen Sie auf **Senden** ❹.

Wenn Sie die Nachricht auf den Weg gebracht haben und der Empfänger sie abruft, wird der Link in Blau angezeigt ❺. Indem der Empfänger mit dem Finger darauf tippt, öffnet er die Webseite, die Sie ihm zeigen wollten.

Der Umgang mit Reader und Leseliste

Seit iOS 5 hat Apple zwei interessante neue Funktionen in Safari integriert, den Reader und die Leseliste. Diesen beiden cleveren und leistungsfähigen Funktionen, die übrigens Hand in Hand arbeiten, stelle ich im Folgenden vor. Beginnen möchte ich mit dem Reader.

Der Reader

Den Reader kennen Sie vielleicht schon von der Safari-Version auf Ihrem Computer. Angenommen, Sie haben auf einer Internetseite einen interessanten Artikel gefunden, den Sie in Ruhe lesen möchten, aber die zahl-reichen Unterbrechungen durch Werbung und Co. stören Sie. Außerdem haben Sie keine Lust, bei einem mehrseitigen Artikel immer mühsam die anderen Seiten nachzuladen.

Für solche Fälle ist der Reader genau das Richtige. Er extrahiert für Sie näm-lich genau den Artikel, den Sie lesen möchten, und blendet alles andere komplett aus – auch Werbung. Der Reader kann zudem den ganzen mehr-seitigen Artikel anzeigen, ohne dass Sie die Seiten neu laden müssen. Und so nutzen Sie den Reader:

1. Öffnen Sie eine Webseite mit einem Artikel, der Sie interessiert. In unserem Fall ist es die Seite der Tagesschau – und zwar der Hauptar-tikel der Seite, der Rest ist für uns uninteres-sant. Safari bemerkt, dass es sich hierbei um einen potentiell längeren Artikel handelt, und blendet automatisch den **Reader**-Button ❻ in der Adressleiste ein, in der auch die URL der Webseite steht.

2. Tippen Sie auf den **Reader**-Button, und Safari blendet automatisch alle Informationen der Webseite aus, außer dem Artikel, der auf der Seite im Fokus steht. Dieser wird nun ganz puristisch im Browser angezeigt.

Oben befinden sich nun einige Buttons zur Bedienung. Neben dem **Fertig**-Button ❼, der den Reader wieder beendet, gibt es den bekannten

Bereitstellen-Button ❽, der zu weiteren Dialogen führt. Über das zugehörige Menü drucken Sie den Artikel zum Beispiel ❾ oder versenden ihn per E-Mail ❿.

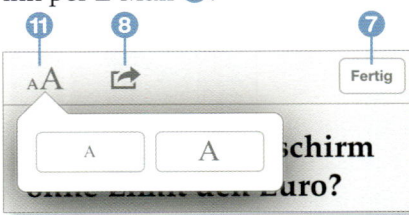

3. Mit Hilfe des Buttons ganz links ⑪ können Sie zu guter Letzt die Schriftgröße des Artikels stufenweise vergrößern oder auch verringern. Jedes Mal, wenn Sie auf eine der beiden Schaltflächen tippen, ändert sich die Schriftgröße des Artikels um einen bestimmten Prozentsatz.

Der Reader ist leider etwas begrenzt, denn er kann lediglich den ersten Artikel, der im Fokus steht, anzeigen, nicht aber die anderen, so dass die Funktion zwar interessant ist – aber eben nicht für jede Webseite geeignet. Wenn Sie wieder zur normalen Webseite zurückspringen wollen, tippen Sie auf **Fertig**.

Die Leseliste

Angenommen, Sie möchten einen bestimmten Artikel nicht sofort lesen, dann können Sie ihn sich quasi »zur Seite legen«. Mit der Leseliste haben Sie die Möglichkeit, Inhalte aus Webseiten zu speichern und später zu lesen. Das funktioniert dann sogar offline.

1. Um aus dem Reader heraus eine Webseite Ihrer Leseliste hinzuzufügen, tippen Sie auf den **Bereitstellen**-Button ❶ in der Mitte der Menüleiste.

2. Das bekannte Auswahlmenü öffnet sich, in dem Sie auf den Button **Zur Leseliste hinzufügen** ❷ tippen.

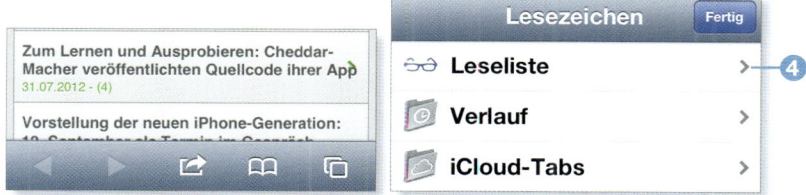

3. Das war es auch schon. Um sich Ihre Leseliste anzuschauen, tippen Sie zunächst auf den Button mit dem aufgeschlagenen Buch ❸ in der unteren Leiste. Im zugehörigen Menü **Lesezeichen** finden Sie den Eintrag **Leseliste** an oberster Stelle ❹.

4. Tippen Sie auf den Eintrag **Leseliste**, um die Leseliste zu öffnen. Lassen Sie sich entweder alle ❺ oder nur die ungelesenen Artikel ❻ anzeigen.

Ich habe zuerst das Hinzufügen einer Seite zur Leseliste aus dem Reader heraus beschrieben, weil Sie diesen gerade geöffnet hatten. Selbstverständlich können Sie Webseiten aber auch direkt zur Leseliste hinzufügen, ohne dafür erst in den Reader zu wechseln:

1. Öffnen Sie in Safari eine beliebige Seite, und tippen Sie dann unten in der Tableiste auf den mittleren Button, **Bereitstellen** ❶.

2. Es öffnet sich wieder der schon bekannte Auswahldialog, in dem Sie auf den Button **Zur Leseliste hinzufügen** tippen.

3. Die ausgewählte Webseite wird auch auf diesem Wege sofort der Leseliste hinzugefügt und kann darüber – auch offline – betrachtet werden.

Kapitel 6
E-Mails senden und empfangen

Mit Ihrem iPhone können Sie immer online sein. Das gilt natürlich auch für Ihren E-Mail-Verkehr. Sie können Ihre Mails am iPhone genauso empfangen, bearbeiten und versenden wie an Ihrem Mac oder PC. Unterwegs ist das iPhone also Ihre Infozentrale auch für Ihre E-Mails.

Ob Sie Ihre Mails mit iCloud synchronisieren ❶ oder ganz verschiedene eigene Accounts anlegen ❷, die Sie mit der Mail-App ❸ nutzen, bleibt Ihnen selbst überlassen. Das iPhone bietet viele Möglichkeiten.

ACHTUNG

E-Mail-Account erstellen

Bevor Sie auf dem iPhone einen neuen Mail-Account anlegen können, müssen Sie diesen natürlich vorher im Internet bei einem soge-
nannten *Internet Service Provider* (ISP) eingerichtet haben, damit er
überhaupt existiert und die entsprechenden Daten zur Verfügung
stehen. Bewahren Sie Ihre Zugangsdaten sicher auf, damit Sie auch
später noch darauf zugreifen können. Sie können z. B. die kostenlosen Accounts von GMX und Co. verwenden.

E-Mail-Accounts mit iTunes übertragen

Die einfachste Art, Ihre Mails auf Ihr iPhone zu bekommen, ist iTunes. Wie
sollte es auch anders sein …

1. Wenn Sie Ihr iPhone an iTunes angeschlossen haben, gelangen Sie unter
der Rubrik **Infos**, wenn Sie etwas herunterscrollen, zu dem Menüpunkt
Mail-Accounts synchronisieren ❶.

2. Sollten Sie bereits über einen oder mehrere Mail-Accounts verfügen,
werden sie Ihnen hier angezeigt. Entscheiden Sie, ob und – wenn ja –
welche E-Mail-Accounts Sie synchronisieren möchten, indem Sie ein
Häkchen vor den entsprechenden Account ❷ setzen.

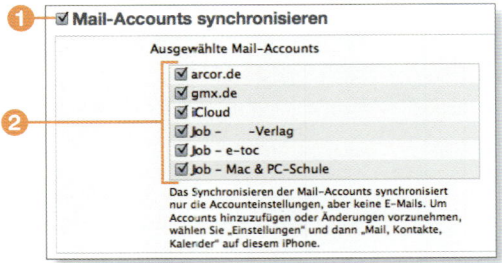

Beim nächsten Synchronisationsvorgang werden alle ausgewählten
Mail-Accounts samt Login-Daten automatisch auf Ihr iPhone übertragen. Sie müssen dann keine weiteren Einstellungen mehr vornehmen.

3. Klicken Sie jetzt auf **Synchronisieren** ❸. Ihre Mails werden übertragen.

Nach dem Synchronisationsvorgang sind alle Ihre bereits angelegten Accounts auf dem iPhone sichtbar und nutzbar. In manchen Fällen müssen Sie das Kennwort für Ihren Mail-Account noch einmal eingeben, um den Account auch auf Ihrem iPhone zu bestätigen. Halten Sie also diese Daten bereit.

Einen Account manuell anlegen und verwalten

Da Sie Ihr iPhone inzwischen nicht mehr zwangsläufig mit iTunes synchronisieren müssen, können Sie auf Ihrem iPhone auch ganz eigenständig einen Mail-Account anlegen. Das ist natürlich ebenfalls möglich, wenn Sie Ihre Accounts mit iTunes abgleichen – ganz so, wie Sie mögen. Um einen Mail-Account auf Ihrem iPhone einzurichten, gehen Sie wie folgt vor:

1. Tippen Sie auf **Einstellungen** und hier dann auf **Mail, Kontakte, Kalender**.

2. Ein Bildschirm öffnet sich, in dem eventuell bereits einige Mail-Accounts vorhanden sind. Tippen Sie daher unten auf den Menüpunkt **Account hinzufügen** ❹, um einen neuen Mail-Account über Ihr iPhone hinzuzufügen.

3. Es wird Ihnen – angefangen bei **iCloud** bis hin zu **Hotmail** ❺ – bereits eine ganze Reihe von Möglichkeiten angeboten. Interessant ist hier der letzte Punkt, **Andere** ❻, der Ihnen erlaubt, weitere Accounts einzurichten. Tippen Sie darauf, um einen neuen Account anzulegen.

4. Es öffnet sich ein weiteres Fenster, in dem Sie entscheiden können, welche Art von Account Sie bevorzugen. In unserem Beispiel möchten wir einen neuen Mail-Account anlegen; tippen Sie also auf **Mail-Account hinzufügen** ❼.

5. Im Anschluss daran geben Sie Ihre Daten für den Account ein, also Name, E-Mail-Adresse, das Kennwort und Ihre Beschreibung, und tippen auf **Weiter** ❽.

6. Ihr neuer Account wird der Liste Ihrer Mail-Accounts hinzugefügt. Die Daten für den Posteingangsserver und den Postausgangsserver müssen Sie in diesem Fall nicht eingeben, da es sich um einen bekannten Dienst handelt und die Daten automatisch übertragen werden.

7. Wenn Sie die Daten Ihres Accounts einsehen möchten, tippen Sie den Account einfach an, und Sie bekommen alles in einer übersichtlichen Darstellung präsentiert.

Ist Ihr Passwort sicher?

Gerade in Zeiten wie diesen, wo nahezu an jedem Tag in den Nachrichten eine neue Meldung darüber erscheint, dass wieder einmal eine Hackergruppe irgendwo eingedrungen ist, sollten Sie darauf achten, Ihr E-Mail-Passwort sicher zu gestalten. Selbst der dümmste Hacker hat Passwörter wie »Schatzi« oder »12345« in Sekunden geknackt. Sichere Passwörter sind Kombinationen aus Buchstaben, Zahlen und Sonderzeichen (z. B.: »I-lall0ween#« oder »W^zYgJLW«), je länger, desto sicherer. Als sehr sicher gelten Passwörter mit 20 Zeichen. Damit Sie sich ein solch krudes Passwort besser merken können, bauen Sie sich Eselsbrücken. Formulieren Sie beispielsweise einen Satz, den Sie sich gut merken können, und verwenden Sie nur die Anfangsbuchstaben der Wörter für Ihr Passwort.

E-Mails schreiben, speichern und senden

Wenn Sie eine E-Mail schreiben möchten, ist das natürlich ganz einfach mit Ihrem iPhone möglich. Gehen Sie dafür wie folgt vor:

1. Tippen Sie als Erstes auf das Symbol der Mail-App. Es öffnet sich das Posteingangsfenster. In diesem Fenster sehen Sie auf den ersten Blick alle Ihre Mail-Accounts.

2. Anschließend tippen Sie auf das Symbol **Neue E-Mail** ❶, das sich in der rechten unteren Ecke des Displays befindet.

3. Ein leeres E-Mail-Fenster öffnet sich, in dem Sie in der oberen Hälfte die E-Mail-Adresse des Empfängers eingeben ❷ und die Betreffzeile ❸ ausfüllen. Die Tastatur wird sofort eingeblendet, wenn Sie in eines dieser Eingabefelder tippen.

4. Geben Sie die E-Mail-Adresse des Empfängers entweder manuell ein, oder fügen Sie sie durch Antippen des Plus-Symbols ❹ oben rechts aufs Ihren Kontakten hinzu (siehe den folgenden Abschnitt »E-Mail-Adressen aus Kontakten verwenden«).

5. In das Feld **Kopie** ❺ tragen Sie die Empfänger ein, die Ihre Mail nur zur Kenntnis nehmen sollen, aber nicht der Hauptempfänger sind. Wenn Sie auf das leere Feld **Kopie** tippen, erscheint zusätzlich das Feld **Blindkopie**. Empfänger, die im Feld **Blindkopie** stehen, können von den anderen Empfängern dieser E-Mail nicht gesehen werden.

6. Haben Sie den Empfänger hinzugefügt und die Betreffzeile formuliert, geben Sie den eigentlichen Text Ihrer E-Mail ein ❻ und versenden sie mit einem Tipp auf den **Senden**-Button ❼.

INFO

Blindkopie für Sie

Wenn Sie sich standardmäßig selbst eine Blindkopie einer E-Mail schicken möchten, z. B. an eine zweite E-Mail-Adresse, gehen Sie folgendermaßen vor: Tippen Sie auf **Einstellungen ▶ Mail, Kontakte, Kalender**. Scrollen Sie hinunter bis zur Option **Blindkopie an mich**, und aktivieren Sie diese. Von nun an werden Sie von jeder E-Mail, die Sie selbst geschrieben haben, eine Kopie erhalten.

Natürlich müssen Sie nicht nur Text-Mails schreiben – Sie können Ihren E-Mails auch Fotos oder Videos anfügen. Wie das geht, erfahren Sie im Abschnitt »Bilder und andere Medien per Mail versenden« auf Seite 152.

TIPP

Gesendete E-Mails

Während die E-Mail versendet wird, befindet sie sich im Postfach **Ausgang**. Dort bleibt sie so lange, bis sie tatsächlich verschickt wurde – beispielsweise auch, wenn Sie gerade keine Internetverbindung haben. Von dort aus können Sie später einen neuen Versuch starten. Sobald die E-Mail »rausgegangen« ist, landet sie im Postfach **Gesendet**.

E-Mail-Adressen aus Kontakten verwenden

Um mit Ihrem iPhone eine E-Mail zu schreiben, müssen Sie die E-Mail-Adresse nicht immer manuell eingeben. Sie können auch auf die in Ihren Kontakten gespeicherten E-Mail-Adressen zurückgreifen.

1. Wenn Sie das E-Mail-Fenster geöffnet haben, tippen Sie auf das Symbol für neue Mails ❶ unten rechts in der Ecke Ihres E-Mail-Programms.

2. Es öffnet sich nun eine neue E-Mail, an deren oberer rechter Ecke Sie ein blaues Plus-Symbol ❷ sehen. Tippen Sie darauf, um Ihre Kontaktliste einzusehen.

3. Im nächsten Schritt wählen Sie den gewünschten Kontakt aus der Liste **Alle Kontakte** ❸ aus, indem Sie einmal darauf tippen.

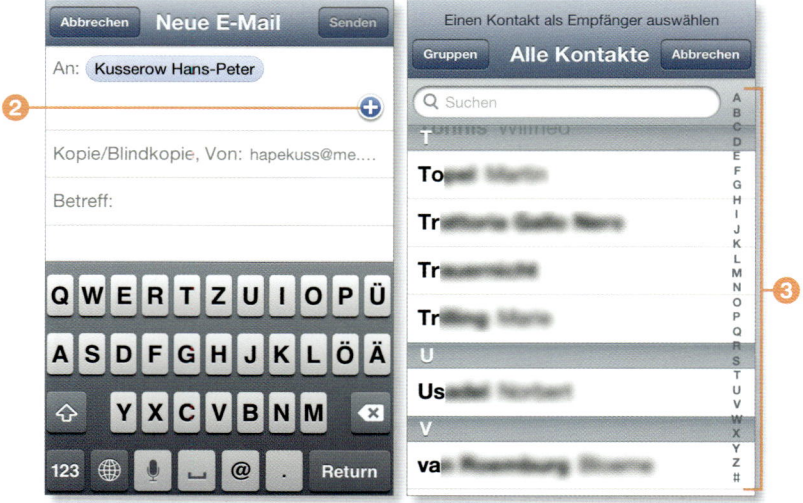

Der ausgewählte Kontakt wird nun im Absenderfeld angezeigt. Wie im Abschnitt »iMessage – die Umsonst-SMS zwischen iOS 6-Anwendern« auf

Seite 100 beschrieben, erkennen Sie an seiner Färbung, ob Sie mit ihm über iMessage kommunizieren können (blau) oder ob Sie ihm eine »klassische« E-Mail schreiben (grün).

E-Mails empfangen

Das Empfangen von E-Mails ist mit Ihrem iPhone ebenfalls sehr einfach. Um alle Ihre E-Mails reibungslos empfangen zu können, sollten Sie im Vorfeld eine Einstellung vornehmen. Im Folgenden zeige ich Ihnen, wie Sie dazu vorgehen müssen.

1. Gehen Sie in die **Einstellungen** Ihres iPhones, und wählen Sie hier den Menüpunkt **Mail, Kontakte, Kalender** aus.

2. Im Bereich **Datenabgleich** ❹ stellen Sie die Einstellungen auf **Push** ❺.

3. Wenn Sie z. B. ein Zeitintervall von 15 Minuten ❻ einstellen, können Sie sich darauf verlassen, dass Ihre Mails alle Viertelstunde automatisch von Ihrem Server abgerufen werden.

4. Über **Erweitert** ❼ können Sie für jedes Postfach die Konfiguration auswählen, die Sie verwenden möchten ❽.

Ungelesene Mails werden auf Ihrem
iPhone mit einem blauen Punkt ❾ gekennzeichnet. Wenn Sie mit dem Finger
auf die E-Mail tippen, wird sie sofort geöffnet, und der blaue Punkt verschwindet.

INFO

E-Mails automatisch oder manuell abrufen

Sie können Ihre E-Mails nicht nur in bestimmten Zeitabständen
abrufen, sondern auch manuell. In diesem Fall werden nur Nachrichten auf Ihr iPhone gepusht, also automatisch empfangen, die
an eine mit iCloud verbundene E-Mail-Adresse gerichtet sind. Alle
anderen E-Mails werden erst dann geladen, wenn Sie die App Mail
öffnen.

E-Mails in Ordnern sichern

Hin und wieder werden Sie wichtige Mails erhalten, die Sie jedoch auch
der Übersicht wegen nicht ständig in Ihrem Posteingang behalten möchten.
Dafür gibt es eine Lösung: Sie können in jedem Ihrer Postfächer weitere
Ordner anlegen, in die Sie dann Ihre E-Mails hineinkopieren. Um eigene
Ordner anzulegen, gehen Sie wie folgt vor:

1. Öffnen Sie die App Mail, und wählen Sie einen beliebigen Account aus, indem Sie darauf tippen (hier beispielsweise **iCloud** ❶).

2. Tippen Sie oben rechts auf den **Bearbeiten**-Button ❷. Am unteren rechten Rand erscheint ein weiterer Button, der **Neues Postfach** ❸ heißt. Tippen Sie darauf.

3. Dann tippen Sie erneut auf **Bearbeiten** und vergeben einen Namen ❹ für den neuen Ordner. Bestätigen Sie Ihre Angabe mit dem **Sichern**-Button ❺. Der neue Ordner ist sofort einsatzbereit.

Um eine E-Mail in einem Ihrer Ordner zu sichern, müssen Sie nur die jeweilige E-Mail aufrufen und dann auf das kleine Ordner-Symbol in der Tableiste ❻ tippen. Navigieren Sie in den entsprechenden Ordner, den Sie dann mit einem Finger-Tipp auswählen.

Die E-Mail wird daraufhin in diesem Ordner gesichert, und Sie können sie dort jederzeit wiederfinden und einsehen, indem Sie den Ordner im Bereich **Postfächer** auswählen und durch Antippen öffnen.

VIPs anlegen

Mit dem neuen iPhone ist auch eine neue Funktion in Mail hinzugekommen: die VIPs. Das sind wichtige Personen oder Institutionen, deren E-Mails besonders behandelt und in einem extra erstellten Ordner abgelegt werden. Das Anlegen von VIPs ist ganz einfach, wie Sie im Folgenden sehen werden:

1. Da das **VIP**-Postfach in Ihren Postfächern bereits angelegt ist, müssen Sie es nur noch mit Inhalt füllen. Das bedeutet, Sie müssen einen VIP-Eintrag hinzufügen, indem Sie auf den blauen Pfeil ❶ am rechten Rand tippen.

2. Im nächsten Menü tippen Sie auf **VIP hinzufügen** ❷ und suchen einen Adressaten aus Ihrer Kontaktliste aus. Er wird direkt in die VIP-Liste aufgenommen.

3. Um einen Adressaten wieder aus der VIP-Liste zu löschen, tippen Sie wieder auf den kleinen blauen Pfeil ❸ und im nächsten Bildschirm auf **Bearbeiten**.

4. Vor den VIP-Einträgen erscheinen dann Minus-Symbole ❹. Wenn Sie darauf tippen, wird der **Löschen**-Button ❺ eingeblendet und Sie können den VIP-Eintrag mit einem Fingertipp aus der Liste entfernen.

Das Besondere an der VIP-Liste ist, dass Sie auf Wunsch benachrichtigt werden, wenn Sie E-Mails von VIPs bekommen. Wie Sie das einstellen, erfahren Sie in dieser Anleitung:

1. Tippen Sie in der Ansicht der VIP-Liste auf den Button **VIP-Hinweise** (er kann angeklickt werden, wenn Sie sich nicht im Bearbeitungsmodus befinden, siehe ❻ in Schritt 2 der vorherigen Anleitung).

2. Entscheiden Sie, ob VIP-Mails Ihnen in der Mitteilungszentrale angezeigt werden sollen ❼ und wie bzw. wo Sie eine entsprechende Mitteilung bekommen möchten: als Banner ❽, als Overlay-Hinweis ❾ oder gar nicht ❿.

3. Legen Sie darüber hinaus fest, ob ein Kennzeichensymbol (Symbol vor der Mitteilung, das angibt, von welcher App die entsprechende Mitteilung kommt) ⓫ angezeigt werden soll, mit welchem Ton ⓬ auf Ihre VIP-E-Mail hingewiesen wird, ob in der Hinweismeldung eine Vorschau ⓭ auf die E-Mail eingeblendet werden soll und ob Sie den Hinweis auch auf dem Sperrbildschirm ⓮ sehen möchten.

Wie Sie grundsätzlich einen neuen Ordner für E-Mails anlegen, erfahren Sie im Abschnitt »E-Mails in Ordnern sichern« auf Seite 144.

E-Mails markieren

Sie haben auch die Möglichkeit, E-Mails zu markieren und sie auf diese Weise aus der Menge an E-Mails in Ihrem Postfach hervorzuheben. So machen Sie Wichtiges auf den ersten Blick kenntlich.

1. Um eine Mail zu markieren, tippen Sie im Mail-Fenster auf den **Bearbeiten**-Button ❶ und wählen dann die Mail aus, die Sie markieren möchten ❷.

2. Tippen Sie anschließend unten rechts auf den **Markieren**-Button ❸. Es öffnet sich ein Menü, in dem Sie einfach auf den ersten Menüpunkt, **Etikett** ❹, tippen.

3. Die ausgewählte E-Mail wird daraufhin mit einem kleinen Fähnchen **5** markiert, und gleichzeitig wird der Ordner **Markiert** **6** in Ihrem Postein-gang angelegt.

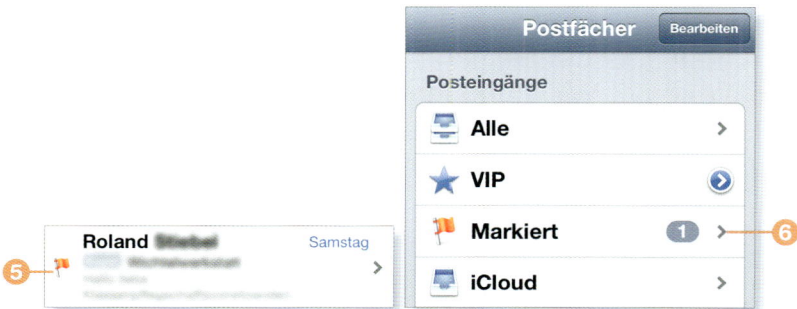

4. Eine noch schnellere Alternative, eine E-Mail zu markieren, ist diese: Tippen Sie direkt in einer geöffneten E-Mail auf das Fähnchen-Symbol **7** unten links in der Tableiste.

5. Um eine Markierung wieder zu entfernen, tippen Sie in Ihrem Postein-gang auf den **Bearbeiten**-Button und dann auf die E-Mail, die nicht mehr markiert sein soll (siehe Schritt 1).

6. Anschließend tippen Sie unten rechts auf den **Markieren**-Button (siehe Schritt 2). Im eingeblendeten Menü tippen Sie nun auf **Etikett entfer-nen** **8**.

Das Fähnchen verschwindet wieder, und die E-Mail ist nicht mehr im Ord-ner **Markiert** zu finden, sondern wieder im Posteingang.

E-Mails löschen

Um E-Mails von Ihrem iPhone zu löschen, gibt es mehrere Möglichkeiten, die ich Ihnen hier vorstellen möchte.

1. Streichen Sie mit dem Finger von links nach rechts über die Vorschau der zu löschenden E-Mail. Auf der rechten Seite erscheint ein **Löschen**-Button ❶, den Sie nur antippen müssen. Schon ist die E-Mail verschwunden.

2. Die zweite Möglichkeit: Tippen Sie in Ihrem Posteingang ganz oben rechts auf den **Bearbeiten**-Button ❷.

3. Wählen Sie nun alle zu löschenden E-Mails aus, indem Sie auf das Kästchen ❸ vor dem jeweiligen Eintrag tippen, um ein Häkchen zu setzen, und tippen Sie dann ganz unten auf den **Löschen**-Button ❹. Der Button zeigt übrigens an, wie viele E-Mails Sie zum Löschen markiert haben ❺.

4. Die dritte und letzte Möglichkeit: Öffnen Sie eine E-Mail, und tippen Sie auf das Papierkorb-Symbol in der Tableiste ❻, um die E-Mail zu löschen.

Indem Sie im Posteingang auf den **Bearbeiten**-Button tippen, eröffnen sich Ihnen noch weitere Aktionsmöglichkeiten. Mit **Bewegen** ⑮ verschieben Sie mehrere ausgewählte E-Mails gleichzeitig in einen bestimmten Postfachordner. Mit **Markieren** ⑯ heben Sie mehrere E-Mails gleichzeitig mit einem Fähnchen hervor (siehe dazu den Abschnitt »E-Mails markieren« auf Seite 148).

> **INFO**
>
> **Papierkorb**
>
> E-Mails, die Sie im Posteingang löschen, sind nicht sofort auf Nimmerwiedersehen verschwunden. Öffnen Sie den Ordner **Papierkorb**, tippen Sie auf **Bearbeiten**, und löschen Sie die E-Mail erneut, indem Sie sie markieren und auf **Löschen** tippen. Erst dann ist sie endgültig weg.

Nach E-Mails suchen

Mit der Zeit sammelt sich eine ganze Reihe von E-Mails an. Vielleicht verfügen Sie sogar über mehrere E-Mail-Accounts? Dann kann die Anzahl der gesendeten oder empfangenen E-Mails schnell unübersichtlich werden. Was, wenn Sie aber eine bestimmte E-Mail benötigen? Die Suche danach ist für Ihr iPhone kein Problem; erfahren Sie hier, wie es geht.

1. Öffnen Sie zuerst die App Mail, und tippen Sie, falls Sie über mehrere Accounts verfügen, unter **Postfächer** auf **Alle** ⑨, wenn Sie sie alle auf einmal durchsuchen möchten.

2. Als Nächstes tippen Sie mit dem Finger in das am oberen Rand erscheinende Suchfeld ⑩. Es bietet Ihnen daraufhin vier Kriterien ⑪ an (**Absender**, **An**, **Betreff**, **Alle**), nach denen Sie suchen können.

151

3. Wählen Sie einen Vorschlag durch Antippen aus ⑫, und geben Sie dann Ihren Suchbegriff ein ⑬. Noch während Sie tippen, erscheinen die ersten Suchergebnisse ⑭, in meinem Fall also alle Mails, die den Suchbegriff »Hörbuch« enthalten.

4. Tippen Sie dann auf das entsprechende Suchergebnis, um die E-Mail zu öffnen.

Einzelne Ordner durchsuchen

Wenn Sie mehrere E-Mail-Accounts auf Ihrem iPhone eingerichtet haben, können Sie alle Accounts auf einmal abfragen, indem Sie im Menü **Postfächer** Ihrer Mail-App **Alle** auswählen. Selbstverständlich können Sie Ihre Suche aber auch auf ein bestimmtes Postfach bzw. einen Ordner beschränken. Wählen Sie ihn einfach aus, und tippen Sie dann ins Suchfeld.

Bilder und andere Medien per Mail versenden

Wie mit einem normalen Computer können Sie auch mit dem iPhone verschiedene Medien, z. B. Bilder oder Filme, an andere Smartphones oder Computer schicken. Die eingefügten Medien werden dann als Anhang (*Attachment*) einer Mail versendet. Mit der neuen iOS 6-Version haben Sie nun sogar zwei verschiedene Möglichkeiten, Bilder an eine Mail anzuhängen und mit ihr zu verschicken.

Ein Bild versenden – Variante 1

Die erste Variante des Verschickens von E-Mails geht sozusagen von dem Foto aus:

1. Um ein Bild zu versenden, öffnen Sie die Fotos-App auf Ihrem iPhone und darin das Bild Ihrer Wahl ❶.

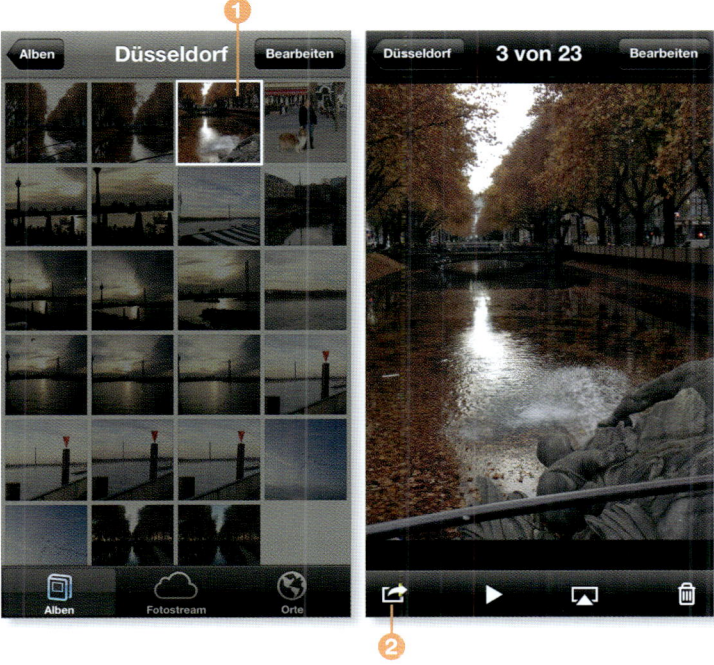

2. Tippen Sie links unten auf den **Bereitstellen**-Button ❷. Daraufhin öffnet sich ein Auswahlmenü, in dem Sie mit dem Finger auf **Mail** ❸ tippen.

3. Bevor Sie nun Ihre E-Mail mit Bild versenden können, müssen Sie festlegen, wie groß die Datei sein soll, die Sie verschicken. Sie können zwischen vier verschiedenen Optionen (**Klein**, **Mittel**, **Groß** und **Originalgröße**) wählen.

Danach öffnen sich das Mail-Fenster und hierin das Bild, das Sie ausgewählt haben. Sie müssen nun nur noch die E-Mail-Adresse des Empfängers sowie einen Betreff angeben, einen Text für Ihre E-Mail schreiben und diese schließlich versenden.

> **INFO**
>
> ### Dateigröße für E-Mails
>
> Eine kleinere Dateigröße bedeutet natürlich eine schlechtere Bildqualität, aber Sie vermindern dadurch die Zeit für das Versenden Ihrer E-Mail erheblich. Außerdem kann es bei E-Mails mit mehreren MB sein, dass der Empfänger sie deshalb nicht erhält, weil sein E-Mail-Postfach nicht (mehr) genügend Speicherplatz dafür bietet.

Ein Bild versenden – Variante 2

Wenn Sie sich ohnehin im Mail-Programm befinden, müssen Sie nicht erst die Fotos-App öffnen, um ein Bild zu verschicken. Sie können das auch direkt aus Mail heraus tun.

1. Öffnen Sie eine neue E-Mail. Dann halten Sie im Textbereich der E-Mail so lange Ihren Finger auf das Display, bis die Lupe ❶ erscheint. Lassen Sie nun das Display los, und es erscheint ein Auswahlmenü ❷. (Um es aufzurufen, können Sie auch zweimal kurz hintereinander auf das Display tippen.)

2. Tippen Sie zweimal rechts auf den Pfeil ❸, bis Sie zum Menübefehl **Foto od. Video einfügen** ❹ gelangen. Tippen Sie darauf.

3. Wählen Sie ein Foto aus Ihrer Fotobibliothek aus, und tippen Sie auf den
Auswählen-Button **❺**. Das Bild wird in Ihre E-Mail eingefügt.

4. Wenn Sie nun den **Senden**-Button **❻** antippen, können Sie noch entscheiden, wie groß das Bild sein soll, das Sie versenden möchten. Wählen Sie hier beispielsweise **Originalgröße** **❼**. (Siehe dazu auch den Kasten »Dateigröße für E-Mails« auf Seite 154. Hier ist die Originalgröße kein Problem, weil das Bild ohnehin nicht einmal 1 MB groß ist.) Daraufhin wird Ihre E-Mail versendet.

Die Originalgröße sollten Sie nur wählen, wenn die Bilddatei ohnehin nicht allzu groß ist (wie in diesem Beispiel). Ansonsten kann es sehr lange dauern, bis die E-Mail endlich versendet wurde. Achten Sie insbesondere beim Versand mehrerer Bilder darauf, die Dateigröße nicht zu groß zu wählen, damit das Postfach des Empfängers nicht so belastet wird.

Mehrere Bilder auf einmal versenden

Selbstverständlich können Sie auch mehrere Bilder auf einmal versenden und müssen dafür nicht immer eine neue Mail erstellen.

1. Wählen Sie in der Fotos-App die Bilder aus, die Sie versenden möchten, indem Sie erst einmal oben rechts auf den **Bearbeiten**-Button ➊ tippen.

2. Mit einem Finger-Tipp auf die Bildervorschau markieren Sie die gewünschten Bilder. Ein ausgewähltes Bild wird mit einem Häkchen ➋ gekennzeichnet. Ist Ihre Auswahl vollständig, tippen Sie links unten auf den **Senden**-Button ➌.

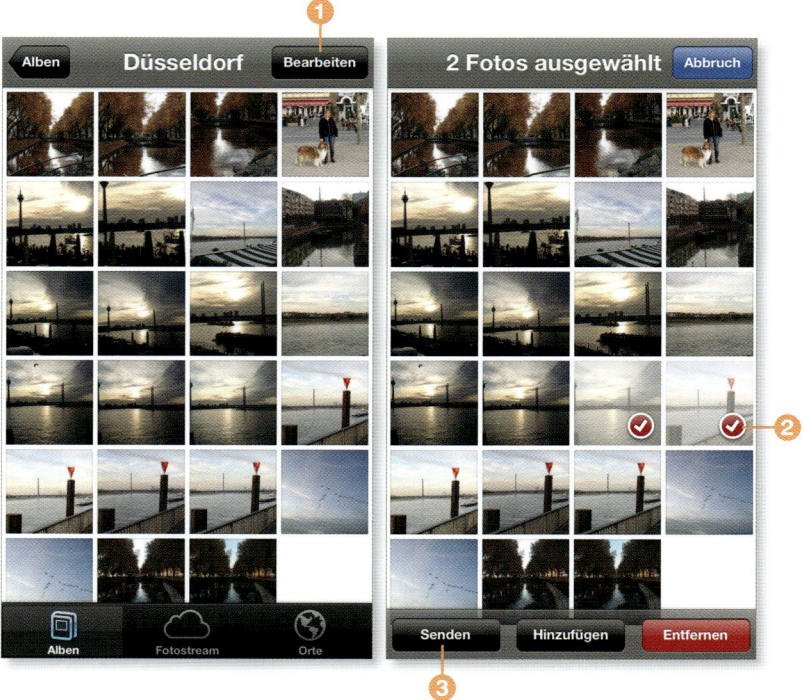

3. Sie haben nun unterschiedliche Möglichkeiten. Tippen Sie auf den Button **Mail** ➍. Die Bilder werden direkt in Ihre E-Mail eingefügt.

Vor dem Versenden können Sie noch entscheiden, mit welcher Dateigröße das Foto versendet werden soll. Bei kleineren Größen geht die Datenübertragung naturgemäß wesentlich schneller.

Ein Video versenden – Variante 1

Genauso, wie Sie vorhin Ihre Fotos als E-Mail-Anhang versendet haben, können Sie auch Ihre Videos mit einer E-Mail mitschicken.

1. Um ein selbstgedrehtes Video zu versenden, tippen Sie einfach in Ihrer Fotos-App auf das entsprechende Video und wählen es so aus. (Wie Sie mit Ihrem iPhone selbst ein Video drehen, erkläre ich Ihnen ausführlich in Kapitel 11, »Videos aufzeichnen«.)

2. Anschließend tippen Sie auf **Bereitstellen** und dann auf **Mail** ⑤.

3. Daraufhin wird Ihr selbstgedrehtes Video komprimiert und als MOV-Format an eine E-Mail angefügt ⑥.

4. Sie müssen nun lediglich noch den Adressaten der E-Mail, eine Betreffzeile und einen beliebigen Text eingeben, um die E-Mail zu versenden.

Auch für das Einfügen von Videos gibt es einen alternativen Weg. Sie können sie, wie auch Fotos, direkt in der Mail-App an Ihre E-Mail anhängen.

Ein Video versenden – Variante 2

Wenn Sie Ihrer E-Mail ein Video anhängen wollen, ohne erst die Fotos-App zu öffnen, gehen Sie einfach folgendermaßen vor:

1. Tippen Sie in eine leere E-Mail, und halten Sie den Finger so lange auf das Display, bis die Lupe ❶ erscheint. Wenn Sie den Finger vom Display nehmen, öffnet sich ein Auswahlmenü ❷. (Um es aufzurufen, können Sie auch zweimal kurz hintereinander auf das Display tippen.)

2. Tippen Sie rechts auf den kleinen Pfeil ❸, bis Sie die Option **Foto od. Video einfügen** ❹ sehen, und tippen Sie darauf.

3. Wählen Sie ein Video aus Ihren Aufnahmen aus ❺. Wenn Sie dann auf den **Auswählen**-Button ❻ tippen, wird das Video in Ihre E-Mail eingefügt ❼.

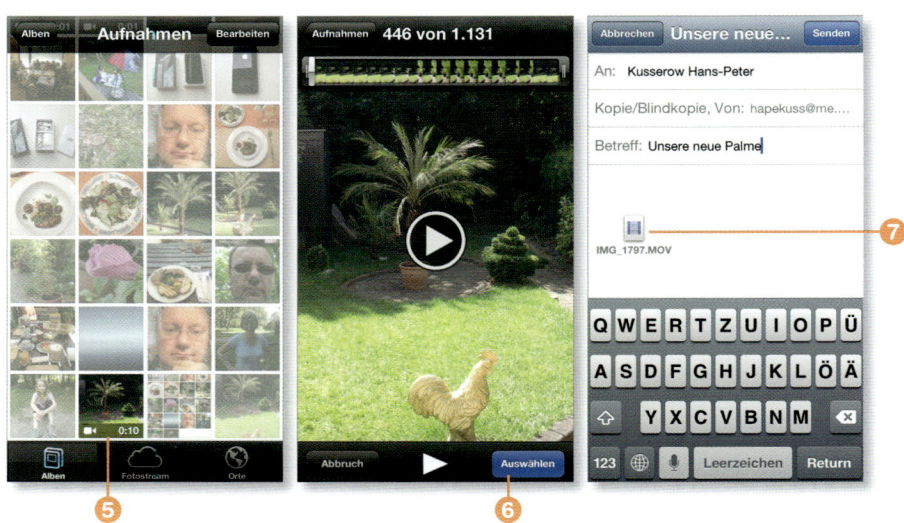

Wenn Sie noch mehr darüber erfahren möchten, wie Sie mit Ihrem iPhone selbst Videos drehen und sie weiter bearbeiten, lesen Sie Kapitel 11, »Videos aufzeichnen«.

Eine E-Mail-Signatur verwenden

E-Mails haben häufig eine sogenannte *Signatur*, die noch einmal gebündelt Ihre Kontaktdaten und weitere Angaben, manchmal auch Werbung, enthält. Eine solche Signatur können Sie natürlich selbst anlegen und an Ihre Bedürfnisse anpassen.

1. Wechseln Sie hierzu zunächst in das Menü **Einstellungen** und dort in den Bereich **Mail, Kontakte, Kalender**.

2. Scrollen Sie etwas herunter bis zum Menüpunkt **Signatur** ❽, den Sie einfach antippen.

3. Geben Sie in das weiße Feld, das nun geöffnet wird, eine beliebige Signatur ein ❾: Name, Adresse, Telefonnummer(n), E-Mail-Adresse(n) und was Sie sonst noch zu sagen haben.

Mehrere Signaturen anlegen

Mit iOS 6 können Sie neuerdings für jeden Ihrer E-Mail-Accounts eine eigene Signatur erstellen, damit Sie jede Ihrer E-Mails personalisiert gestalten und verschicken können. Das trägt der Tatsache Rechnung, dass viele Nutzer sowohl private als auch berufliche Dinge über ihr Smartphone regeln. Und so legen Sie mehrere Signaturen an: Unter **Einstellungen ▸ Mail, Kontakte, Kalender** tippen Sie auf **Signatur** ❶ und wählen im nächsten Bildschirm die Option **Pro Account** ❷.

Daraufhin werden verschiedene Signaturfelder für jeden angemeldeten Account eingeblendet, und Sie können in jedes Feld eine passende Signatur eingeben. Die Anzeige **Signatur** ändert sich daraufhin und zeigt nun nicht mehr den Signaturtext, sondern lediglich die Anzahl der verschiedenen Signaturen an.

Töne für E-Mails einrichten

Um immer darüber informiert zu sein, ob Sie eine E-Mail bekommen haben, können Sie sich beim Eingang von E-Mails akustisch benachrichtigen lassen – und natürlich auch beim erfolgreichen Versand einer E-Mail.

1. Dazu tippen Sie wieder auf **Einstellungen** und dann auf **Töne**.

2. Scrollen Sie den Bildschirm etwas herunter, und tippen Sie auf **Neue E-Mail** ❸.

3. Im nächsten Fenster haben Sie dann die Wahl zwischen verschiedenen Hinweistönen. Wenn Sie auf einen der Töne tippen, wird er probeweise abgespielt. Ein Häkchen ❹ zeigt an, welchen Ton Sie ausgewählt haben.

Einen Ton für ausgehende E-Mails wählen Sie auf ähnliche Art und Weise vor wie eben beschrieben. Tippen Sie im Menü **Töne** nur nicht auf **Neue E-Mail**, sondern auf **E-Mail gesendet** ❺.

Kapitel 7
Kalender, Erinnerungen & Kontakte

Zu einem ordentlichen Smartphone gehören natürlich auch eine ausgereifte Kalender- und Erinnerungsfunktion und eine gute Kontaktverwaltung. Das neue iPhone 5 bringt genau das mit. Darüber hinaus arbeiten beide Funktionen perfekt zusammen.

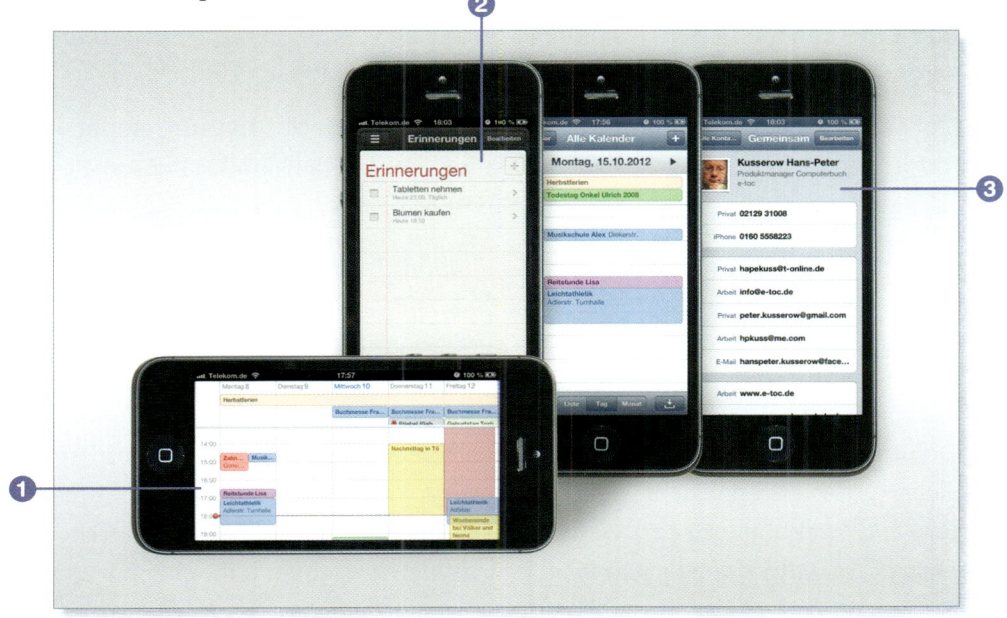

Der Kalender funktioniert nun auch im Querformat ❶; besonders praktisch ist die Erinnerungsfunktion ❷, und altbekannt, aber nicht minder praktisch ist die Kontaktverwaltung ❸.

Der Kalender in der Übersicht

Kalender ist eine der Applikationen, die es schon seit der ersten Version des iPhones gibt. Sie ist kontinuierlich verbessert worden. Im Folgenden möchte ich Ihnen zeigen, wie Sie den Kalender sinnvoll einsetzen können.

Der Kalender im iPhone erinnert Sie nicht nur an Ihre Termine, sondern auf Wunsch auch an die Geburtstage Ihrer Kontakte. Darüber hinaus können Sie öffentliche Kalender – etwa Mondphasen oder den Spielekalender Ihrer Lieblingsmannschaft – abonnieren und Ihre Kalender mit anderen teilen, indem Sie bestimmte Kalender freigeben.

Standardmäßig ist die App Kalender so eingerichtet, dass die darin festgehaltenen Daten über eine Synchronisation mit iTunes auf Ihr iPhone übertragen werden. iOS 6 ermöglicht es Ihnen aber ebenso, den Kalender und alle anderen Funktionen des iPhones autark zu verwenden. Die Synchronisation mit einem Computer ist dann nicht mehr zwingend erforderlich.

Um Ihre Kalender sowohl auf dem iPhone als auch auf Ihrem Computer auf dem gleichen Stand zu halten, können Sie sie via iCloud synchronisieren. Wie das funktioniert, erfahren Sie in Kapitel 9, »Synchronisieren mit iCloud«.

Die verschiedenen Ansichten des Kalenders

Der Kalender des iPhones bestand bisher immer aus drei verschiedenen Ansichten: der Listenansicht, der Tagesansicht und der Monatsansicht. Mittlerweile ist er aber um eine weitere Ansicht erweitert worden, die Wochenansicht. Im Folgenden lernen Sie die einzelnen Ansichten näher kennen.

Um in die Listenansicht zu gelangen, tippen Sie lauf das Symbol der App Kalender und öffnen so den Kalender. Klicken Sie dann unten auf die Registerkarte **Liste** ❶. Ebenso gehen Sie vor, um in die Tagesansicht ❷ und die Monatsansicht ❸ zu gelangen. Der ganz rechte Button ❹ ist der für die Einladungen. Wenn Sie also beispielsweise von einem Kollegen eine Einladung zu einem Meeting erhalten, finden Sie diese Einladung hier.

Die drei Standardansichten Ihres Kalenders. Jede hat ihre Vorteile, je nachdem, ob Sie nur einen Tag oder eine längere Übersicht über Ihre Termine sehen möchten.

INFO

Besonderheiten der Monatsansicht

Damit Sie feststellen können, an welchen Tagen Sie Termine eingetragen haben, bedient sich die Monatsansicht eines kleinen Punktes, den Sie unterhalb des jeweiligen Tages erkennen. An Tagen, an denen kein Termin eingetragen ist, fehlt auch der Punkt.

Haben Sie einmal mehrere Termine an einem Tag eingetragen, sind diese unterhalb der Monatsansicht nicht alle auf einmal darstellbar. Scrollen Sie in der Ansicht etwas nach unten, um weitere Termine zu sehen. Der aktuelle Tag wird in der Ansicht blau hervorgehoben.

Die Wochenansicht kam bereits in iOS 5 hinzu. Sie können sie nicht über die Registerkarten auswählen, die Sie bereits kennengelernt haben, sondern sie erscheint, wenn Sie Ihr iPhone um 90° drehen. Es ist dabei egal, in welche Richtung Sie das iPhone drehen.

Wenn Sie Ihr iPhone im 90° nach links oder rechts kippen, wird normalerweise die Ansicht etwas vergrößert, so dass Sie bequemer lesen können, was auf dem Display steht. In der Kalender-App wechseln Sie auf die Art von der Tages- in die Wochenansicht.

ACHTUNG

Ausrichtungssperre ausschalten

Aufgepasst: Ihr iPhone verfügt über eine Ausrichtungssperre, das bedeutet, dass sich die Displayansicht beim Drehen des iPhones nicht ändert. Ist diese Ausrichtungssperre eingeschaltet, funktioniert die Wochenansicht nicht. Schalten Sie die Ausrichtungssperre aus, indem Sie doppelt auf den Home-Button drücken und in der Multitasking-Ansicht mit dem Finger alle Apps nach ganz rechts aus dem Bild wischen, bis Sie zu folgender Ansicht gelangen:

Um die Sperre aufzuheben, tippen Sie einmal auf die Schaltfläche ganz links ❶. Das darin sichtbare Schloss verschwindet dann ❷.

Termine anlegen und einzelnen Kalendern zuweisen

Selbstverständlich müssen Sie nicht alle Ihre Termine am Computer erstellen, sondern Sie können auch von unterwegs aus problemlos Termine mit Ihrem iPhone anlegen. Nach der nächsten Synchronisation mit Ihrem Computer sind dann wieder alle Termine abgeglichen. Um einen Termin in Ihrem iPhone anzulegen, gehen Sie wie folgt vor:

1. Öffnen Sie die Kalender-App, und tippen Sie oben rechts auf das Plus-Symbol ❶. Dabei ist es egal, in welcher Ansicht Sie sich gerade befinden.

2. Es öffnet sich der Monitor, auf dem Sie die Einzelheiten eines neuen Ereignisses eingeben können. Beginnen Sie mit Titel ❷ und Ort ❸.

3. Im nächsten Feld legen Sie die zeitliche Ausdehnung des Ereignisses und die relevante Zeitzone fest. Sie stellen den Tag und die Uhrzeit ein, indem Sie die Segmente der »Trommel« ❹ (Tag, Stunde, Minuten) in die gewünschte Richtung drehen. Handelt es sich um ein ganztägiges Ereignis, schieben Sie den Regler **Ganztägig** ❺ nach rechts, und die Uhrzeitangaben verschwinden. Es bleibt lediglich die Datumseingabe stehen ❻. Bestätigen Sie jede Ihrer Eingaben mit dem **Fertig**-Button ❼ oben rechts.

4. Im nächsten Feld können Sie festlegen, ob das Ereignis sich wiederholen soll oder nicht (**Nie**). Bestätigen Sie auch diese Aktion mit dem **Fertig**-Button.

5. Möchten Sie einen Teilnehmer zu diesem Ereignis einladen, erledigen Sie dies im nächsten Feld **Teilnehmer** ❶. Geben Sie hier die E-Mail-Adressen der Teilnehmer Ihres Meetings ein, indem Sie sie eintippen oder indem Sie sie über das Plus ❷ aus Ihrer Kontakteliste auswählen.

Sobald Sie das Ereignis erstellt haben, wird eine entsprechende Einladungs-E-Mail an alle Teilnehmer versendet. Bestätigen die Teilnehmer Ihre Anfrage, werden sie im Ereigniseintrag unter **Teilnehmer** aufgeführt ❸.

6. Als Nächstes legen Sie fest, wann Sie sich an das Ereignis erinnern lassen möchten ❹. Sie können noch eine zweite Erinnerung ❺ einfügen, um sich zu verschiedenen Zeiten an den Termin erinnern zu lassen.

7. Legen Sie nun über den Menüpunkt **Kalender** ❻ noch fest, zu welchem Kalender das Ereignis gehören soll. Dafür müssen Sie natürlich mehrere Kalender anlegt haben. Wie das geht, erfahren Sie im Abschnitt »Mehrere Kalender nutzen« ab Seite 173.

8. Außerdem können Sie die Verfügbarkeit angeben. Tippen Sie dazu auf den Punkt **Verfügbarkeit** ❼. Handelt es sich lediglich um einen Kalendereintrag, der nur etwas verzeichnen soll, ohne dass Sie daran teilnehmen müssen, wählen Sie **Frei** aus dem Menü. Handelt es sich um einen Termin, an dem Sie teilnehmen müssen, wählen Sie **Beschäftigt**.

9. Zu guter Letzt können Sie noch eine Internetadresse (**URL**) **8** oder Notizen **9** eingeben, um auch anderen Teilnehmern des Termins weitere
Informationen zu diesem Meeting zu geben oder für sich selbst eine Er-
innerungsstütze zu haben.

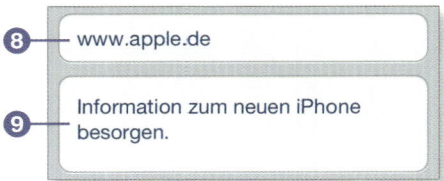

Ganz zum Schluss tippen Sie oben rechts
ein letztes Mal auf **Fertig**. Der Kalendereintrag wird daraufhin angelegt, und Sie
können ihn z. B. in der Tagesansicht einsehen. Welche weiteren Ansichten es gibt,
lesen Sie im Abschnitt »Die verschiedenen
Ansichten des Kalenders« ab Seite 164.

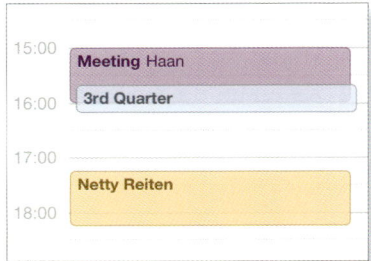

ACHTUNG

Synchronisation über iCloud

Sie müssen nicht in jedem Fall eine manuelle Synchronisation
durchführen, um die Termine mit Ihrem Computer abzugleichen. Sie
können das fortan auch über iCloud erledigen. Hierzu müssen Sie
allerdings einige Einstellungen ändern. Wie das geht, erfahren Sie in
Kapitel 9, »Synchronisieren mit iCloud«.

Einen Geburtstagskalender anlegen

Sie können in Ihrem iPhone-Kalender auch *Geburtstagskalender* führen. Die
Informationen für den Geburtstagskalender entnimmt Ihr iPhone Ihrem
Adressbuch, denn in Ihren Kontakteinträgen können Sie auch ein Geburts-
datum hinterlegen. Sie müssen den Geburtstagskalender lediglich frei-

schalten, um die entsprechenden Einträge in der Kalenderansicht zu sehen. Hierbei gehen Sie wie folgt vor:

1. Öffnen Sie die Kalender-App, und tippen Sie oben links auf den Button **Kalender**.

2. Daraufhin werden Ihnen, nach Accounts sortiert, alle Ihre Kalender angezeigt. Scrollen Sie ganz nach unten. Hier finden Sie in der Rubrik **Andere** den Eintrag **Geburtstage**. Tippen Sie ihn an, und aktivieren Sie so diese Rubrik. Die Aktivierung erkennen Sie an dem Häkchen ❶. Da Facebook bei iOS 6 integriert wurde, können Sie sich in diesem Kalender nun auch die Geburtstage Ihrer Facebook-Freunde anzeigen lassen ❷.

Alle Geburtstage, die Sie in Ihren Kontakten eingetragen haben oder die Ihre Facebook-Freunde öffentlich gemacht haben, werden nun in Ihrem Geburtstagskalender auf dem iPhone angezeigt.

Wiederkehrende Ereignisse anlegen

Aus jedem Ereignis können Sie ganz schnell eine Ereignisserie erstellen. Das sind gleichartige Ereignisse, die sich in regelmäßigen Abständen wiederholen. Jahrestage zählen ebenso dazu wie der monatliche Stammtisch. Um nicht für jedes einzelne Ereignis einen neuen Eintrag erstellen zu müssen, können Sie eine Serie definieren.

Angenommen, Sie möchten sich an jedem zweiten Samstag im Monat mit Ihren Freunden treffen, legen Sie hierfür also ein wiederkehrendes Ereignis an:

1. Erstellen Sie zuerst das entsprechende Ereignis an einem Samstag zu der von Ihnen definierten Zeit. Anschließend tippen Sie auf **Wiederholen ❶**, und es öffnen sich die entsprechenden Einstellungen, die Sie für verschiedene Wiederholungen auswählen können.

2. Tippen Sie auf **Alle 2 Wochen ❷**, und bestätigen Sie mit dem **Fertig**-Button ❸.

3. Nun können Sie noch einstellen, wie oft sich das Ereignis wiederholen soll. Tippen Sie hierzu auf **Beenden ❹**.

4. Geben Sie auf dem nächsten Bildschirm entweder manuell ein Enddatum ein ❺, oder tippen Sie auf den Button **Unendlich wiederholen ❻**. Beenden Sie Ihre Einstellungen, indem Sie auf den **Fertig**-Button ❼ tippen.

Die Möglichkeit, regelmäßig wiederkehrende Ereignisse anzulegen, ist sehr praktisch, wenn Sie absehen können, dass sich das Ereignis häufig wiederholen wird. Aber natürlich können Sie einmal angelegte Termine auch wieder aus Ihrem Kalender entfernen. Wie das geht, erfahren Sie im nächsten Abschnitt.

Einträge löschen

Kalendereinträge werden Sie auch ganz schnell wieder los, wenn Sie sie nicht mehr benötigen. Tippen Sie im entsprechenden Kalendereintrag einfach auf den Button **Bearbeiten** ❽.

Scrollen Sie ans Ende des Eintrags, und tippen Sie auf den Button **Ereignis löschen** ❾. Das müssen Sie dann sicherheitshalber nur noch einmal bestätigen. Fertig! Das Ereignis ist gelöscht.

Mehrere Kalender nutzen

Eine bessere Übersicht erreichen Sie, wenn Sie sich mehrere Kalender anlegen. Sie können beliebig viele private, berufliche und andere Kalender nutzen. Auf die Weise sehen Sie immer auf den ersten Blick, welcher Kalender wichtig ist.

1. Um weitere Kalender zu erstellen, öffnen Sie Ihre Kalender-App und tippen oben links auf den Button **Kalender**. Sie sind nun in der Ansicht, in der alle Ihre Kalender angezeigt werden.

2. Tippen Sie oben links auf den Button **Bearbeiten**; es erscheint bei jedem Ihrer Accounts ein Menüpunkt **Hinzufügen** ❿. Tippen Sie darauf, um einen neuen Kalender anzulegen.

3. Geben Sie im oberen Feld **Kalendername** ⑪ einen Namen Ihrer Wahl für den neuen Kalender ein.

4. Wählen Sie dann noch eine Farbe ⓬ aus, und bestätigen Sie Ihre Wahl mit dem **Fertig**-Button ⓭.

Wenn Sie jeden einzelnen Kalender mit einer anderen Farbe versehen, erkennen Sie schon auf den ersten Blick, ob es sich um ein privates, ein berufliches, ein wichtiges oder ein anderes Ereignis handelt. Nachdem Sie auf **Fertig** getippt haben, können Sie Ihren neuen Kalender sofort verwenden.

Die App »Erinnerungen«

Früher musste man immer einen Termin anlegen, um sich an bestimmte Dinge erinnern zu lassen. Das gehört nun der Vergangenheit an. Seit iOS 5 ist eine neue App integriert, die Ihre Erinnerungen verwaltet und speichert. Mit iOS 6 ist die App Erinnerungen nun auch vollständig in iCloud integriert, so dass alle Termine zwischen allen Ihren iOS-Geräten und auf Ihrem Computer drahtlos synchronisiert werden.

Eine Erinnerung erstellen

Eine Erinnerung ist genauso schnell erstellt wie ein Termin im Kalender (dieses Vorgehen habe ich im Abschnitt »Termine anlegen und einzelnen Kalendern zuweisen« auf Seite 167 erklärt). Bei einem Eintrag in der App Erinnerungen gehen Sie folgendermaßen vor:

1. Öffnen Sie die Erinnerungen-App, tippen Sie auf das Plus-Symbol ❶, und geben Sie Ihren Erinnerungstext dort ein, wo der blaue Cursor blinkt ❷, oder diktieren Sie ihn mithilfe des Mikrofon-Symbols links neben der Leertaste. Sie können auch direkt auf ein freies Textfeld tippen, um eine neue Erinnerung anzulegen.

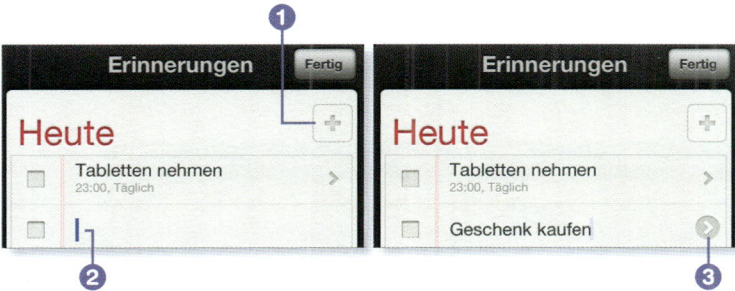

2. Tippen Sie rechts auf den kleinen Pfeil ❸ an der gerade erstellten Erinnerung, um den Tag und die Zeit festzulegen, wann Sie erinnert werden möchten. Dazu müssen Sie zuerst den Schieber neben **Tagesabhängige Erinnerung** ❹ nach rechts ziehen. Wenn Sie dann auf das Datum ❺ tippen, erscheint wie üblich die »Walze«, über die Sie Datum und Uhrzeit verändern. (Sie können die Erinnerungsfunktion übrigens auch ortsabhängig einrichten; wie das geht, erfahren Sie im Abschnitt »Der Erinnerung einen Ort zuweisen« auf Seite 177.)

175

3. Dann entscheiden Sie mit einem Fingertipp auf **Wiederholen** ❻, ob Sie wiederholt erinnert werden möchten, und wenn ja, in welchem Intervall ❼: **Täglich**, **Wöchentlich**, **Alle 2 Wochen**, **Monatlich** oder **Jährlich**.

4. Geben Sie eine Priorität ❽ für Ihre Erinnerung an (**Ohne**, **Gering**, **Mittel** oder **Hoch**).

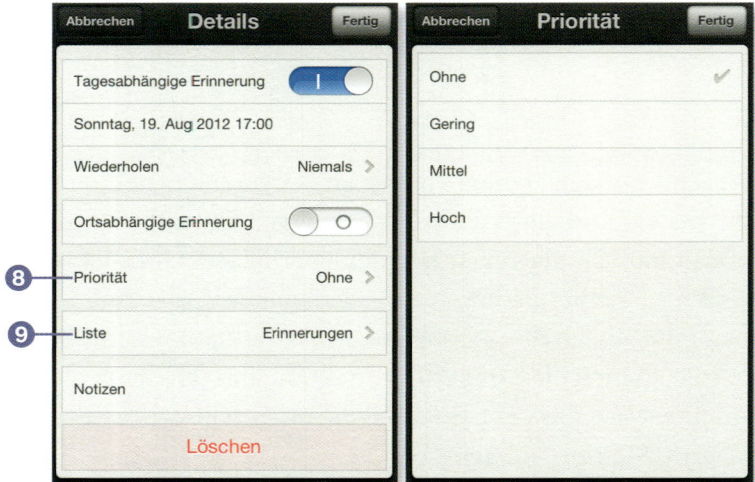

5. Wenn Sie möchten, weisen Sie diese neue Erinnerung noch einer Liste zu ❾. Der Menüpunkt **Liste** wird nur dann eingeblendet, wenn Sie auch verschiedene Erinnerungslisten angelegt haben wie z.B. »Privat« und »Geschäftlich«.

6. Zum Schluss können Sie noch weitere Notizen einfügen, die im Zusammenhang mit Ihrer Erinnerung wichtig sein könnten. Wenn Sie auf **Fertig** tippen, wird Ihre Erinnerung angelegt.

Eine Erinnerungsfunktion lässt sich auch ortsabhängig einrichten, wenn Sie die Ortungsfunktion aktiviert haben; wie das geht, erfahren Sie im nächsten Abschnitt.

INFO

Erinnerungslisten anlegen

Wenn Sie eine Liste anlegen möchten, um darin verschiedene Er-innerungseinträge zu gruppieren, öffnen Sie die App Erinnerungen und tippen darin links oben auf die Schaltfläche mit dem Listen-symbol. Im nächsten Fenster tippen Sie auf **Neue Liste erstellen** und geben der Liste einen passenden Namen. Die neue Liste wird hier sofort aufgeführt. Tippen Sie dann auf **Fertig**.

Um eine Liste wieder zu löschen, tippen Sie auf den Listen-Button und dann oben rechts auf **Bearbeiten**. Die Listen werden mit roten Minus-Zeichen versehen; wenn Sie auf das Minus vor der zu entfer-nenden Liste tippen, erscheint eine **Löschen**-Schaltfläche. Tippen Sie darauf, dann wird die Liste gelöscht.

Der Erinnerung einen Ort zuweisen

Sie können einer Erinnerung aber nicht nur eine Zeit zuordnen, sondern auch einen Ort. Angenommen, Sie möchten sich daran erinnern lassen, dass Sie beim nächsten Besuch eines Museums auf jeden Fall den Ausstel-lungskatalog mitnehmen, so können Sie dies an dieser Stelle tun. Tippen Sie auf die entsprechende Erinnerung, und aktivieren Sie den Schiebereg-ler **Ortsabhängige Erinnerung** ❶. Dann müssen Sie noch bestätigen, dass die App Erinnerungen Ihren aktuellen Ort mit Hilfe der Ortungsfunktion ermit-teln darf (siehe dazu den Kasten auf Seite 178).

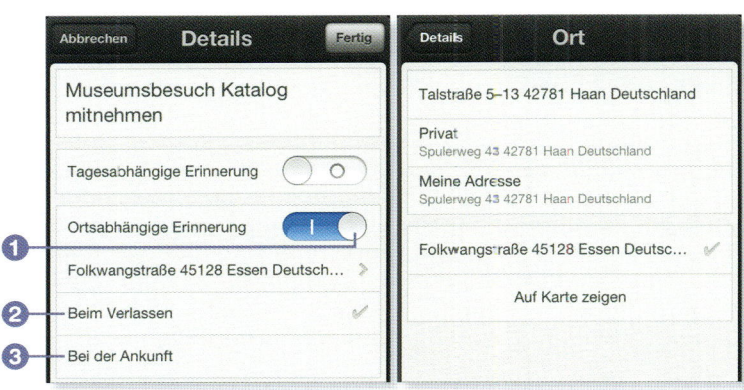

Tippen Sie auf **Aktueller Ort** und dort auf **Adresse eingeben**, dann können Sie auf dem nächsten Bildschirm eine passende Adresse eingeben oder mit einem Fingertipp auf das Plus aus Ihren Kontakten auswählen.

Bestimmen Sie schließlich nur noch, ob Sie beim Verlassen des Ortes ❷ oder bei Ihrer dortigen Ankunft ❸ erinnert werden möchten.

INFO

Ortungsdienste aktivieren

Wenn Sie die Funktion **Ortsabhängige Erinnerung** nutzen möchten, müssen Sie die GPS-Ortung aktivieren. Öffnen Sie dazu das Menü **Einstellungen ▸ Ortungsdienste**, und schieben Sie den Regler **Ortungsdienste** nach rechts. Darunter können Sie für jede App einzeln bestimmen, ob sie die Ortung nutzen darf oder nicht. Die dafür aktivierten Apps zeigen eine kleine Kompassnadel an, die auch im Display zu sehen ist, wenn der Dienst aktiv ist.

Eine Erinnerungskategorie erstellen

Um einen besseren Überblick über Ihre unterschiedlichen Erinnerungen zu behalten, ist es sinnvoll, verschiedene Kategorien zu erstellen, denen Sie die Erinnerungen dann zuordnen. Legen Sie z. B. Kategorien wie **Privat** oder **Geschäftlich** an.

1. Um verschiedene Erinnerungskategorien zu erstellen, tippen Sie in der geöffneten App Erinnerungen auf das Listensymbol ❹ oben links.

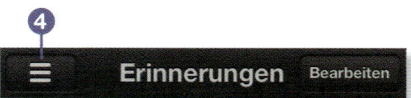

2. Standardmäßig gibt es hier drei Listen – eine ist mit **Erledigt**, eine mit **Erinnerungen** und die dritte mit **Heute** überschrieben. Möchten Sie eine weitere Liste hinzufügen, tippen Sie unten auf **Neue Liste erstellen** ❺.

3. Geben Sie einen aussagekräftigen Namen ❻ für die Liste ein, und bestätigen Sie ihn, indem Sie auf den **Fertig**-Button ❼ oben links tippen.

4. Sie wechseln zwischen den verschiedenen Bildschirmen, indem Sie oben links auf das Listensymbol tippen und die benötigte Liste auswählen.

Auf diese Weise können Sie beliebig viele Listen erzeugen und bestimmte Erinnerungen gruppieren, so dass Sie den optimalen Überblick behalten. Bedenken Sie aber, dass eine Masse an Erinnerungslisten auch wieder unübersichtlich werden kann. Wenn Sie eine Erinnerung »verloren« haben, können Sie nach ihr suchen. Wie das geht, erkläre ich Ihnen im nächsten Abschnitt.

Nach bestimmten Erinnerungen suchen

Je nachdem, wie oft Sie die Erinnerungsfunktion benutzen, sammelt sich mit der Zeit eine ganze Menge Erinnerungen an. Deshalb können Sie in Ihren Erinnerungen nach bestimmten Details und Begriffen suchen. Tippen Sie dazu oben links auf das Listensymbol ❽. Sie gelangen dann zu dem Bildschirm, der die verschiedenen Listen darstellt. Geben Sie nun in der Suchleiste einfach den gewünschten Begriff ein ❾, also den Namen der Erinnerung, die Sie suchen.

Kontakte verwalten

Eine der wichtigsten Funktionen eines Smartphones ist es, Kontakte zu verwalten. Im Laufe der Zeit sammelt sich eine ganze Reihe verschiedenster Kontakte an, die es zu kategorisieren und zu verwalten gilt. Ein Kontakt kann hierbei ein einfacher Name gefolgt von einer Telefonnummer sein. Ein

Kontakt kann aber noch viel mehr enthalten; neben weiteren Telefonnummern und Faxnummern auch E-Mail-Adressen, Websites, Adressen, Firmenname, Position, Geburtstag und vieles mehr. Sie sehen, ein Kontakt ist ein mächtiges Datenpaket. Im Folgenden zeige ich Ihnen, wie Sie derartige Kontakte auf Ihrem iPhone anlegen und verwalten.

Einen neuen Kontakt anlegen

Beginnen wir damit, einen Kontakt auf dem iPhone anzulegen. Bevor Sie jedoch einen Kontakt erstellen, möchte ich mit einer Vorüberlegung beginnen. Um nämlich Ihre Kontakte entsprechend gut sortiert angezeigt zu bekommen, müssen Sie im Vorfeld festlegen, wie dies erfolgen soll.

1. Gehen Sie hierzu in die **Einstellungen**, und wählen Sie dort den Menüpunkt **Mail, Kontakte, Kalender** aus.

2. Scrollen Sie etwas nach unten, bis Sie zur Kategorie **Kontakte** gelangen. Legen Sie hier die **Sortierfolge** ➊ und die **Anzeigefolge** ➋ für Ihre Kontakte fest.

3. Wie Sie Ihre Kontakte sortieren, kommt auf Ihre Gewohnheit an; ich habe zuerst den Nachnamen und dann den Vornamen als Sortierkriterien gewählt. Die ausgewählte Variante wird mit einem Häkchen versehen und ist auch direkt im Menü **Kontakte** zu sehen.

4. Legen Sie nun noch Ihren **Standardaccount** ➌ fest. Dieser wird in der Regel Ihr normaler E-Mail-Account oder aber Ihr iCloud-Account sein, wobei Ihr iCloud-Account lediglich ein Gratis-E-Mail-Account von Apple ist. Sie können auch einen normalen E-Mail-Account für iCloud nutzen.

Nachdem Sie die nötigen Voreinstellungen getroffen haben, können Sie sich nun endlich daranmachen, einen neuen Kontakt in Ihrem iPhone-Telefonbuch anzulegen. Folgen Sie dazu dieser Anleitung:

1. Öffnen Sie die Kontakte-App, und tippen Sie oben rechts auf das Plus-Symbol ❹.

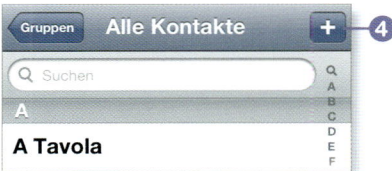

2. Daraufhin öffnet sich das leere Kontaktfenster, in dem Sie Ihre Eingaben machen können.

3. Beginnen Sie mit **Nachname**, **Vorname** und bei Bedarf mit **Firma** ❺. Im nächsten Feld können Sie Telefonnummern ❻ eingeben, z. B. die Handynummer oder auch die Festnetznummer Ihres Kontakts. Das jeweilige Etikett, also die Bezeichnung des Eingabefeldes, ändern Sie gegebenenfalls. Dazu tippen Sie auf den blauen Begriff vor dem Wort **Telefon** (in diesem Fall also auf **Mobil**). Es öffnet sich eine Etikettenliste, aus der Sie das passende Etikett auswählen. Wenn Sie darauf getippt haben, wird es mit einem Häkchen ❼ versehen.

4. Sie können diese Etiketten auch Ihren eigenen Wünschen anpassen, indem Sie auf den Button **Bearbeiten** ❽ tippen. Etiketten, vor denen ein rotes Minus ❾ steht, können Sie löschen, indem Sie auf das Minus und dann auf **Löschen** tippen. Durch Antippen des Plus-Symbols ❿ fügen Sie ein eigenes Etikett hinzu. Bestätigen Sie Ihre Änderung mit dem **Fertig**-Button ⓫.

5. Als Nächstes geben Sie Ihre E-Mail-Adresse – oder auch mehrere – ein ⓬. Auch hier können Sie, wie schon bei den Telefonnummern, die Etiketten entsprechend anpassen.

6. Im nächsten Schritt können Sie einen **Klingelton** ⑬ für Telefonate und einen **SMS-Ton** ⑭ für eingehende SMS festlegen. Tippen Sie hierzu auf die entsprechende Rubrik, und wählen Sie Ihren Lieblingston aus der Liste aus.

7. Falls Ihr Kontakt eine eigene Website hat, die Sie hin und wieder besuchen, können Sie Ihrem Kontakteintrag auch deren URL im Feld **Homepage** hinzufügen.

8. Zu einem vollständigen Datensatz gehört immer auch die postalische Anschrift, die Sie ganz unten in der Rubrik **Neue Adresse hinzufügen** einfügen können. Tippen Sie auf das grüne Plus vor der Rubrik, und tragen Sie die entsprechenden Daten ein. Auch hier können Sie mehrere Adressen eingeben, wenn Sie z. B. eine private und eine geschäftliche Postadresse Ihres Kontakts haben. Ändern Sie das Etikett entsprechend von **Privat** ⑮ in **Geschäftlich**.

9. Ist das erledigt, können Sie dem Kontakt noch ein Geburtsdatum hinzufügen ❶. Auf diese Weise können Sie sich von Ihrem iPhone an den Geburtstag erinnern lassen (siehe dazu die Abschnitte »Einen Geburtstagskalender anlegen« und »Wiederkehrende Ereignisse anlegen« ab Seite 170). Um den Geburtstag anzulegen, tippen Sie zuerst auf das Plus neben **Feld hinzufügen** und wählen das Etikett **Geburtstag** aus. Dann geben Sie mit Hilfe der »Drehräder« die genauen Daten an. Wenn Sie nicht genau wissen, in welchem Jahr derjenige geboren wurde, dessen Kontakt Sie anlegen, ist das seit iOS 5 kein Problem mehr. Inzwischen müssen Sie nicht mehr zwingend ein Jahr eingeben; Tag und Monat sind ausreichend.

10. Falls Sie ein Foto Ihres Kontakts haben, können Sie es oben links neben der Adresse einfügen. Tippen Sie auf das Feld **Foto hinzufügen** ❷, und entscheiden Sie, ob Sie ein neues Foto knipsen ❸ oder ein vorhandenes aus Ihrem Fotoalbum verwenden möchten ❹.

11. Wenn Sie ein Foto aufnehmen möchten, wird die in Ihrem iPhone integrierte Kamera gestartet, und Sie können das Foto machen. Gefällt es Ihnen, können Sie es auf dem Bildschirm bewegen, um einen guten Ausschnitt zu wählen, und es noch skalieren (indem Sie das Foto mit den Fingern größer oder kleiner zoomen). Ist alles nach Ihren Wünschen, tippen Sie auf den Button **Foto benutzen** ❺.

Wenn Sie zum Abschluss auf **Fertig** tippen, haben Sie es geschafft: Sie haben einen neuen Kontakt angelegt. Natürlich können Sie vorhandene Kontakte in Ihrem Telefonbuch auch nachträglich verändern. Öffnen Sie die Kontakte-App, wählen Sie einen Kontakt aus, und tippen Sie oben rechts auf **Bearbeiten**. Dann gehen Sie genauso vor wie soeben für das Anlegen eines neuen Kontakts beschrieben.

Kontakte in Gruppen verwalten

Um etwas mehr Ordnung in Ihre Kontakte zu bringen, können Sie mit Gruppen arbeiten. Das bedeutet, dass Sie bestimmte Personen einer bestimmten Gruppe zuordnen, z. B. »Familie«, »Büro« etc. Diese Zuordnung müssen Sie jedoch an Ihrem PC in Outlook oder in der Kontakte-App am Mac vornehmen, da Sie am iPhone selbst keine Gruppen erstellen können. Wenn Sie Ihr iPhone dann mit dem Computer synchronisieren, werden auch die von Ihnen erstellten Gruppen synchronisiert, und Sie können von Ihrem iPhone darauf zugreifen (siehe dazu auch den Abschnitt »Das iPhone anmelden und aktivieren« auf Seite 17 in Kapitel 1).

1. Um die Gruppen angezeigt zu bekommen, die Sie auf dem Rechner angelegt und mit Ihrem iPhone synchronisiert haben, öffnen Sie die Kontakte-App und tippen anschließend links oben auf den Button **Gruppen** ❶.

2. Daraufhin werden alle Gruppen Ihrer Accounts angezeigt. Auch Ihre Facebook-Kontakte ❷ werden hier aufgeführt. Wenn Sie auf eine Gruppe tippen, z. B. **Restaurants** ❸, werden nur die Kontakte eingeblendet, die zu dieser Gruppe gehören.

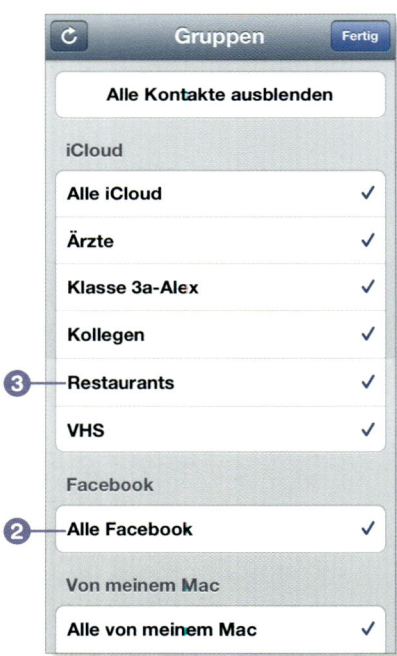

3. Wenn Sie erneut auf den Button **Gruppen** oben links tippen, kehren Sie zurück in die Übersicht über alle Ihre Gruppen und können gegebenen-

falls eine andere Gruppe auswählen. Um wieder alle Kontakte einzusehen, tippen Sie auf den Button **Alle Kontakte einblenden** ❹.

Sie sehen, mit dieser Gruppenübersicht gelangen Sie relativ schnell zum Ziel, weil Sie nicht Ihr ganzes Telefonbuch nach einem bestimmten Kontakt durchforsten müssen, sondern Ihre Kontakte filtern können.

Kontakte löschen

Wenn Sie einen Kontakt nicht mehr benötigen, können Sie ihn selbstverständlich problemlos wieder von Ihrem iPhone löschen.

1. Öffnen Sie dazu die Kontakte-App, und wählen Sie den Kontakt aus, den Sie löschen wollen. Dann tippen Sie oben rechts auf **Bearbeiten**.

2. Scrollen Sie nach unten bis zum Ende des Kontakts. Dort tippen Sie auf die rote Schaltfläche **Kontakt löschen**.

3. Bestätigen Sie den Löschvorgang noch einmal, und der Kontakt wird von Ihrem iPhone entfernt.

Wenn sich die Daten eines Kontakts verändert haben, müssen Sie den entsprechenden Eintrag nicht gleich löschen, sondern können ihn auch einfach bearbeiten. Auch dazu klicken Sie auf **Bearbeiten** und gehen dann nach dem gleichen Prinzip vor, wie ich es im Abschnitt »Einen neuen Kontakt anlegen« auf Seite 180 beschrieben habe.

Gezielt nach Kontakten suchen

Erfahrungsgemäß füllt sich eine Kontaktliste sehr schnell, und mit der Zeit wird sie unübersichtlich. Damit Sie sich nicht immer manuell durch Hunderte von Kontakten wühlen müssen, verwenden Sie die integrierte Suche, die Sie schnell zum gewünschten Kontakt führt.

1. Öffnen Sie die Kontakte-App, und tippen Sie in das Suchfeld ❶ am oberen Rand.

2. Geben Sie einen Begriff in das Suchfeld ein, der Sie voraussichtlich zu Ihrem Kontakt führt. Passende Einträge werden sofort als Vorschläge unter dem Suchfeld angezeigt.

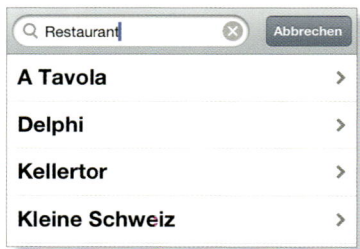

3. Wenn das Gesuchte dabei ist, tippen Sie darauf, um zu den Kontaktdaten zu gelangen.

Bis hierher haben Sie in diesem Buch schon einige praktische Apps kennengelernt; die meisten davon sind standardmäßig auf Ihrem iPhone installiert. Im nächsten Kapitel stelle ich Ihnen weitere interessante Apps vor, die Sie zum Teil auch schon auf Ihrem iPhone finden und zum Teil aus dem App Store herunterladen und installieren müssen.

Kapitel 8
Weitere interessante Apps

Ich möchte Ihnen nun noch einige weitere interessante Apps vorstellen, die Sie sicherlich auch nützlich finden werden. Denn gerade die zahlreichen Apps machen das iPhone ja zu einem so praktischen Handy.

Das iPhone verfügt über weitere interessante Apps wie Wetter ❶, Notizen ❷, Taschenrechner ❸, Kompass ❹, Sprachmemos ❺, Game Center ❻, Cards ❼ und Freunde ❽ – die letzten beiden sind allerdings nicht vorinstalliert und müssen kostenlos aus dem App Store heruntergeladen werden.

Wissen, wie das Wetter wird – die Wetter-App

Eine der meistgenutzten Funktionen auf dem iPhone überhaupt ist neben E-Mail und Safari sicherlich die Wetter-App. Sie informiert Sie über das Wetter der Orte, für die Sie eine Vorhersage benötigen. Und das Beste: Das aktuelle Wetter wird sofort in der Benachrichtigungszentrale angezeigt. Wie Sie Orte hinzufügen, deren Wetterlage Sie sehen wollen, lesen Sie hier:

1. Starten Sie die Wetter-App, und tippen Sie rechts unten auf das kleine i ❶, um zum Informationsbildschirm zu gelangen.

2. Tippen Sie anschließend in der oberen linken Ecke auf das Plus-Symbol ❷, und geben Sie einen Städtenamen Ihrer Wahl in das Suchfeld ein ❸. Indem Sie ihn antippen, können Sie einen der Vorschläge auswählen, die das iPhone macht. Dann geben Sie anschließend noch die Einheit °C ❹ an.

3. Wenn Sie eine Wettervorschau von mehreren Städten wünschen, geben Sie auf die gleiche Weise weitere Städtenamen ein. Mit einem Fingerwischen wechseln Sie dann später zwischen den einzelnen Wetterberichten. Der Punkt ❺ am unteren Rand zeigt Ihnen, auf welcher Seite Sie sich befinden.

4. Seit iOS 6 gibt es auch eine stündliche Wetteransicht **6**. Diese aktivieren Sie, indem Sie unterhalb des angezeigten Tages mit dem Finger nach unten streichen. Streichen Sie die Ansicht wieder nach oben, um einen Überblick über die nächsten zwölf Stunden zu bekommen.

ACHTUNG

Zu viele Städte?

Theoretisch können Sie alle möglichen Städte eingeben, um sich das aktuelle Wetter anzeigen zu lassen. Allerdings werden Sie dann feststellen, dass es immer länger dauert, bis Sie die Wetterinformationen für Ihre Städte erhalten. Lassen Sie sich also besser nicht zu viele Städte anzeigen.

Das Wetter in der Mitteilungszentrale

Seit iOS 5 können Sie das Wetter auch in der Mitteilungszentrale anzeigen lassen. Egal, in welcher Anwendung Sie sich befinden, können Sie diese Infoansicht dann aus dem oberen Bildschirmrand nach unten herausziehen. Standardmäßig ist das lokale Wetter der erste Punkt in der Mitteilungszentrale. Um eine 6-Tages-Ansicht zu erhalten, wischen Sie einfach mit dem Finger nach links.

Wetter aus dem Ausland abrufen

Wenn Sie im Ausland das Wetter abrufen wollen oder im Ausland die Mitteilungszentrale öffnen, kann das zu erhöhten Roaming-Kosten führen.

Die App »Aktien«

Eine weitere Standard-App, die auf das Internet zugreift, ist die App Aktien. Auch wenn Sie nicht über ein eigenes Aktien-Depot verfügen, kann die App für Sie interessant sein.

1. Tippen Sie auf die App und anschließend in der geöffneten App rechts unten auf das kleine i, um zu dem Bildschirm zu gelangen, auf dem Sie die Liste Ihrer Aktieninfos bearbeiten und nach Firmennamen suchen können.

2. Tippen Sie oben rechts auf das Plus-Symbol ❶, um das Suchfeld zu öffnen. Geben Sie einen Firmennamen in das Suchfeld ein ❷. Mit einem Finger-Tipp auf den richtigen Namen in der Liste der Vorschläge fügen Sie die gewünschte Firma Ihrer Liste hinzu.

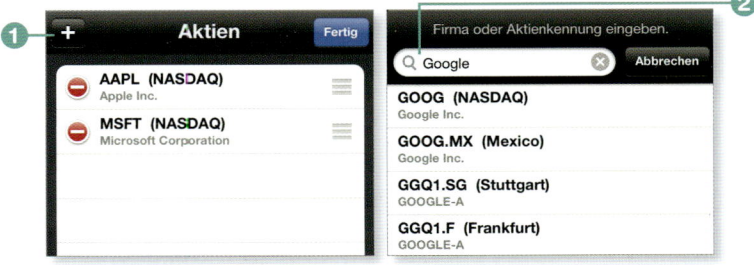

3. Weiter unten in der App können Sie noch entscheiden, ob Sie eine Darstellung der Aktienkurse in Prozent ❸, als Preis ❹ oder als Marktkapitalisierung ❺ wünschen. Die blaue Markierung ändern sich dann entsprechend, ebenso wie die Darstellung der Daten.

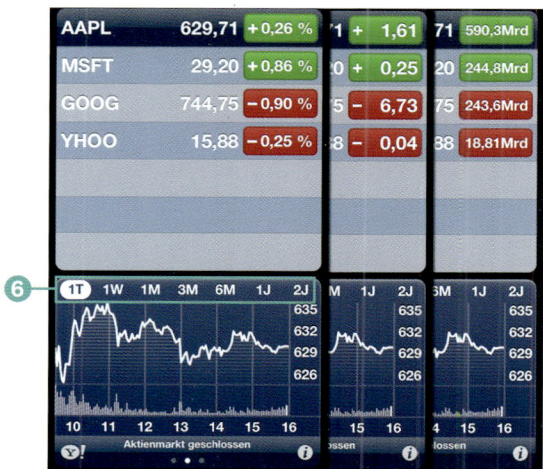

4. Für eine bessere Übersicht bietet Ihnen die App unterschiedliche Ansichten: für einen Tag (**1T**), eine Woche (**1W**), einen Monat (**1M**), drei Monate (**3M**), sechs Monate (**6M**), ein Jahr (**1J**) oder zwei Jahre (**2J**). Um die Darstellung zu ändern, tippen Sie oben in der Ansicht auf den jeweiligen Kolumnentitel ❻.

5. Unten in der App sehen Sie drei Punkte ❼. Hierüber wechseln Sie mit einem Fingerwischen zwischen drei verschiedenen Ansichten, nämlich zwischen den Kennzahlen, dem Chart der Kursentwicklung und einer News-Ansicht.

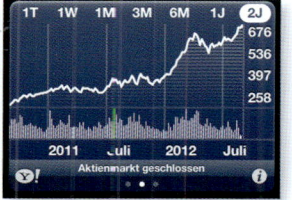

6. Wenn Sie den Bildschirm um 90° drehen, sehen Sie das Chart auf dem kompletten Bildschirm. Die Ansichtsmöglichkeiten werden dann außerdem um fünf Jahre (**5J**) und zehn Jahre (**10J**) ergänzt.

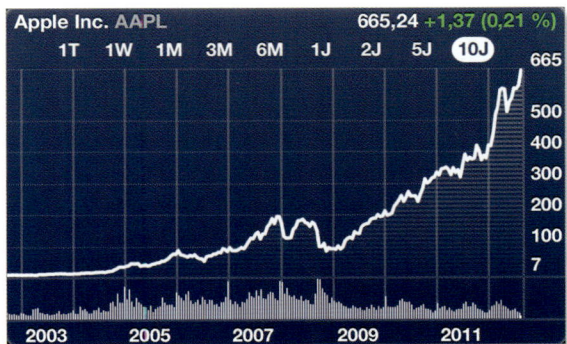

Auch die App Aktien können Sie in Ihre Mitteilungszentrale integrieren. So haben Sie immer die wichtigsten Informationen im Blick. Wie das geht, erfahren Sie in den nächsten Schritten:

1. Um die App im Mitteilungszentrum zu aktivieren, tippen Sie auf **Einstellungen ▸ Mitteilungen**.

2. Es öffnet sich der Bildschirm mit allen Apps, die für die Mitteilungszentrale vorgesehen sind. Scrollen Sie bis ganz nach unten, wo sich die Apps befinden, die Sie noch nicht in die Mitteilungszentrale übernommen haben. Tippen Sie dann auf **Aktien-Widget** ❽, und schieben Sie den Regler bei **In der Zentrale** ❾ nach rechts.

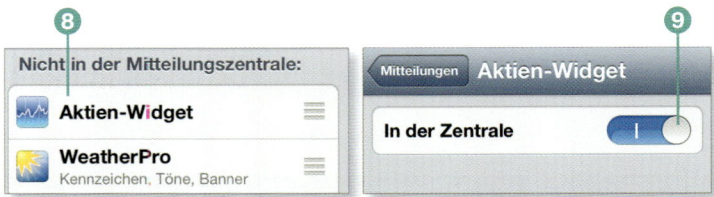

Die Aktien-App befindet sich nun in der Mitteilungszentrale. Ziehen Sie die Benachrichtigungen auf dem Startbildschirm mit einem Fingerwischen nach unten, und schauen Sie sich tagesaktuell Ihre Aktienkurse an.

Achtung, Roaming-Kosten!

Wie für die Wetter-App gilt auch für die Aktien-App: Wenn Sie sich im Ausland aufhalten und Informationen über eine Internetverbindung abrufen, kann es aufgrund der Roaming-Gebühren zu erhöhten Kosten kommen.

Videos am iPhone anschauen

Selbstverständlich können Sie auf dem iPhone auch Videos anschauen, und zwar mit der mitgelieferten Apps Videos. Hiermit sind allerdings nicht die Videos gemeint, die Sie mit Ihrem iPhone aufnehmen (dafür ist sinnigerweise die Apps Fotos zuständig ...), sondern TV-Sendungen, Filme oder Musikvideos, die Sie entweder aus iTunes importiert oder aber im iTunes Store käuflich erworben haben. Um Ihre Videos anzusehen, gehen Sie wie folgt vor.

1. Tippen Sie auf die Video-App. Auf Anhieb sehen Sie, welche Videos Sie auf Ihrem iPhone zu Verfügung haben, etwa Filme ❶ oder Musikvideos ❷, die Sie im iTunes Store gekauft haben. Sollte sich eine zweite Mediathek im selben WLAN befinden, sehen Sie unter **Freigaben** ❸ die Videos, die Sie hier abspielen können.

2. Spielen Sie das Video Ihrer Wahl ab, indem Sie es mit dem Finger antippen.

3. Tippen Sie links auf das Listensymbol ④, und Sie erhalten die Kapitelgliederung Ihres Videos.

4. Tippen Sie rechts auf die Sprechblase ⑤, und schon können Sie – sofern das Video diese Möglichkeit bietet – zwischen zwei Sprachvarianten wählen.

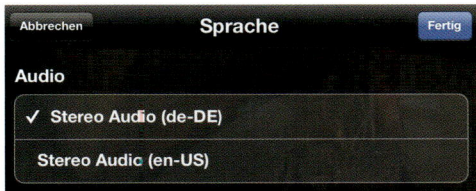

Nach einer kurzen Zeit verschwinden Überblendungen, und Sie können Ihren Film genießen.

Eins sollten Sie jedoch noch wissen: Einige Filme werden in einem 16:9-Breitwandformat ausgestrahlt und füllen daher nicht das komplette Display aus, sondern nur eine gewisse Höhe. Tippen Sie doppelt auf das Display, um den Film auf dem kompletten Display anzuzeigen. Allerdings müssen Sie für diesen Fall mit einer Einschränkung leben: Rechts und links werden Teile des Bild abgeschnitten.

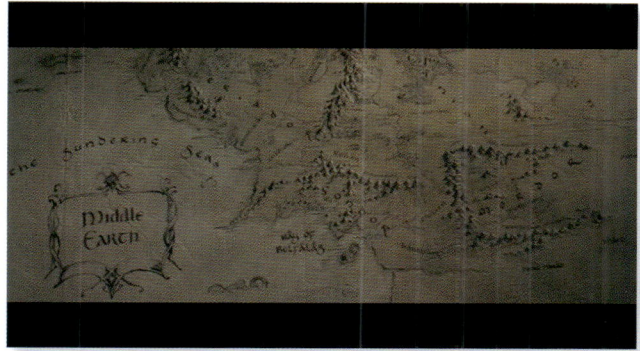

Das obere Bild zeigt das normale Display; die volle Filmbreite wird dargestellt. Im unteren Bild sehen Sie die abgeschnittene, aber bildfüllende Darstellung des Filmes.

Gedankenstützen mit »Notizen«

Wer kennt das nicht? Tausend Listen, die auf irgendwelchen zusammengeschriebenen Zetteln in irgendwelchen Ecken herumliegen. Die Notizen-App macht Schluss damit. Alles, was Sie dringend benötigen, aber nie bei sich haben, nämlich Ihre wichtigen Notizen, können Sie ab jetzt auf Ihrem iPhone sammeln.

1. Wenn Sie die Notizen-App öffnen, sehen Sie die »Überschriften« (die ersten Zeilen) der bereits angelegten Notizen. Sie stehen chronologisch untereinander und sind rechts mit dem Erstellungsdatum versehen. Tippen Sie auf eine Notizzeile, um die entsprechende Notiz zu öffnen.

2. Möchten Sie eine neue Notiz hinzufügen, tippen Sie oben rechts einfach auf das Plus-Symbol ❶. Schreiben Sie die neue Notiz, oder diktieren Sie sie mit Hilfe von Siri (siehe dazu den Abschnitt »Den intelligenten Assistenten Siri nutzen« auf Seite 37). Haben Sie die Eingabe abgeschlossen, tippen Sie auf den **Fertig**-Button ❷.

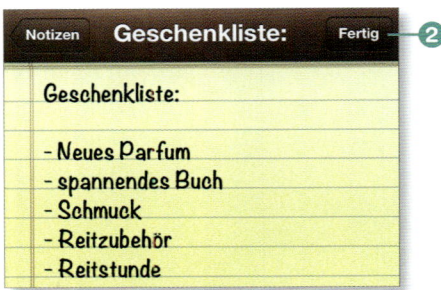

Wenn Sie eine Notiz geöffnet haben, sehen Sie am unteren Rand eine Navigationsleiste, die einige Funktionen zur Verfügung stellt. Mit den beiden äußeren Pfeilen springen Sie zur vorherigen ❸ bzw. zur nächsten ❹ Notiz.

Der zweite Button ❺ dient dazu, die aktuelle Notiz per E-Mail oder als Nachricht zu versenden, sie auszudrucken oder sie zu kopieren. Wenn Sie auf diesen Button tippen, öffnet sich ein Menü mit den entsprechenden Auswahlmöglichkeiten. Mit dem dritten Button ❻ löschen Sie die Notiz.

Sie können auf Ihrem iPhone einen oder mehrere iCloud-Accounts anlegen, aus denen heraus Sie dann auch Ihre Notizen synchronisieren und in denen Sie sie erstellen können. Im weitesten Sinne handelt es sich dabei um zwei Accounts, nämlich den Notizen, die Sie auf dem iPhone verfasst haben, und den iCloud-Notizen, die Sie zwischen Computer, iPad, iPod Touch und iPhone synchronisieren können. Notizen dieses Accounts können auf allen genannten Geräten erstellt werden. Sie erreichen sie, wenn Sie oben links auf den Button Accounts ❼ tippen.

Diese Accounts sind nach folgenden Kriterien unterteilt:

- **Alle Notizen:** Damit ist genau *das* gemeint.

- **Auf meinem iPhone:** Bezeichnet die Notizen, die Sie direkt auf dem iPhone erstellt haben.

- **Alle iCloud:** Steht für die Notizen, die über die iCloud-Funktionalität mit anderen Geräten synchronisiert werden.

- **Neuer Ordner:** Legt einen neuen Ordner für Notizen an.

- **Notes:** ein iCloud-Ordner, der von meinem zweiten iCloud-Account erstellt wurde. (Nähere Informationen zum Anlegen von Accounts finden Sie in Kapitel 9, »Synchronisieren mit iCloud«.)

Tippen Sie auf einen der Accounts, und es werden Ihnen die Notizen angezeigt, die zu diesem Account gehören.

Wenn Sie mehrere Accounts angelegt haben, können Sie unter **Einstellungen ▸ Notizen** ❽ einen Standardaccount ❾ wählen, unter dem Ihre neuen Notizen gespeichert werden: **iCloud** und **Auf meinem iPhone**. Zu guter Letzt können Sie hier die Schriftart ❿ für Ihre Notizen ändern.

iBooks – gelesen wird hier!

Eine sehr vielseitige App auf dem iPhone ist iBooks. iBooks kann nicht nur E-Books darstellen, sondern auch PDF-Dokumente anzeigen. Darüber hinaus ist in iBooks ein Store für Bücher integriert.

Öffnen Sie die App mit einem Tipp auf das Icon. Die Standardansicht ist die eines Bücherregals, Sie können sie allerdings auch in eine Listenansicht umwandeln. Ziehen Sie dazu das Bücherregal nach unten. Neben einem Suchfeld ❶ erscheinen dann zwei Ansichts-Schaltflächen: Mit der einen schalten Sie auf das Bücherregal um ❷ und mit der anderen auf eine Listenansicht ❸.

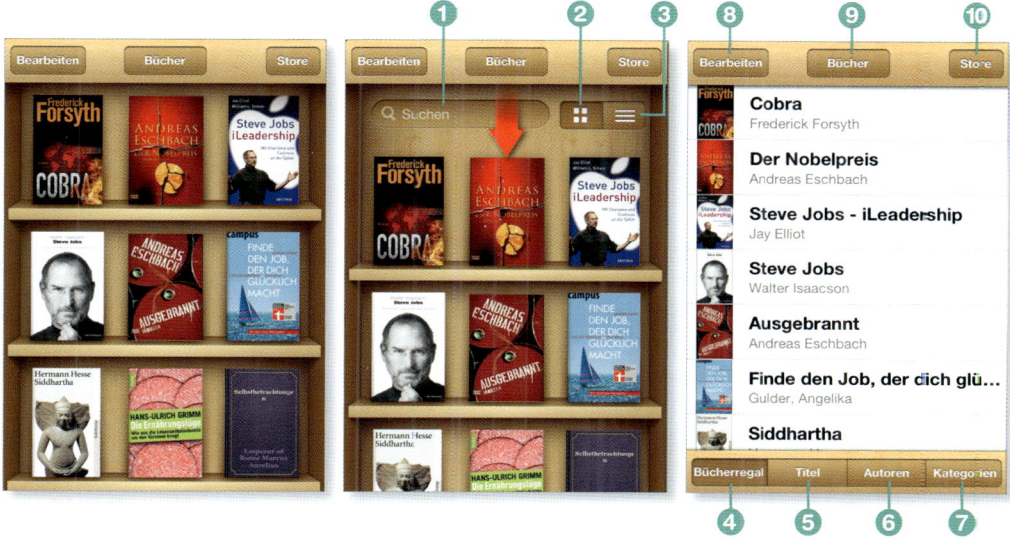

In der Listenansicht sehen Sie am unteren Rand des Bildschirms vier zusätzliche Buttons, mit deren Hilfe Sie Ihre Bücher unterschiedlich darstellen können: **Bücherregal** ❹, **Titel** ❺, **Autoren** ❻ und **Kategorien** ❼.

An der Oberseite des iBooks-Bildschirms befinden sich drei weitere Schaltflächen: **Bearbeiten** ❽, **Bücher** ❾ und **Store** ❿. Was sich dahinter verbirgt, erkläre ich Ihnen einzeln im Folgenden.

Der **Bearbeiten**-Button ganz links dient dazu, Bücher zu markieren, zu bewegen oder zu löschen. Und das geht so:

1. Tippen Sie zuerst auf den **Bearbeiten**-Button. Daraufhin ändern sich die Buttons entsprechend in **Fertig**, **Bewegen** und **Löschen**.

2. Wenn Sie das E-Book löschen möchten, markieren Sie es mit einem Finger-Tipp, und tippen Sie dann einfach auf den **Löschen**-Button.

3. Um das E-Book in der Anordnung zu verschieben, tippen Sie darauf und halten den Finger auf dem Display. Das E-Book vergrößert sich etwas, und Sie können es nun an eine andere Stelle Ihres Bücherregals verschieben.

Sie können Ihr E-Book aber auch in eine andere Sammlung verschieben, um so die Bücher in verschiedene Kategorien zu unterteilen. Die Sammlungen **Bücher** und **PDFs** sind bereits standardmäßig angelegt.

1. Markieren Sie das E-Book, indem Sie den **Bearbeiten**-Button und dann das entsprechende E-Book antippen. Tippen Sie auf den **Bewegen**-Button ❶, und wählen Sie das Ziel, also eine Sammlung, aus ❷.

2. Sie können weitere Sammlungen anlegen, wie ich es im Beispiel getan habe. Tippen Sie hierzu auf den Button **Neu** ❸, und geben Sie im daraufhin erscheinenden Feld ❹ über die Tastatur den Namen für Ihre neue Sammlung ein oder diktieren Sie ihn.

3. Um die Reihenfolge Ihrer Sammlungen zu verändern, tippen Sie auf den **Bearbeiten**-Button ❺ und anschließend auf die drei waagerechten Striche ❻ an der Sammlung, die Sie verschieben möchten. Halten Sie den Finger auf der Sammlung, und ziehen Sie sie an eine neue Stelle in der Liste. Bestätigen Sie Ihre Aktion mit dem **Fertig**-Button ❼.

Sie sehen, die iBooks-App ist eine praktische Sache, wenn Sie auch unterwegs gerne Bücher lesen, aber nicht Ihre Bibliothek mit sich herumtragen möchten.

Ein E-Book lesen

Um ein E-Book in iBooks zu lesen, müssen Sie es lediglich einmal antippen. Das Buch wird daraufhin in den Speicher geladen, was durch die Einblendung von Punkten an der unteren Seite des Displays ❽ verdeutlicht wird. Dann können Sie sofort mit der Lektüre beginnen.

Tippen Sie auf den Button mit der Liste ❾ rechts neben dem Button **Bibliothek**, um weitere Informationen

zum ausgewählten Buch einzublenden: **Inhalte** ⑩, **Lesezeichen** ⑪ und **Notizen** ⑫. Wie Sie ein neues Lesezeichen setzen, erfahren Sie am Ende dieses Abschnitts auf Seite 205 oben.

Wenn Sie auf den **Zurück**-Button ⑬ tippen, gelangen Sie wieder in die Leseansicht, die Sie entweder im Hoch- oder Querformat genießen können (für Letzteres drehen Sie einfach das iPhone).

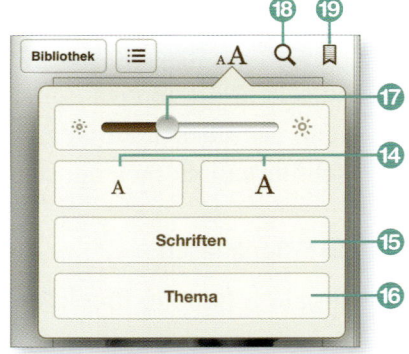

Etwa in der Mitte befindet sich eine Schaltfläche, die ein großes und ein kleines A zeigt. Dahinter verbergen sich Einstellungsmöglichkeiten wie **Schriftgröße** ⑭, **Schriften** ⑮ und **Thema** ⑯ (z. B. **Normal**, **Sepia** oder **Nacht**). Außerdem können Sie hier die Helligkeit der Darstellung ⑰ in iBooks anpassen.

Die Lupe ⑱ rechts neben der **Schrift**-Schaltfläche ist die eingebaute Suchfunktion, über die Sie den eingegebenen Begriff nicht nur in Ihrem E-Book suchen können, sondern die darüber hinaus die Suche im Web und in Wikipedia anbietet.

Ganz rechts befindet sich schließlich das Symbol für die Lesezeichen ⑲. Standardmäßig ist dieses Symbol deaktiviert (klein und grau). Tippen Sie es an, wird das Lesezeichen für die aktuelle Stelle im E-Book aktiviert (rot) und ist somit in der Ansicht **Lesezeichen** (siehe Seite 204) einsehbar.

Die Punkte am unteren Buchrand dienen im Übrigen nicht nur dazu, anzuzeigen, wann das E-Book in den Speicher geladen wurde (siehe Seite 203), sondern Sie können sie auch als Navigationshilfe nutzen. Wenn Sie den kleinen Regler ⑳ über die Punkte schieben, werden Ihnen die Kapitelüberschriften Ihres E-Books angezeigt. So wissen Sie immer, in welchem Abschnitt Sie sich gerade befinden.

E-Books kaufen

In der iBooks-App ist ebenfalls ein Store integriert, indem Sie Ihre E-Books kaufen können. Sie finden ihn, wenn Sie am iBooks-Startbildschirm auf den rechten Button **Store** tippen.

Im Store angekommen, können Sie die einzelnen Rubriken durchsuchen, indem Sie von rechts nach links wischen, oder Rubriken ansehen, indem Sie nach oben wischen. Oben links gibt es noch den Button **Alle Kategorien** ❶, über den Sie weitere Kategorien ❷ einblenden.

Im unteren Teil des Bildschirms sehen Sie eine Tableiste ❸, mit deren Hilfe Sie weitere Store-Bereiche öffnen. Neben **Bücher** gibt es hier die Bereiche **Charts**, **Übersicht**, **Suchen** und **Gekaufte Artikel**.

Ich möchte hier besonders die Kategorie **Gekaufte Artikel** hervorheben. Sie verfügen hier nämlich über zwei Ansichten ❹. Zum einen können Sie unter **Alle** – wie zu erwarten – alle von Ihnen gekauften Artikel einsehen. Unter **Nicht auf diesem iPhone** laden Sie diejenigen E-Books, die Sie zwar im Store gekauft haben, die aber noch nicht auf Ihr iPhone kopiert wurden. Um die Bücher, die sich noch nicht auf Ihrem iPhone befinden, zu laden, tippen Sie einfach auf den Button mit dem kleinen Wölkchen ❺, und schon beginnt der Download.

Es ist dabei egal, ob Sie das Buch schon einmal geladen und es zwischenzeitlich gelöscht haben. Sie können es jederzeit wieder aus iCloud auf Ihr iPhone laden. Wenn Sie die Bücher herunterladen, erkennen Sie am Buchcover sofort, wie weit fortgeschritten der jeweilige Download ist.

Bücher gratis aus dem Store besorgen

Sie haben im iBooks Store auch die Möglichkeit, einige Bücher gratis zu erwerben. Der iBooks Store hält beispielsweise die Bücher des Projektes Gutenberg gratis für Sie bereit. Aber auch andere Titel gibt es gratis im Store. Im Tab **Charts** ❻ finden Sie die Kategorie **Kostenlose Bücher** ❼. In der großen Auswahl ist unter Umständen etwas dabei, das für Sie interessant ist. Die Rubrik **Kostenlose Bücher** erreichen Sie aber auch über den Tab **Bücher** ❽ des iBooks Stores und entdecken so sicher das eine oder andere lesenswerte Buch.

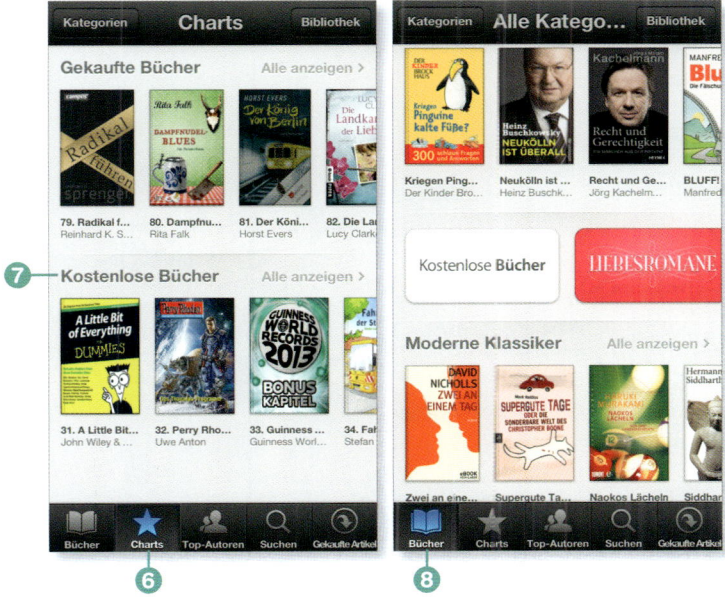

Eine Besonderheit – der Zeitungskiosk

in älteren iOS-Versionen war der Zeitungskiosk eine Unterkategorie des App Stores, was sich nun etwas geändert hat. Der Zeitungskiosk ist zwar immer noch Bestandteil des App Stores, hat allerdings ein eigenes Auftreten bekommen. Die Apps der Zeitungen, die sich in diesem Bereich befinden, sind allesamt gratis. Das bedeutet jedoch nicht, dass Sie ohne Ausgaben davonkommen. Lediglich die Zeitungs-App selbst, also quasi das »Behältnis«, ist gratis. Möchten Sie eine Zeitungsausgabe laden, ist dies ein sogenannter *In-App-Kauf* und muss entsprechend bezahlt werden. Die Preise für derartige In-App-Käufe erfahren Sie in den Informationen zu der jeweiligen App.

1. Um sich eine digitale Zeitung herunterzuladen, tippen Sie auf die Kategorie **Zeitungskiosk** und wählen dann eine Rubrik ❾ aus, die Sie interessiert.

2. Im nächsten Bildschirm tippen Sie auf die App der Zeitung oder Zeitschrift, die Sie lesen möchten. Ihre Ausgaben können Sie auf Ihr iPhone laden, sobald Sie die App installiert haben.

3. Versichern Sie sich vorher, dass Sie mit den Kosten einverstanden sind, indem Sie sich die Preise genau anschauen. Sie finden sie in den Informationen zur App, die Sie erreichen, wenn Sie auf die App tippen.

4. Sind Sie mit den Bedingungen einverstanden und haben den Kauf getätigt, wird die entsprechende App direkt in Ihren Zeitungskiosk kopiert.

5. Tippen Sie auf eine Zeitschrift oder eine Zeitung in Ihrem Zeitungs-kiosk, um alle Ausgaben einzusehen, die bislang von der jeweiligen Zeitung/Zeitschrift digital erschienen sind, oder um ein Abo Ihrer Wahl abzuschließen.

6. Über die Zeitungskiosk-App gelangen Sie auch in den App Store, wo Sie sich neue Zeitschriften und Zeitungen besorgen können. Tippen Sie dazu einfach auf **Store** ➓.

iTunes U – die App zum Studieren

Seit einiger Zeit ist die virtuelle Universität iTunes U auch von Ihrem iPhone aus zu erreichen. Über diese App können Sie ganze Kurse veranstalten, Video- oder Audiovorlesungen abhalten, Materialien bereitstellen, Präsen-tationen abspielen oder Aufgabenlisten führen. Und Sie können natürlich auch selbst Kurse belegen und Materialien studieren. Installieren Sie hierzu die iTunes U-App, die Sie im App Store finden.

Die App gleicht der iBooks-App und sieht ebenfalls aus wie ein Bücherre-gal, das allerdings etwas dunkler ist (vielleicht besteht es aus Mahagoni …). Wenn Sie etwas geladen haben, sehen Sie in diesem Regal verschiedene Ordner, die jeweils für eine Vorlesungsreihe stehen.

Auch hier wird durch einen Fingerwisch auf dem Bildschirm nach unten ein Suchfeld ➊ erkennbar, und es erscheinen zwei Ansichts-Schaltflächen zum Umschalten zwischen der Regalansicht ➋ und einer Listenansicht ➌. Die eingeblendete Zahl ➍ in der rechten oberen Ecke eines Ordners versinnbild-licht die Anzahl der Dokumente, die Sie darin noch nicht bearbeitet haben.

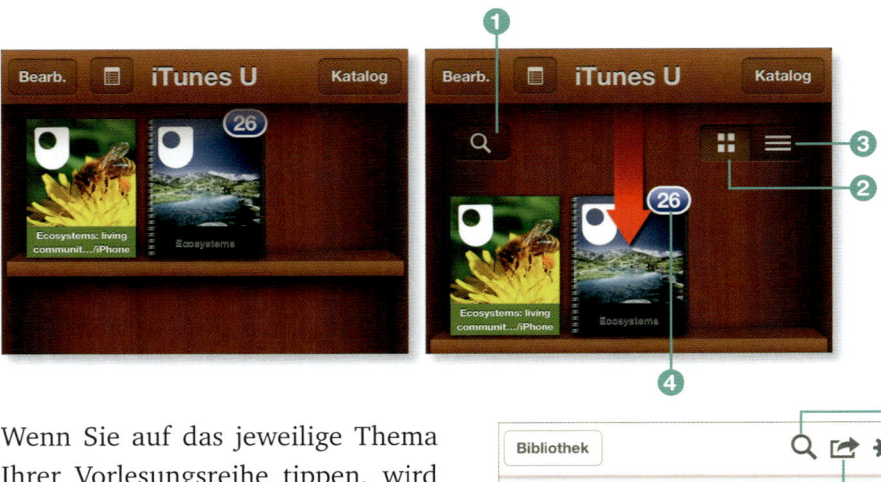

Wenn Sie auf das jeweilige Thema Ihrer Vorlesungsreihe tippen, wird zunächst einmal die Tableisten-Rubrik **Infos** ❺ eingeblendet, unter der Sie weitere Themen ❻ finden: **Überblick**, **Dozent** und **Gliederung** (Inhalt der Vorlesungsreihe). In der Tableiste am unteren Rand dieser Ansicht sehen Sie neben **Infos** drei weitere Rubriken: **Posts**, **Notizen** und **Material**. Die Rubriken halten, was Sie versprechen: Unter **Posts** finden Sie alle Nachrichten, Aufgaben und ergänzende Informationen zu der ausgewählten Vorlesungsreihe,

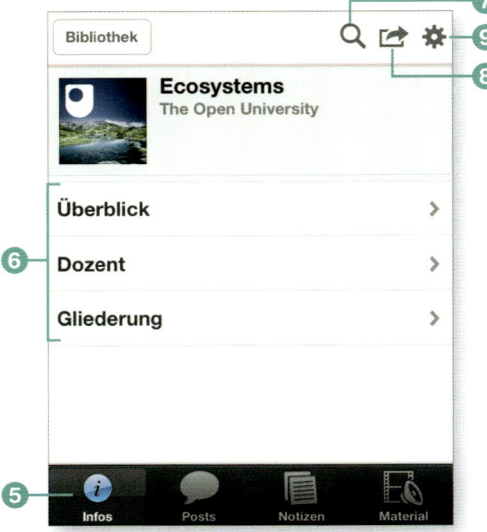

hinter **Notizen** werden Ihre eigenen Notizen abgelegt, und in der Kategorie **Material** finden Sie sämtliches Lernmaterial, das zu den Lerneinheiten der Vorlesungsreihe gehört.

In der oberen rechten Ecke der App iTunes U gibt es schließlich noch drei kleine Schaltflächen: **Suchen** ❼, **Bereitstellen** ❽ und **Einstellungen** ❾. Mit Hilfe der Suchfunktion durchsuchen Sie eine Vorlesungsreihe nach einem bestimmten Begriff, den Sie selbstverständlich mit einem Finger-Tipp auf den Mikrofon-Button auf der Tastatur auch diktieren können (siehe dazu auch den Abschnitt »Den intelligenten Assistenten Siri nutzen« ab Seite 37).

Die **Bereitstellen**-Funktion bietet die beispielsweise die Optionen **Mail**, **Drucken**, **Twitter** und **Nachrichten** an (diese kennen Sie ja schon von anderen Apps).

Mit **Einstellungen** können Sie unter anderem entscheiden, ob Sie die Lehrinhalte abonnieren ❿ möchten und ob sie automatisch geladen ⓫ werden sollen, sobald sie vorliegen.

Schließen		
Abonnement		
Deaktivieren Sie Abos, um das Aktualisieren auf neu hinzugefügte Inhalte zu stopper.		
Automatisch laden		

Tickets, Hotelbuchungen und Bordkarten mit »Passbook« verwalten

Apple hat mit Passbook eine neue Standard-App auf dem iPhone 5 eingeführt. Hiermit können Sie Tickets, Coupons und Bordkarten auf ihrem iPhone 5 verwalten. Um diese App nutzen zu können, müssen Sie erst einmal aus der App heraus in den App Store gehen ⓬, um sich dort wiederum eine App zu besorgen, mit der Sie Buchungen machen oder Coupons kaufen können. Diese Apps müssen mit Passbook zusammenarbeiten, weshalb Ihnen auch gleich eine Liste solcher passenden Apps vorgeschlagen wird ⓭.

Ich möchte Ihnen die Funktion der Passbook-App an einem Beispiel zeigen, und zwar buche ich ein Hotelzimmer über das Hotelnetzwerk HRS. Und das geht wie folgt:

1. Laden Sie sich zuerst die kostenlose App HRS Hotels aus dem App Store auf Ihr iPhone. Sie steht ebenfalls in der Liste der vorgeschlagenen Apps.

2. Öffnen Sie die App und melden Sie sich zunächst bei HRS an, damit Sie überhaupt Hotelzimmer buchen können.

3. Buchen Sie anschließend Ihr Hotel. In diesem Prozess müssen Sie entscheiden, ob Sie die Buchung zu Passbook hinzufügen möchten. Tippen Sie hierzu auf den **Hinzufügen**-Button ❶.

4. Die Buchung wird in Passbook angezeigt und Sie müssen sie nun lediglich noch einmal mit dem oben rechts angeordneten **Hinzufügen**-Button ❷ bestätigen.

5. Legen Sie nun noch fest, ob Passbook Ihren Standort als Information verwenden darf. Das ist insbesondere bei ortsabhängigen Coupons hilfreich. Bestätigen Sie die Abfrage also mit **OK** ❸.

Wenn Sie nun Ihre Buchungsdetails einsehen möchten, tippen Sie einfach unten links auf das kleine i (siehe ❹ im Bild zu Schritt 4). Die Buchungsdetails werden daraufhin angezeigt.

- Hier können Sie unter anderem entscheiden, ob Sie **Automatische Updates** ❺ wünschen oder die Infos bei Bedarf auch **Im Sperrbildschirm** ❻ angezeigt bekommen möchten.

- Tippen Sie auf die Adresse des Hotels ❼, dann wird sie in der Karten-App angezeigt und Sie können direkt zu Ihrem Hotel navigieren.

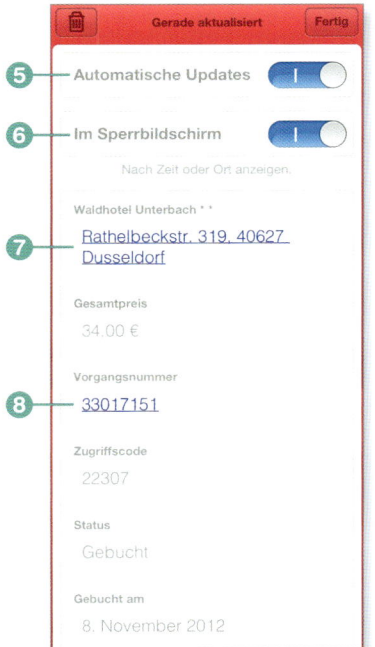
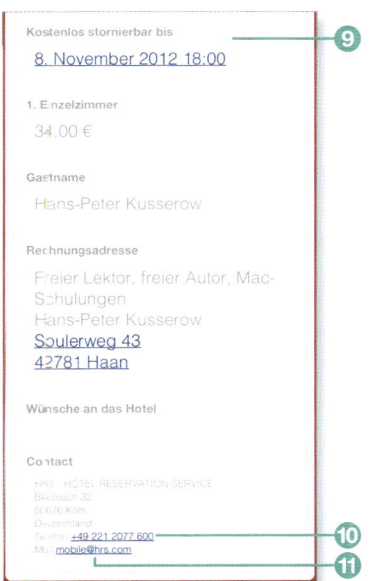

- Wenn Sie auf die Vorgangsnummer ❽ tippen, versucht Ihr iPhone einen Anruf zu tätigen, weil es die Nummer fälschlicherweise für eine Telefonnummer hält. Der Anruf kommt also nicht zustande. Tippen Sie in der entsprechenden Meldung einfach auf **Abbrechen**.

- Unter **Kostenlos stornierbar bis** ❾ können Sie entweder ein Ereignis in Ihrem Kalender erstellen oder aber dieses Ereignis in Ihrem Kalender anzeigen lassen. Mit der eigentlichen Stornierung hat das an dieser Stelle allerdings nichts zu tun (siehe dazu den Kasten »Buchungen stornieren« auf Seite 215).

- Beim Hotel anrufen oder eine E-Mail schreiben können Sie, wenn Sie ganz unten entweder auf die Telefonnummer ❿ oder auf die E-Mail-Adresse ⓫ tippen.

Sie aktualisieren diese Daten, indem Sie in den Buchungsdetails die Ansicht einfach mit dem Finger nach unten wischen und dann loslassen. Ein runder Pfeil ⓬ zeigt an, dass die Daten neu geladen werden.

Eine Hotelbuchung aus Passbook entfernen

Selbstverständlich können Sie alle Ihre Buchungen auch ganz einfach wieder aus Passbook entfernen, wenn Sie sie einmal nicht mehr brauchen. Gehen Sie dazu vor, wie in der folgenden Anleitung beschrieben:

1. Tippen Sie in der Detailansicht Ihrer Buchung oben links auf das Papierkorb-Symbol ❶.

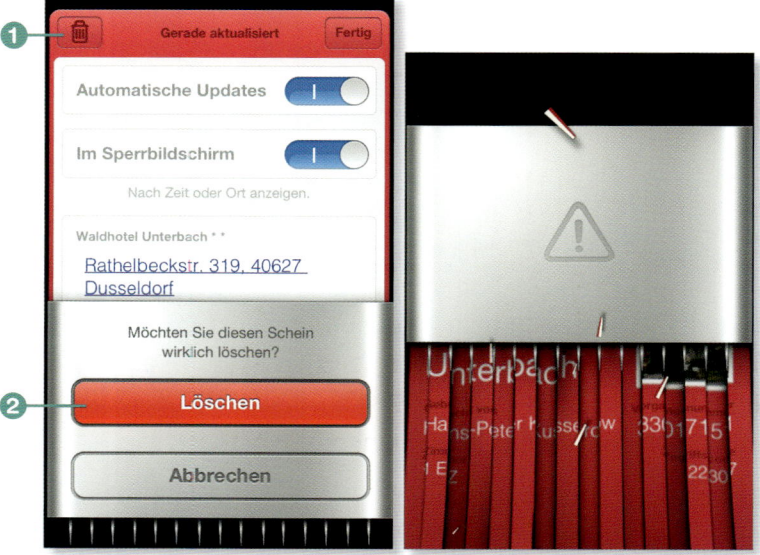

2. Daraufhin werden Sie in einem Overlay-Menü gefragt, ob Sie den Schein wirklich löschen möchten. Tippen Sie auf den **Löschen**-Button ❷, dann geht der Löschvorgang vonstatten, indem der Schein virtuell »geschreddert« wird (rechts im Bild).

Buchungen stornieren

Bitte beachten Sie, dass Ihre Buchung nicht storniert wurde, bloß weil Sie den Schein in Passbook gelöscht haben, denn bei Passbook handelt es sich lediglich um eine erweiterte Erinnerungs-Funktion. Die Buchung bleibt also weiterhin bestehen. Um sie tatsächlich zu stornieren, müssen Sie zusätzlich noch einmal die HRS-App aufrufen und hier unter **My HRS** die Buchung stornieren, indem Sie auf **Reservierung stornieren** ❸ tippen.

Passbook dient im Großen und Ganzen nur dazu, Ihre Bestellungen, Coupons, Tickets etc. an einem Ort zusammenzuführen und Sie an Termine zu erinnern. Darüber hinaus vereinfacht diese App die Buchung, Anmeldung und Zahlung, weil Sie lediglich Ihr iPhone vorzeigen und nicht mehr daran denken müssen, Tickets etc. auszudrucken und mitzunehmen. Probieren Sie es einfach einmal aus!

Die Taschenrechner-App

Mir sind Zahlen ein Graus, und besonders das Kopfrechnen bereitet mir Mühe. Wie gut, dass das iPhone gleich einen Taschenrechner mitliefert. Und das Beste daran: Drehen Sie Ihr iPhone ins Querformat, und Sie können auf noch mehr Rechenfunktionen zugreifen.

Der Standardtaschenrechner des iPhones beherrscht die Grundrechenarten wie jeder andere handelsübliche Taschenrechner auch und hat zudem einige Speicherfunktionen integriert. Beispielsweise erkennen Sie, dass Sie die Taste für Addition, Subtraktion, Multiplikation oder Division gedrückt haben, daran, dass die jeweilige Taste mit einem weißen Ring umgeben ist. Darüber hinaus beherrscht der iPhone-Taschenrechner das Rechnen mit negativen Zahlen. Verwenden Sie dafür die +/- -Taste ❶.

In der folgenden Tabelle sehen Sie, wie Sie den Taschenrechner im einfachen Modus benutzen. Wir führen darin alle Schaltflächen auf, die Sie für einfache Rechenoperationen brauchen.

Taste	Funktion
c	Löscht die im Display stehende Zahl.
mc	Diese Taste löscht alle Daten im Speicher.
m+	Diese Taste fügt die dargestellte Zahl dem Speicher hinzu. Befindet sich noch keine Zahl im Speicher, tippen Sie also darauf, um die aktuelle Zahl dem Speicher hinzuzufügen. Auf die Art können Sie wie bei einem herkömmlichen Taschenrechner ganz leicht mit Zwischenergebnissen rechnen.
m-	Mit dieser Taste subtrahieren Sie die aktuell dargestellte Zahl vom Speicher.
mr	Diese Taste ersetzt den Speicher durch den aktuellen Displayinhalt. Ist im Speicher bereits Inhalt vorhanden, wird dies durch einen weißen Ring um diese Taste dargestellt.

Weiter geht es mit den fortgeschrittenen Funktionen des Rechners. Sie einzuschalten ist ganz einfach: Wenn Sie Ihr iPhone in die waagerechte Position drehen, ändert sich auch die Anzeige des Taschenrechners, d. h., er
wird von einem einfachen zu einem wissenschaftlichen Taschenrechner
und bietet deutlich mehr Funktionen.

In diesem Modus verfügt der Taschenrechner zusätzlich über eine zweite
Tastenbelegung, die Sie mit der ⌷2nd⌷-Taste ❷ aktivieren. Ist die zweite Tastenbelegung aktiviert, erkennen Sie das an der farbigen Hervorhebung der
⌷2nd⌷-Taste ❸. Die Tastenbelegung im linken Block ändert sich dann, wie
Sie es in der folgenden Abbildung sehen.

Ein zweites Tippen auf die ⌷2nd⌷-Taste führt dazu, dass die ursprüngliche
Tastenbelegung wiederhergestellt wird. In der folgenden Tabelle möchte
ich Ihnen die Funktionen der wichtigsten »wissenschaftlichen« Tasten kurz
erklären.

Taste	Funktionsweise
( )	Öffnet bzw. schließt einen Klammerausdruck. Klammerausdrücke können ineinander verschachtelt werden.
%	Mit Hilfe dieser Taste berechnen Sie Prozentwerte. So verwenden Sie die Taste in Berechnungen zusammen mit der Multiplikationstaste: 100 × 5 % = 5. Oder mit der Additions- oder Subtraktionstaste: Möchten Sie einen Komplettpreis inklusive 19 % MwSt. errechnen, geben Sie z. B. Folgendes ein: 100 + 19 % = 119. Oder andersherum: Sie bekommen einen Rabatt von 19 %, dann geben Sie Folgendes ein: 100 − 19 % = 81.
1/x	Das Drücken der Taste stellt den Kehrwert der eingegeben Zahl dar. Der Kehrwert von 10 ist bspw. 1/10, also 0,1.
x^2	Nimmt die eingegebene Zahl zum Quadrat.
y^x	Diese Taste zeigt die x-te Potenz einer Zahl y.
√	Diese Taste führt eine Quadratwurzelberechnung aus.
sin	Diese Taste stellt den Sinus einer Zahl dar.
cos	Diese Taste stellt den Cosinus eines Wertes dar.
tan	Diese Taste stellt den Tangens einer Zahl dar.
π	Gibt die π-Konstante aus (π = 3,14159…).
Rand	Diese Taste zeigt eine zufällige Zahl zwischen 0 und 1 an.

Wie Sie sehen, ist die mitgelieferte Taschenrechner-App Ihres iPhones ziemlich gut ausgestattet und für die gebräuchlichsten Funktionen auf jeden Fall gut zu verwenden.

> **ACHTUNG**
>
> **Weiterrechnen trotz anderer Ausrichtung**
>
> Übrigens: Wenn Sie einmal während einer Rechenoperation, bei der Sie den Speicher verwenden, in den wissenschaftlichen Modus umschalten müssen, bleibt der Speicherinhalt bestehen und steht Ihnen weiterhin zur Verfügung.

Der Kompass

Manche Dinge benötigt man nicht so häufig. Ein Kompass mag dazugehören. Allerdings wollen auch Sie sicherlich schon mal wissen: Wo ist eigentlich Norden? Hat unser Garten wirklich eine Südlage? Bei diesen und ähnlichen Fragen hilft Ihnen die Kompass-App schnell und unkompliziert weiter.

Manchmal funktioniert nach dem Starten der App der Kompass nicht einwandfrei. In diesem Fall wird auf der Kompassfläche eine Kalibrierungsfunktion eingeblendet, die Sie dazu auffordert, Ihr iPhone in der Form einer Acht zu bewegen, um seine Ausrichtung zu bestimmen und für den Kompass vorzugeben. Anschließend ist der Kompass funktionsfähig. Er zeigt nun die richtige Himmelsrichtung an, wenn Sie Ihr iPhone waagerecht zum Boden auf die Hand legen.

> **ACHTUNG**
>
> **Ortungsdienste müssen aktiviert sein**
>
> Um den Kompass nutzen zu können, müssen die Ortungsdienste im Menü **Einstellungen** aktiviert sein. Ist das nicht der Fall, weist Ihr iPhone Sie mit einer entsprechenden Meldung darauf hin.

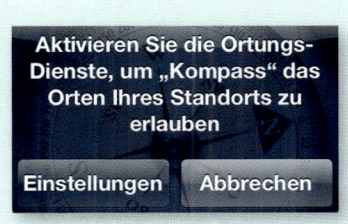

Aktivieren Sie die Ortungs-Dienste, um „Kompass" das Orten Ihres Standorts zu erlauben

Einstellungen   Abbrechen

Am unteren Rand befindet sich eine Infoleiste, die in der Mitte ❶ eine Angabe darüber macht, auf welchem Breiten- und welchem Längengrad Sie sich befinden. Tippen Sie einmal mit dem Finger darauf, dann wird Ihnen die Straße ❷ angezeigt, in der Sie sich gerade befinden. Praktisch, oder?

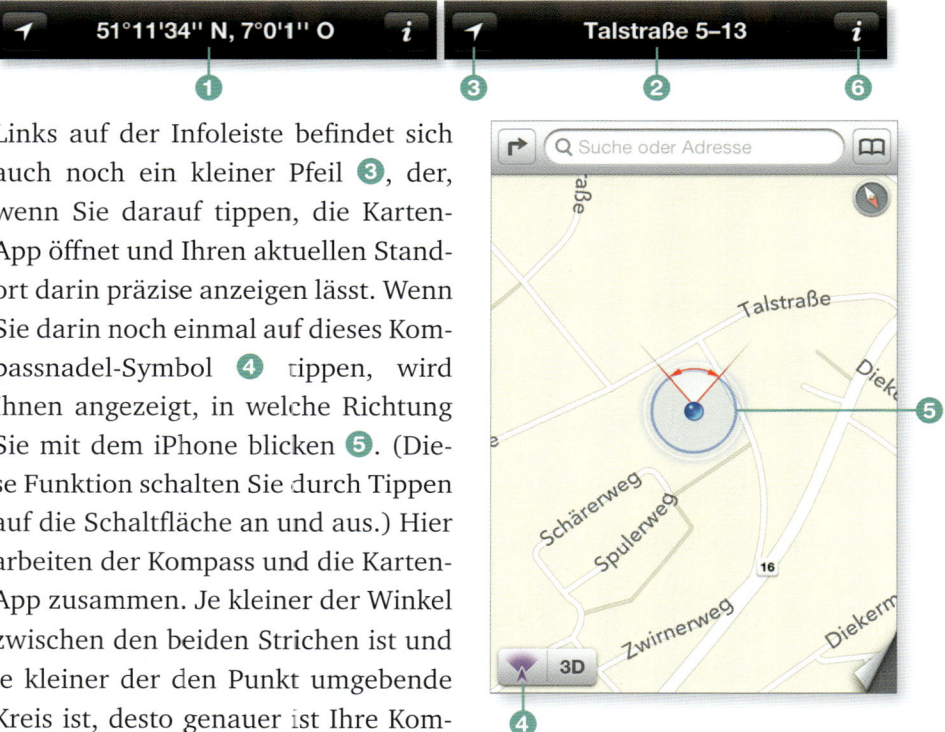

Links auf der Infoleiste befindet sich auch noch ein kleiner Pfeil ❸, der, wenn Sie darauf tippen, die Karten-App öffnet und Ihren aktuellen Standort darin präzise anzeigen lässt. Wenn Sie darin noch einmal auf dieses Kompassnadel-Symbol ❹ tippen, wird Ihnen angezeigt, in welche Richtung Sie mit dem iPhone blicken ❺. (Diese Funktion schalten Sie durch Tippen auf die Schaltfläche an und aus.) Hier arbeiten der Kompass und die Karten-App zusammen. Je kleiner der Winkel zwischen den beiden Strichen ist und je kleiner der den Punkt umgebende Kreis ist, desto genauer ist Ihre Kompassmessung.

Rechts auf der Leiste in der Kompass-App sehen Sie schließlich ein kleines i ❻. Dahinter verbirgt sich ein Menü, in dem Sie zwischen geographischem und magnetischem Norden unterscheiden können. Dazu ein kleiner Exkurs: Der geographische Nordpol wird durch die Rotationsachse der Erde bestimmt, der magnetische vom Erdmagnetfeld. Letzterer ist nicht ortsfest, daher unterscheiden sich die beiden Punkte voneinander und variieren in ihrer Entfernung voneinander. Ich habe beide Optionen ausführlich getestet und konnte zumindest für die Alltagsnutzung keinen nennenswerten Unterschied zwischen beiden Einstellungen entdecken.

Genauigkeit des Kompasses

Die Genauigkeit des Kompasses nimmt ab, wenn sich magnetische oder elektromagnetische Gegenstände in der Nähe Ihres iPhones befinden und die richtige Peilung stören. Selbst die in den iPhone-Kopfhörern integrierten Magnete können, wenn sie sich zu dicht am iPhone befinden, Störungen verursachen.

Sprachmemos aufnehmen

Sie möchten schnell einmal etwas notieren oder den Anfang eines Briefes an einen Freund diktieren? Oder vielleicht möchten Sie einen Kommentar aus dem Radio aufnehmen? Wenn Sie erst einmal darüber nachdenken, fallen Ihnen sicherlich noch viele Situationen ein, in denen Sie die Sprachmemo-App verwenden könnten. Diese App gehört zu den Dienstprogrammen und ist daher auf Ihrem iPhone vorinstalliert. Öffnen Sie sie mit einem Klick auf das blaue Icon.

Das App-Design kommt sehr nostalgisch daher, da die Funktion durch ein altes Mikrofon und einen analogen Pegelmesser dargestellt wird. Eine eigene Sprachmemoaufnahme erstellen Sie, wie im Folgenden beschrieben:

1. Um ein Sprachmemo aufzunehmen, tippen Sie unten links auf den roten Button ❶. Dieser wird daraufhin zu einem **Play/Pause**-Button ❷, mit dem Sie jederzeit und beliebig oft Ihre Aufnahme unterbrechen können, um sie später an derselben Stelle fortzusetzen.

2. Haben Sie Ihr Memo beendet, tippen Sie auf den rechten Button ❸, der sich während der Aufnahme in einen **Stop**-Button ❹ verwandelt hat (wenn Sie bereits Memos aufgenommen haben, können Sie sie über diesen Button abhören, siehe Schritt 3).

Wenn eine Aufnahme läuft, wird dies durch einen roten Balken am oberen Rand des Bildschirms dargestellt. Halten Sie die Aufnahme an, ist auch das dort sichtbar.

3. Auch um eine Sprachmemoaufnahme abzuhören, tippen Sie auf den rechten Button ❸. Sie gelangen zu einem Menü, das alle Ihre Aufnahmen anzeigt.

Durch Antippen des kleinen blauen **Play**-Symbols (das dann zum Pause-Zeichen wird ❺) können Sie das Abhören der Aufnahme jederzeit starten und wieder stoppen.

Wenn Ihr Memo einmal etwas zu lang geraten ist, können Sie es nachträglich auf die richtige Länge kürzen. Hierzu tippen Sie auf den kleinen blauen Pfeil ❻ an der rechten Seite des jeweiligen Memos, und es öffnet sich ein Menü mit Informationen zu Ihrem Memo. Tippen Sie hier auf den Button **Memo kürzen** ❼.

In diesem Bildschirm können Sie sich Ihr Memo noch einmal anhören, indem Sie auf das kleine **Play**-Symbol ❽ tippen und die Laufleiste ❾ dann am Anfang oder am Ende entsprechend zusammenschieben. Ist schließlich alles zu Ihrer Zufriedenheit erledigt, tippen Sie auf den Button **Sprachmemo kürzen** ❿.

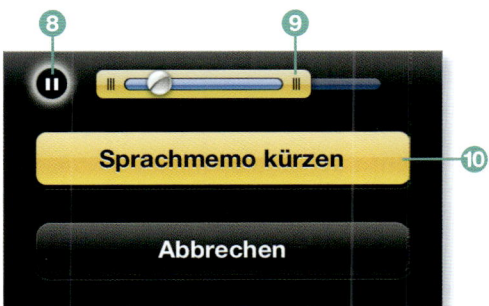

Selbstverständlich können Sie Ihre Aufnahme auch umbenennen. Sie muss nicht nach ihrem Aufnahmedatum benannt werden. Um ihr einen neuen, aussagekräftigen Namen zu geben, gehen Sie vor wie folgt:

1. Tippen Sie im Menü **Infos** rechts auf den kleinen Pfeil ❶, und Sie gelangen zu einem Bildschirm, der Ihnen verschiedene Etiketten anbietet.

2. Die aktuelle Auswahl wird mit einem Häkchen ❷ gekennzeichnet. Indem Sie darauf tippen, wählen Sie ein Etikett aus, das Ihre Aufnahme am besten charakterisiert.

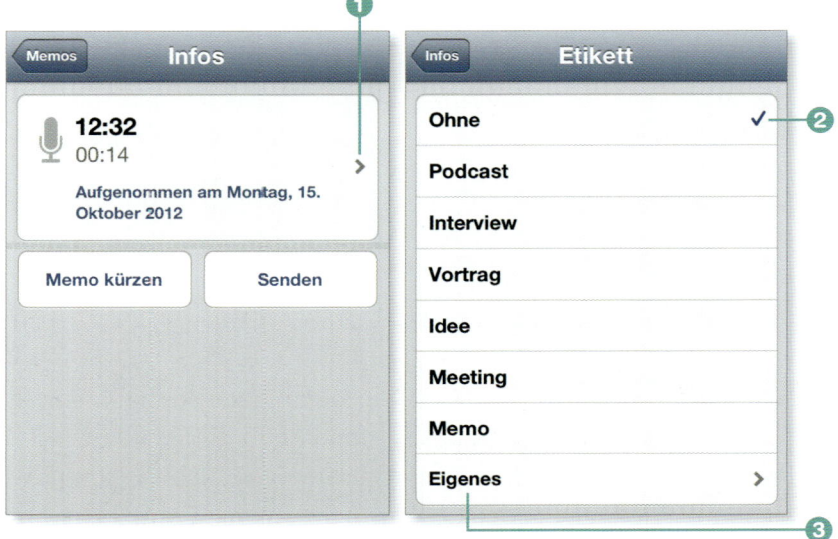

3. Oder vergeben Sie gleich einen ganz eigenen Namen, indem Sie ganz unten in dieser Liste auf **Eigenes** ❸ tippen und dann im folgenden Bildschirm einen Namen eingeben.

Nach der nächsten Synchronisation mit Ihrem Computer werden Sie die entsprechenden Memodateien so, wie Sie sie benannt haben, in iTunes wiederfinden.

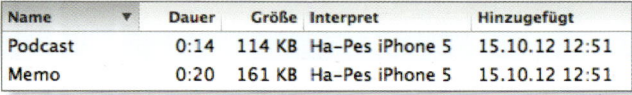

Name ▼	Dauer	Größe	Interpret	Hinzugefügt
Podcast	0:14	114 KB	Ha-Pes iPhone 5	15.10.12 12:51
Memo	0:20	161 KB	Ha-Pes iPhone 5	15.10.12 12:51

Sie können das aufgenommene Sprachmemo auch per E-Mail oder als Nachricht an Dritte versenden, wenn Sie möchten. Dazu haben Sie zwei Möglichkeiten:

1. Möglichkeit 1: Sie wählen das zu versendende Memo in der Übersicht aus und tippen dann auf den **Senden**-Button **❹**.

2. Möglichkeit 2: Sie öffnen zuerst das Menü **Infos** zu dem entsprechenden Memo, indem Sie auf den kleinen Pfeil **❺** rechts am Eintrag tippen, und versenden es dann über **Senden** **❻** im Menü **Infos**.

3. In beiden Fällen entscheiden Sie vor dem endgültigen Versenden noch, ob Sie Ihre Memos per E-Mail oder als Kurznachricht (MMS) schicken möchten.

Sie werden dann an eine der beiden Apps Mail oder Nachrichten »weiter-verwiesen«. Damit der Empfänger Ihrer Memos nicht im Dunkeln tappt, sollten Sie jeweils noch ein paar Zeilen dazu schreiben, und dann versenden Sie Ihr Memo ganz normal.

Postkarten versenden mit der App »Cards«

Sie sind mal wieder im Urlaub gewesen und haben vergessen, Karten zu schreiben, oder Sie machen es einfach nicht gerne, weil das Briefmarkensuchen irgendwie lästig ist? Ab jetzt macht das Kartenschreiben Spaß, denn Sie können eigene Fotos verwenden, um hochwertige Karten an Ihre Freunde und Verwandten zu versenden. Das Beste daran: Sie müssen im Ausland weder Karten kaufen noch Briefmarken suchen. Nicht einmal einen Briefkasten müssen Sie finden. Laden Sie sich im App Store einfach die kostenlose App Cards herunter, und schon können Sie Ihre Postkarten selbst gestalten. Und so geht's:

1. Wenn Sie die Cards-App zum ersten Mal öffnen, müssen Sie zuerst einmal festlegen, ob sie Ihren aktuellen Ort verwenden und Ihnen Push-Mitteilungen senden darf.

2. Ist das erledigt, beginnen Sie mit dem Schreiben einer Karte, indem Sie auf den **Erstellen**-Button tippen.

3. Insgesamt haben Sie die Auswahl zwischen 34 verschiedenen Layouts, die in sechs Kategorien unterteilt sind. Am unteren Rand des Bildschirms erkennen Sie diese Kategorien, z. B. **Feiertage** ❶ oder **Baby** ❷; Sie können sich jedoch auch alle Kategorien auf einmal anzeigen lassen, indem Sie auf **Alle** ❸ tippen. Um von einer Vorlage zur anderen zu gelangen, wischen Sie von rechts nach links über das Display.

4. Wenn Sie sich für ein Layout entschieden haben, tippen Sie es einfach an, und schon sind Sie im Bearbeitungsmodus. Machen Sie ein Foto ❹, oder wählen Sie eins aus Ihrer Fotobibliothek aus ❺.

5. Positionieren Sie das Bild in dem Rahmen, und tippen Sie auf den **Anwenden**-Button ❻. Tippen Sie als Nächstes auf **Innen** ❼, und bearbeiten Sie Ihren Text.

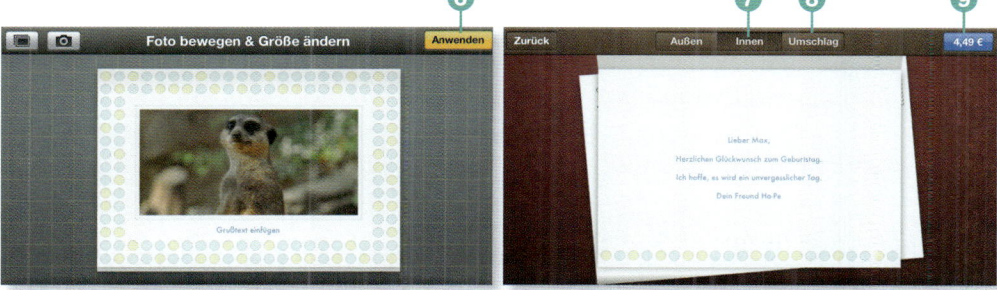

6. Anschließend tippen Sie auf **Umschlag** ❽ und können nun die Absenderadresse eingeben, entweder manuell, indem Sie auf **Bearbeiten** tippen und eine Adresse für den Absender eingeben, oder Sie tippen auf **Auswählen** und wählen eine Absenderadresse aus Ihren Kontaktdaten. Verfahren Sie bei der Eingabe der Empfängeradresse genauso. Ist alles nach Ihren Wünschen erledigt, tippen Sie oben rechts auf den Preis ❾.

7. Um die Karte zu kaufen, müssen Sie auf den Button **Jetzt kaufen** ❿ tippen und im Anschluss die Bestimmungen akzeptieren, indem Sie den Regler nach rechts schieben und mit **OK** bestätigen. Geben Sie zum Schluss noch die Apple-ID und Ihr Kennwort ⓫ ein, und schon wird die Karte gekauft und an den Adressaten versendet.

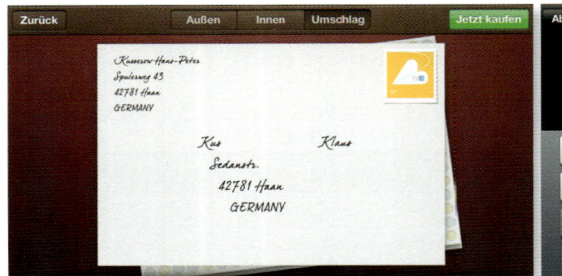

Sie sehen, die App Cards ist wirklich eine praktische Sache, auch wenn Sie dabei nicht ganz ohne Ausgaben davonkommen. Trotzdem, eine individuelle Karte mit einem Foto von Ihnen am Strand ist doch allemal schöner als eine gekaufte Standardkarte.

INFO

Push-Mitteilungen

Push-Mitteilungen sind alle möglichen Arten von News und Hinweisen, die Sie von einer App bekommen. So können Sie beispielsweise bei der Facebook-App einstellen, dass Sie immer auf dem iPhone benachrichtigt werden, wenn jemand etwas auf Ihre Pinnwand geschrieben hat oder wenn Sie eine Freundschaftsanfrage haben. Leider nutzen viele App-Hersteller diese Funktion inzwischen auch für Werbung (Spam), was auf Dauer und bei einer großen Anzahl von Mitteilungen sehr nervig werden kann. Sie können aber im Menü **Einstellungen ▸ Mitteilungen** für jede »push-fähige« App einstellen, ob Sie von ihr Push-Mitteilungen erhalten wollen oder nicht.

Wissen, wo Ihre Freunde sind: die App »Freunde«

Sie wollen sich mit Freunden auf einer Veranstaltung treffen, oder Sie wissen, dass Ihr Freund im gleichen Ort Urlaub macht wie Sie? Machen Sie den exakten Standort Ihrer Freunde aus, und erleichtern Sie es sich dadurch, sich zu treffen.

1. Melden Sie sich zuerst einmal selbst mit Ihrer Apple-ID an. Hierzu müssen Sie nach der Kennworteingabe noch einige Einstellungen bestätigen: Darf die App Freunde Ihnen Push-Mitteilungen senden? Darf sie Ihren aktuellen Ort verwenden? Und darf der Standort dieses iPhones freigegeben werden? Ohne diese Einstellungen funktioniert die App nicht so, wie sie sollte, weswegen Sie alle Anfragen positiv beantworten müssen.

2. Jetzt können Sie darangehen, einen oder mehrere Ihrer Freunde einzuladen, so dass Sie hinterher sehen, wo er/sie sich aufhält. Tippen Sie hierzu auf den **Einladen**-Button ❶, wählen Sie einen Kontakt aus, verfassen Sie einen persönlichen Einladungstext ❷, und tippen Sie auf **Senden** ❸.

3. Daraufhin bekommen Sie die Meldung, dass die Anfrage gesendet wurde und Sie nach der Bestätigung Ihrer Freunde Ihrer Position folgen können. Bestätigen Sie diese Meldung ebenfalls.

Sie können sich auch nur für eine bestimmte Zeit mit einem Freund verbinden, um ihn z. B. an seinem Urlaubsort zu besuchen oder sich an einem Messetag auf dem Messegelände zu finden.

1. Tippen Sie dazu in der Tableiste auf **Temporär** ❹ und anschließend auf den **Einladen**-Button ❺.

2. Im nächsten Bildschirm geben Sie einen Namen für die Verbindung ❻ und ihr Ende ❼ an (sie gilt dann ab jetzt bis zum angegebenen Zeitpunkt).

3. Wird die Einladung durch den Eingeladenen bestätigt, sind in der von Ihnen festgelegten Zeit (standardmäßig 24 Stunden) alle Eingeladenen sichtbar. Die Funktion beruht auf Gegenseitigkeit, d. h., Ihr Standort ist für Ihren Freund ebenfalls sichtbar, wenn Sie es nicht anders eingestellt haben (siehe dazu die nächste Anleitung).

Um das »Freundefinden« sinnvoll zu gestalten, sollten Sie Ihren Freunden auch Ihren eigenen Standort mitteilen. Das ist nur fair, schließlich wollen Sie ja niemanden »stalken«.

1. Tippen Sie in der Tableiste auf den **Ich**-Button. Hier blenden Sie mit Hilfe des Reglers, der sich unterhalb Ihrer Adresse befindet, Ihren Standort ein und aus **8**. Ihr Standort wird nun allen, die mit Ihnen verbunden sind, angezeigt oder eben nicht.

2. Um das Ganze noch etwas plausibler zu gestalten, können Sie über **Etikett wählen 9** zusätzlich eine Info ergänzen, die angibt, welcher Natur Ihr Standort ist (z. B. bei der Arbeit oder zu Hause). Wählen Sie aus der Liste ein beliebiges Etikett aus **10**, oder fügen Sie der Liste ein eigenes Etikett hinzu **11**.

3. Wenn Sie auf die Adresse tippen, sehen Sie Ihren Standort auf einer Karte ⓬. Auch die Freunde-App arbeitet also mit der Karten-App zusammen. Die Kartenansicht können Sie zwischen **Standard**, **Satellit** und **Hybrid** umstellen ⓭ (siehe dazu Kapitel 12, »Karten und Navigation«).

4. Wenn Sie doch einmal für sich sein wollen, können Sie Ihren Standort selbstverständlich auch ausblenden, indem Sie den gleichnamigen Schieberegler ⑭ nach rechts ziehen.

Natürlich können nicht nur Sie Anfragen an Ihre Freunde schicken, sondern es funktioniert umgekehrt genauso gut. Wie Sie Anfragen von Ihren Freunden bestätigen, erfahren Sie in der folgenden Anleitung:

1. Ist eine Anfrage bei Ihnen eingegangen, erkennen Sie das an der roten Ziffer am Tab **Anfragen** ❶. Tippen Sie nun auf **Anfragen**, dann sehen Sie, wer Ihnen folgen möchte.

2. Um der Person ❷ zu zeigen, wo Sie gerade sind, bestätigen Sie die Anfrage, indem Sie auf **Akzeptieren** ❸ tippen.

3. Wenn Sie danach auf den Namen tippen, sehen Sie, wo sich Ihr Freund aufhält.

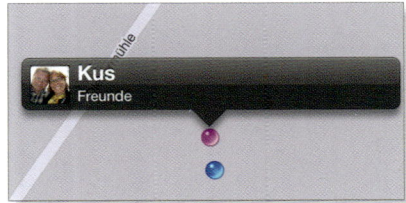

4. Der blaue Punkt auf der Karte steht für Sie selbst und Ihre Position.

Damit ist das Apps-Kapitel abgeschlossen. Hoffentlich konnte ich Ihnen einen guten ersten Eindruck von den Möglichkeiten und der Vielfalt dieser kleinen Programme vermitteln. Viele der hier beschriebenen Apps sind auf Ihrem iPhone bereits vorinstalliert, d. h., Sie können einfach einmal hineinschnuppern. Doch auch der App Store bietet ein riesiges Angebot an Apps zu allen möglichen Vereinen – egal, ob Sie einen Liveticker für Ihren Lieblingsverein, ein Wörterbuch oder einen Sportassistenten suchen, sicher werden Sie dort etwas Passendes finden (siehe dazu auch Kapitel 15, »Apps kaufen und installieren über den App Store«).

Kapitel 9
Synchronisieren mit iCloud

iCloud – Ihre persönliche »Festplatte« im Internet, auf der Sie verschiedene Daten speichern können – ist nun auch voll auf dem iPhone 5 integriert. iCloud ist der Nachfolger von MobileMe, auch wenn der Dienst nicht die gleichen Funktionen bietet wie sein Vorgänger. Im Vergleich mit dem früheren Dienst MobileMe hat iCloud allerdings einen großen Vorteil: Der Dienst ist in seinen Grundfunktionen gratis. Was Sie alles mit iCloud anstellen können, erfahren Sie in diesem Kapitel.

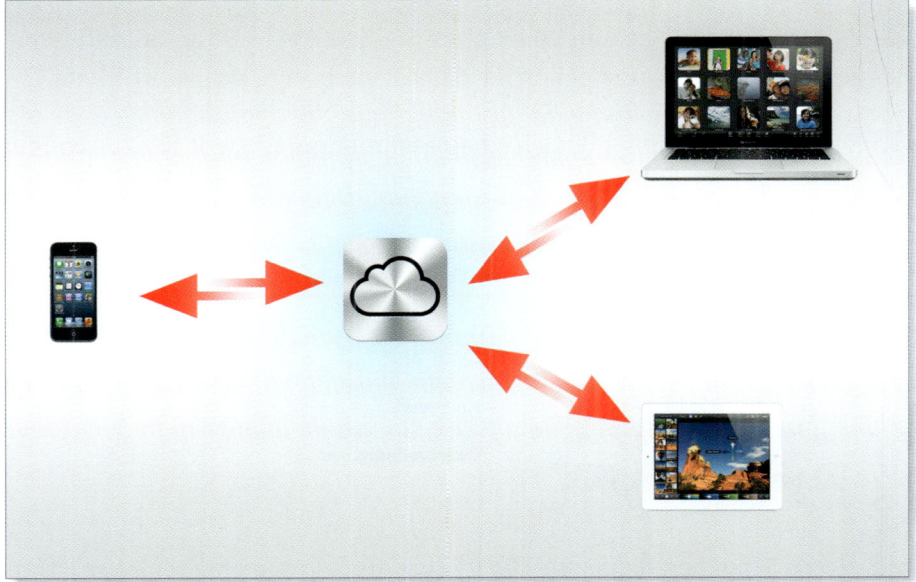

iCloud synchronisiert Ihre Geräte und hält sie auf dem gleichen Stand.

Bei iCloud anmelden

Sie können bei der ersten Anmeldung Ihres iPhones 5 entscheiden, ob Sie iCloud verwenden möchten. Haben Sie diese Gelegenheit verpasst, können Sie iCloud auch später noch jederzeit wie folgt aktivieren:

1. Tippen Sie auf **Einstellungen** und dann auf den Button **iCloud** ❶.

2. Wählen Sie den Account aus, tippen Sie Ihre Apple-ID in das dafür vorgesehene Feld ❷, und geben Sie das dazugehörige Kennwort ❸ ein.

3. Fügen Sie anschließend noch eine Beschreibung ❹ des iCloud-Accounts hinzu.

Mit diesen Eingaben haben Sie die iCloud-Anmeldung abgeschlossen. Nun sollten Sie jedoch noch einige wichtige Einstellungen vornehmen. Folgen Sie dazu ganz einfach den hier beschriebenen Schritten:

1. Melden Sie sich unter *www.icloud.com* mit Ihren iCloud-Account-Daten an, und tippen Sie auf den kleinen Pfeil **5**. Sie können vorher noch entscheiden, ob Sie angemeldet bleiben möchten. In diesem Fall setzen Sie das entsprechende Häkchen **6** unterhalb des Passwort-Eingabefeldes.

2. Fügen Sie anschließend ein Accountbild hinzu, indem Sie auf **Wählen 7** tippen und ein Foto auswählen, das auf Ihrem Computer gespeichert ist.

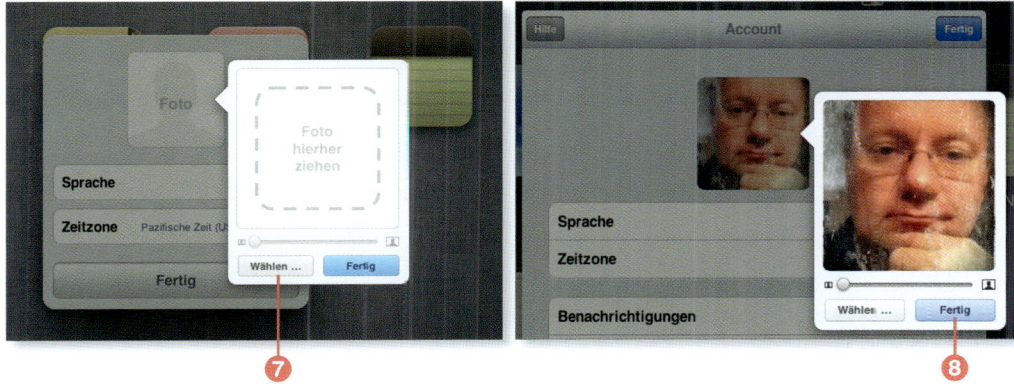

3. Stimmen Größe und Ausrichtung des Bildes, bestätigen Sie mit dem **Fertig**-Button **8** und stellen noch die Zeitzone **9** ein, in der Sie sich befinden.

4. Richten Sie nun noch ein, von welchem Programm Sie Benachrichtigungen erhalten wollen. Dazu tippen Sie auf den Menüeintrag **Benachrichtigungen** ❿ und aktivieren die Schieberegler ⓫ der betreffenden Apps.

5. Bestätigen Sie den Abschluss der Konfiguration auch auf Ihrem iPhone. Es reicht, wenn Sie hierfür auf den **OK**-Button ⑫ tippen.

Das sind natürlich nur die Grundeinstellungen, die Sie für die Nutzung von iCloud vornehmen sollten. Wie Sie weitere Anpassungen vornehmen, erfahren Sie im nächsten Abschnitt.

Die richtigen Einstellungen für iCloud

Unter **Einstellungen ▶ iCloud** legen Sie fest, welche Daten Sie mit iCloud synchronisieren möchten und welche nicht. In den meisten Fällen können Sie lediglich die Synchronisationsfunktion ein- oder ausschalten.

1. Entscheiden Sie jeweils, ob Sie **Mail**, **Kontakte**, **Kalender**, **Erinnerungen**, **Safari**, **Notizen**, **Passbook** oder die Funktion **iPhone suchen** ❶ aktivieren möchten oder nicht. Um eine Funktion zu aktivieren, schieben Sie den Regler jeweils nach rechts. Leider können über iCloud nicht einzelne Dateien freigegeben werden, sondern immer nur ganze Apps und ihre Inhalte.

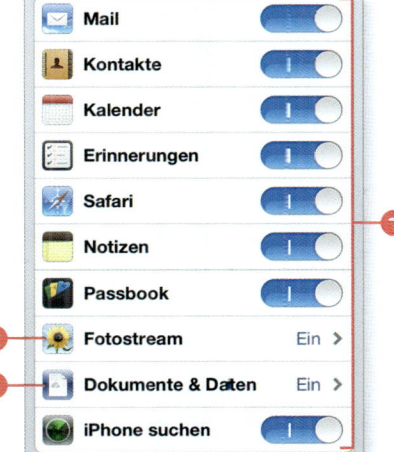

2. Darüber hinaus können Sie festlegen, ob Sie **Fotostream** einschalten und Ihre Fotos für andere freigeben möchten. Um die Fotostream-Funktionalitäten zu aktivieren, tippen Sie auf den entsprechenden Eintrag ❷ und ziehen einen oder beide Schalter ❸ nach rechts.

3. Bei **Dokumente & Daten** ❹ können Sie ebenfalls entscheiden, ob Sie diese Funktion einschalten möchten oder nicht. Benötigen Sie Ihre Dokumente auch unterwegs, aktivieren Sie die Funktion ❺, damit Sie über iCloud darauf zugreifen können.

ACHTUNG

Vorsicht bei Aktivierung des Schalters »Mobiles Netz«!

Wenn der Schalter **Mobiles Netz** (❻ in der letzten Abbildung auf Seite 239) eingeschaltet ist, werden Ihre Dokumente und Daten auch dann synchronisiert, wenn keine WLAN-Verbindung zur Verfügung steht. Die Daten werden dann über Ihr Mobilfunknetz übertragen. Besonders bei Verträgen mit geringem Datenvolumen gelangen Sie so schnell an Ihre Grenzen. Überlegen Sie sich also, ob Sie diese Funktion wirklich benötigen.

Dokumente für den mobilen Einsatz speichern

Eine wichtige Funktion von iCloud ist die umgehende Synchronisation von Dokumenten. Solche Dokumente können dann auf dem Computer und auf allen mobilen iOS-Geräten wie iPhone und iPad, die mit demselben iCloud-Account verknüpft sind, synchronisiert und bearbeitet werden können. iCloud dient dabei dazu, die jeweiligen Dokumente auf allen Geräten auf dem gleichen Stand zu halten. Wie aber kommen die Dokumente erst einmal dorthin, damit sie Ihnen für den mobilen Einsatz zur Verfügung stehen? Das erfahren Sie in diesem Abschnitt.

Dokumente mit iTunes auf Ihr iPhone übertragen

Für die Übertragung können Sie zum einen natürlich iTunes nutzen. So können Sie beispielsweise Office-Dokumente (aus Word oder Excel) oder aber iWork-Dateien mit Ihrem iPhone synchronisieren. Voraussetzung ist natürlich, dass Sie die mobilen Versionen der benötigten Programme auf dem iPhone installiert haben, um die Dateien auch öffnen und verwenden zu können. Sie gehen dabei wie folgt vor:

1. Öffnen Sie iTunes, und schließen Sie Ihr iPhone an Ihren Rechner an.

2. Wenn das Gerät erkannt wurde, klicken Sie in der iTunes-Seitenleiste auf das iPhone ❶ und dann in der oberen Leiste auf **Apps** ❷, und scrollen Sie bis ganz nach unten.

3. Klicken Sie beispielsweise auf eine iWork-App, etwa Pages ❸, und ziehen Sie Ihre Dateien aus dem Finder oder Dateimanager per Drag & Drop in den rechten Bereich von iTunes. Sie können sie auch über den **Hinzufügen**-Button ❹ auswählen. Synchronisieren Sie dann Ihr iPhone mit einem Klick auf **Synchronisieren** ❺.

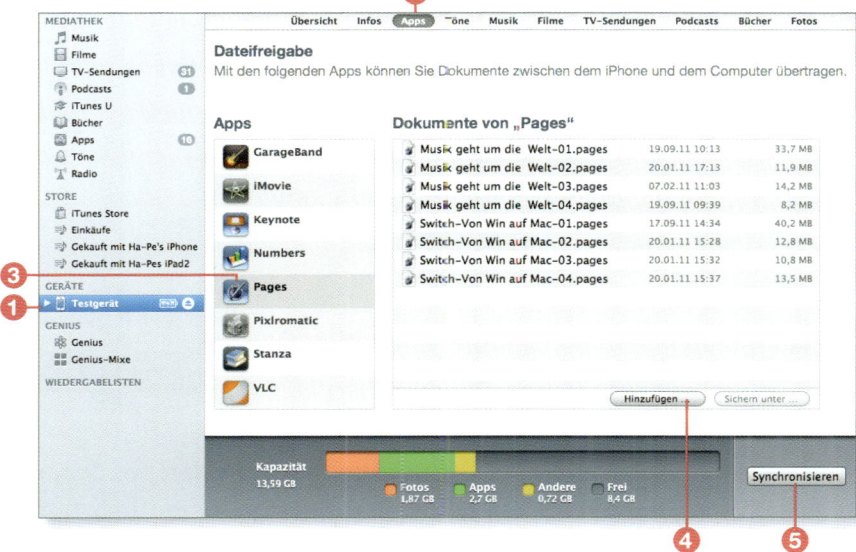

4. Öffnen Sie auf Ihrem iPhone nun ebenfalls Pages, und tippen Sie in der linken oberen Ecke der App auf das Plus-Symbol ❻. Es öffnet sich ein Auswahlfeld, in dem Sie auf **Von iTunes kopieren** ❼ tippen.

5. Sie sehen nun die Liste der Pages-Dokumente. Aus ihr wählen Sie ein Dokument aus ❽ und importieren es in Ihre App, indem Sie es antippen.

6. Das entsprechende Dokument wird umgehend in Pages kopiert ❾. Hin und werden beim Import einige Schriften nicht korrekt angezeigt. Bestätigen Sie diese Importwarnung mit **Fertig** ❿, und das Dokument ist daraufhin (gegebenenfalls mit anderen Schriften) in Pages verfügbar ⓫.

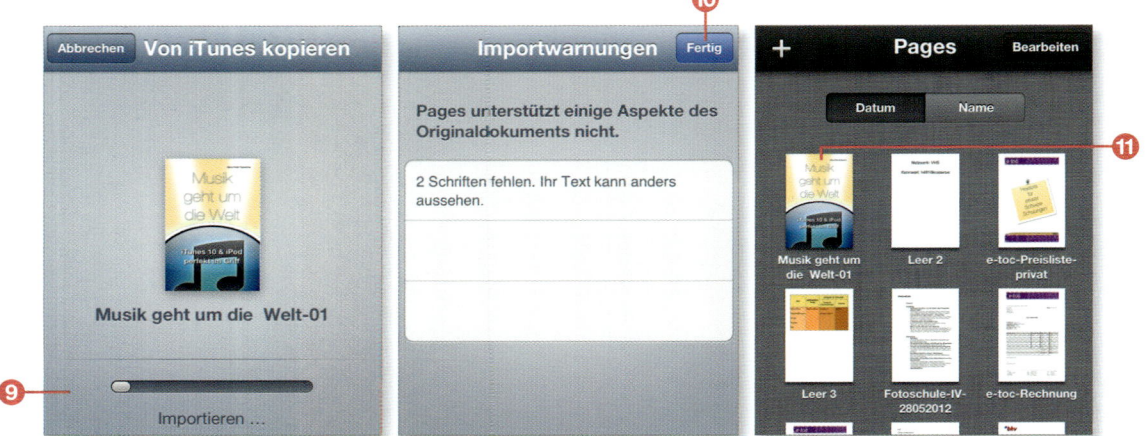

Natürlich können nicht nur Pages-Dokumente synchronisiert werden, sondern auch Word- und andere Office-Dateien, wie Sie im zweiten Bild zu Schritt 4 sehen.

Dateien aus iWork direkt in iCloud speichern

Mittlerweile ist iCloud schon so ausgereift, dass Sie direkt aus einem der iWork-Programme (Pages, Numbers und Keynote) heraus Ihre Dokumente in iCloud speichern können. Dazu öffnen Sie in Pages ein Dokument, bearbeiten es und speichern es in iCloud ⓬ unter einem aussagekräftigen Namen ⓭ ab.

ACHTUNG

Die drahtlose Synchronisation funktioniert auch

Seit iOS 5 funktioniert auch die drahtlose Synchronisation, so dass Sie Ihr iPhone über ein aktives WLAN auch drahtlos mit iTunes abgleichen können.

Hierzu setzen Sie einfach bei angeschlossenem iPhone in iTunes unter **Übersicht** ❶ ein Häkchen bei **Mit diesem iPhone über WLAN synchronisieren** ❷.

Als Nächstes müssen Sie dann nur noch die Funktion **iTunes WLAN Sync** in den **Einstellungen** unter **Allgemein** aktivieren, indem Sie auf **Jetzt synchronisieren** ❸ tippen.

Weil Sie dieses Dokument direkt in iCloud gespeichert haben, kann es sofort auf einem der anderen Geräte, die mit demselben iCloud-Account verknüpft sind, geöffnet und bearbeitet und wieder gespeichert werden. Und dieser neue Bearbeitungsstand ist dann wiederum auch von Ihrem Rechner aus abrufbar.

Wenn Sie nicht über einen Mac, sondern über einen Windows-PC verfügen, müssen Sie die Dokumente erst einmal über iTunes in iCloud laden.

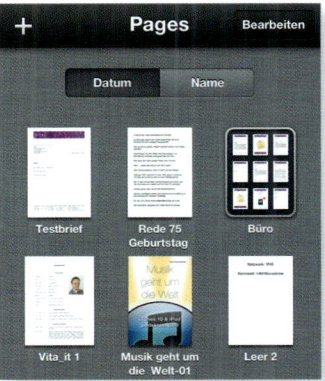

Dokumente von einem WebDAV-Server importieren

Falls Ihnen ein Webserver zur Verfügung steht (diese finden meist Verwendung in Unternehmen), können Sie zum anderen auch davon Dateien auf Ihr iPhone importieren und in Ihren iCloud-Account übernehmen. Für die Einstellung wird *WebDAV* verwendet, das sehr einfach zu nutzen ist.

1. Tippen Sie wieder oben links in der Ecke auf das kleine Plus-Symbol ❶ und dann auf **Von WebDAV kopieren** ❷.

2. Im nächsten Bildschirm geben Sie die Zugangsdaten ❸ ein und tippen dann auf den Button **Anmelden** ❹.

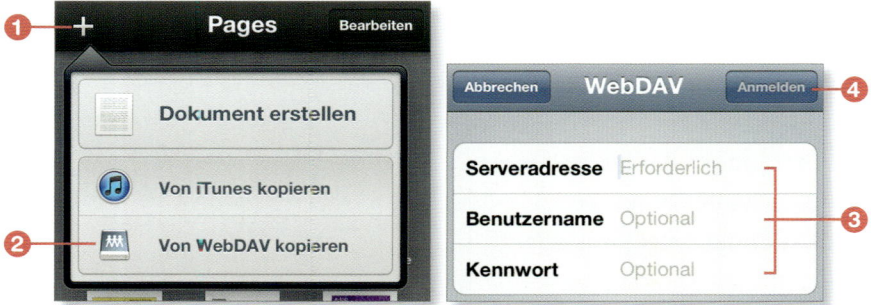

3. Importieren Sie anschließend nach Herzenslust Ihre Dateien, indem Sie sie einzeln antippen.

Sie sehen, Sie können Dateien auf verschiedenen Wegen in iCloud übernehmen und auf diese Weise mit Ihrem iPhone synchronisieren. iCloud ist schon ein recht ausgereiftes Werkzeug, das Ihnen den Umgang mit verschiedenen Geräten deutlich erleichtert, und Sie müssen sich nie mehr ärgern, dass eine Datei leider auf einem Gerät gespeichert ist, das Sie nicht dabeihaben.

Geteilte Fotostreams

Mit dem neuen iPhone und dem aktuellen Betriebssystem iOS 6 hat Apple dem Fotostream eine interessante Funktion hinzugefügt, nämlich die geteilten Fotostreams. Das sind Bilder aus Ihrem Fotostream, die Sie für andere freigegeben haben.

1. Wählen Sie ein Bild aus Ihrem Fotostream aus, und tippen Sie unten links auf den **Bereitstellen**-Button ❺. Wählen Sie nun **Fotostream** ❻ aus.

2. Tippen Sie auf **Neuer Fotostream** ❼, und geben Sie ein, wer Ihre Benachrichtigung bekommen soll ❽.

3. Geben Sie Ihrem neuen Fotostream einen Namen ❾, und entscheiden Sie, ob es sich hierbei um eine öffentliche Website handeln soll ❿. Das bedeutet, dass Ihre Fotos von jeder Person gesehen werden kann, die über *www.icloud.com* angemeldet ist.

4. Schreiben Sie nun noch einen eigenen Kommentar ⓫, und schauen Sie sich den Fotostream auf Ihrem iPhone an. Diejenigen, die Zugang zu dem geteilten Fotostream haben, können Ihnen nun auch Kommentare zu Ihren Bildern schreiben, die dann rechts unten in der blauen Sprechblase ⓬ angezeigt werden.

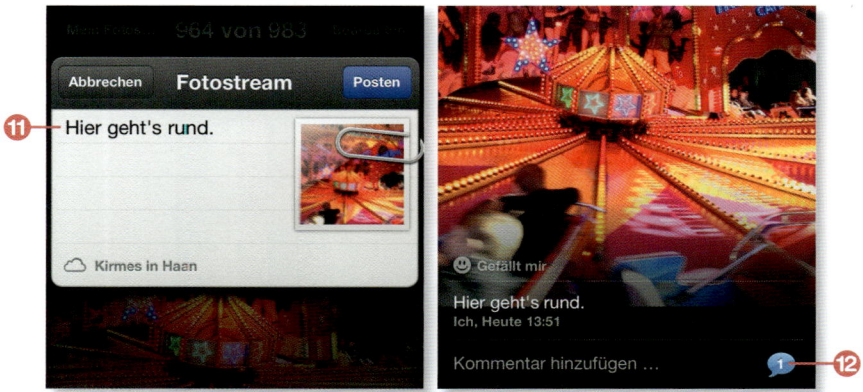

5. Darüber hinaus können Sie jedem Ihrer freigegebenen Fotostreams weitere Abonnenten hinzufügen. Wählen Sie hierzu einen Fotostream aus, und tippen Sie dann rechts auf den blauen Pfeil ⓭ und anschließend auf **Personen hinzufügen** ⓮. Wählen Sie nun die entsprechende Person aus Ihren Kontakten aus.

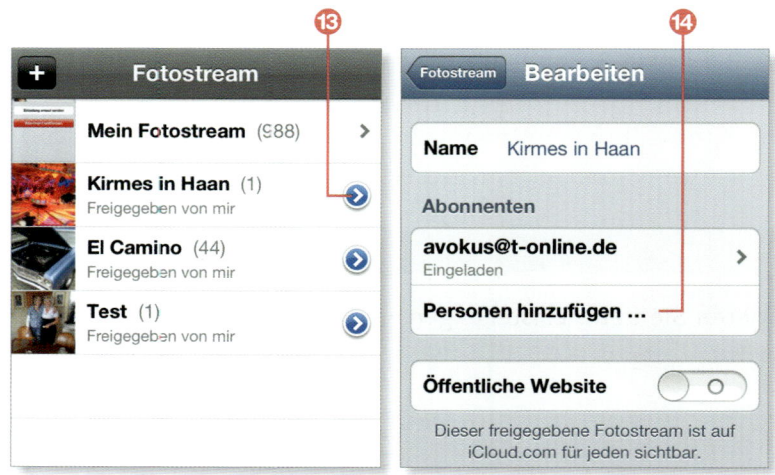

Fotos aus dem Fotostream können Sie nicht nur direkt mit Freunden und Bekannten teilen, sondern auch über die sozialen Netzwerke Facebook und Twitter. Mehr dazu erfahren Sie im Abschnitt »Fotos bei Twitter und Facebook veröffentlichen« ab Seite 281.

> **TIPP**
>
> **Fotostream löschen**
>
> Melden Sie sich unter *www.icloud.com* mit Ihren iCloud-Account-Daten an, und klicken Sie rechts oben auf Ihren Namen. Im Menü können Sie unter **Erweitert** den Fotostream zurücksetzen. Man kann leider nur den gesamten Fotostream zurücksetzen, einzelne Fotos lassen sich nicht daraus löschen. Danach sollten Sie auch die Fotos im Fotostream auf Ihrem iPhone entfernen. Das tun Sie unter **Einstellungen ▸ Fotos**; hier deaktivieren Sie einfach den Fotostream. Dadurch werden die Fotos im iPhone-Fotostream gelöscht, danach aktivieren Sie die Funktion **Fotostream** einfach wieder.

Die Funktion »iPhone suchen«

Ihr iPhone verfügt über einen integrierten GPS-Chip. Dieser kann in Kombination mit Ihren GSM-Daten dazu genutzt werden, den Standort Ihres iPhones zu lokalisieren. In iCloud können Sie sich dann die Position Ihres iPhones auf einer Karte darstellen lassen. Das kann insbesondere dann sehr wichtig sein, wenn Sie Ihr iPhone verloren haben oder es Ihnen gestohlen wurde. Nutzen Sie in diesem Fall Ihr iPhone über diese iCloud-Funktion, um entweder eine Nachricht an den Dieb oder Finder zu senden, das iPhone zu sperren oder gar ganz zu löschen, so dass Ihr Gerät für die Person, die es gefunden oder gestohlen hat, keinen Wert darstellt und Ihre Daten sicher sind.

1. Aktivieren Sie unter **Einstellungen ▸ iCloud** die Funktion **iPhone suchen** ❶. Daraufhin werden Sie gebeten, diese Aktion noch einmal zu bestätigen. Tippen Sie auf **Ja** ❷.

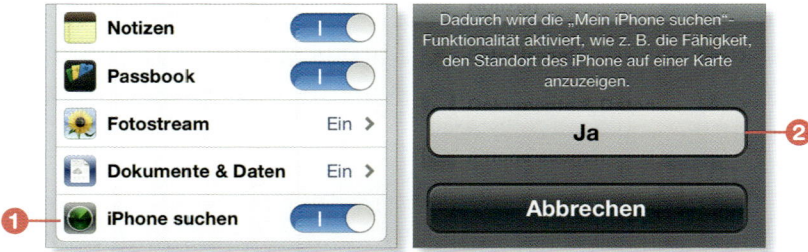

2. Melden Sie sich jetzt mit Ihren Apple-ID-Daten unter *www.icloud.com* an, und tippen Sie dann auf die Rubrik **Mein iPhone suchen** ❸. Daraufhin müssen Sie sicherheitshalber noch einmal Ihr Apple-ID-Kennwort eingeben.

3. Nach wenigen Augenblicken wird die Position Ihres iPhones auf einer Karte dargestellt ❹. Wie üblich kann die Karte in der Standardansicht ❺, in der Satellitenansicht ❻ oder in der Hybridansicht ❼ dargestellt werden. Außerdem können Sie den Kartenausschnitt durch Tippen auf die Plus-Schaltfläche ❽ auf der linken Seite vergrößern.

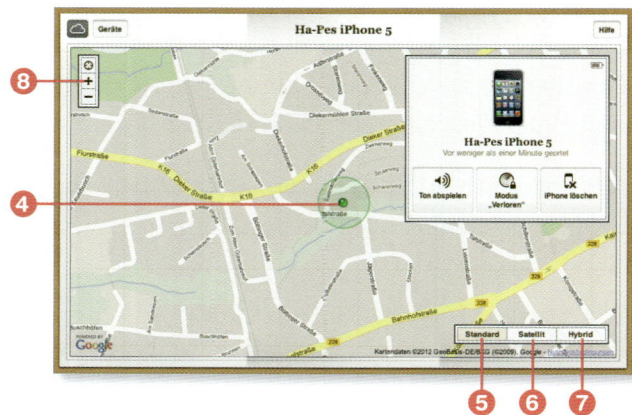

4. Wenn Sie die Funktion **iPhone suchen** aktiviert haben, erhalten Sie dazu eine Bestätigungs-Mail von Apple.

Einen Ton abspielen

Eine einfache Möglichkeit, Ihr iPhone zu suchen, besteht im Abspielen eines Tons. Ihr iPhone macht sich dann akustisch bemerkbar. Das ist z. B. dann praktisch, wenn Sie es einmal verlegt haben.

1. Tippen Sie in der Karte der Funktion **iPhone suchen** auf **Ton abspielen** ❾.

2. Ein Signalton wird auf Ihrem iPhone abgespielt, und ein Hinweis auf die Aktivierung der Funktion wird angezeigt. Tippen Sie hier einfach auf **OK**.

Sie erhalten außerdem eine E-Mail, die bestätigt, dass Sie diese Funktion aktiviert haben. Wenn Sie Ihr iPhone auf diese Art nicht in Ihrer Nähe gefunden haben, haben Sie es wohl verloren, oder es ist Ihnen gestohlen worden. Aber auch in solchen Fällen haben Sie Möglichkeiten, Ihr iPhone aufzuspüren oder aus der Ferne zu sperren, um wenigstens Ihre Daten zu schützen. Wie das geht, erfahren Sie in den nächsten Abschnitten.

Das iPhone fernsperren: Der Modus »Verloren«

Wenn Sie nicht wissen, wo Ihr iPhone ist, sollte der erste Schritt – ähnlich wie bei einer abhandengekommenen EC-Karte – sein, es zu sperren. Dazu aktivieren Sie den Modus **Verloren**.

1. Um diesen Modus zu nutzen, tippen Sie in der Karte der Funktion **iPhone suchen** auf die Schaltfläche **Modus »Verloren«** (siehe ❿ in Schritt 1 der vorherigen Anleitung, Seite 249). Dieser Modus versieht Ihr iPhone mit einem Code, den Sie zur Sicherheit direkt nach der ersten Eingabe noch einmal bestätigen müssen. Das iPhone kann dann nur noch durch die Eingabe des Codes entsperrt werden.

2. Darüber hinaus können Sie, weil man ja doch an das Gute im Menschen glauben sollte, eine Nachricht ⓫ für den ehrlichen Finder hinterlassen sowie eine Telefonnummer ⓬, unter der er Sie kontaktieren kann. Beides wird dann auf dem Display Ihres iPhones angezeigt.

3. Wie schon beim Abspielen eines Tons bekommen Sie auch in diesem Fall noch eine E-Mail, die Ihnen bestätigt, dass Sie den Modus **Verloren** aktiviert haben.

Zu guter Letzt können Sie das iPhone auch komplett in den Auslieferungs-zustand zurückversetzen, d. h. alle Ihre Daten löschen, um sie vor unbefugtem Zugriff zu schützen. Wie das geht, erfahren Sie im nächsten Abschnitt.

> **INFO**
>
> **Die Code-Sperre bleibt weiterhin aktiv**
>
> Die Code-Sperre, mit der Sie eine unbefugte Nutzung Ihres iPhones verhindern, bleibt weiterhin bestehen, wenn Sie Ihr iPhone tatsächlich wiedererhalten haben. Sie müssen sie dann manuell wieder entfernen, indem Sie sie in den **Einstellungen** im Bereich **Allgemein ▶ Code-Sperre** deaktivieren. Erst dann können Sie Ihr iPhone wieder normal nutzen.

Das iPhone fernlöschen

Die wichtigste Funktion ist das Löschen. Damit befreien Sie das iPhone komplett von allen Ihren persönlichen Daten, so dass niemand mehr auf Ihre Daten zugreifen kann. Nach dem Löschen befindet sich das iPhone wieder im Auslieferungszustand. So schützen Sie empfindliche Daten sicher vor dem Zugriff anderer Personen. Wie das genau funktioniert, erfahren Sie in dieser Anleitung.

1. Melden Sie sich zuerst mit Ihren Accountdaten unter *www.icloud.com* an, und lassen Sie Ihr iPhone über die Funktion **Mein iPhone suchen** lokalisieren.

2. Tippen Sie in der Karte der Funktion **iPhone suchen** auf die Schaltfläche **iPhone löschen** ❶.

3. Geben Sie Ihr Apple-ID-Kennwort ❷ ein, und tippen Sie auf **Löschen** ❸. Der Löschprozess beginnt.

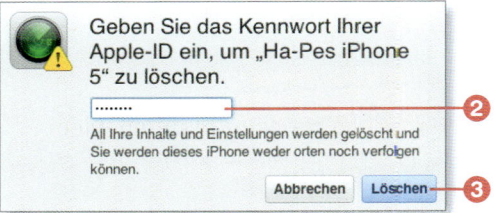

Daraufhin werden alle Ihre persönlichen Daten und Einstellungen, Apps, Musik etc. von Ihrem iPhone gelöscht, und das iPhone wird in den Auslieferungszustand versetzt. Gleichzeitig erhalten Sie eine E-Mail, die Sie darüber informiert, dass Ihr iPhone nun komplett gelöscht ist. Falls Sie Ihr iPhone doch noch zurückerhalten, reicht eine normale Synchronisation mit iTunes aus, um Ihr iPhone in den ursprünglichen Zustand zu versetzen.

Ein gelöschtes iPhone wiederherstellen

Haben Sie Ihr iPhone wiedergefunden, oder ist es Ihnen zugeschickt worden? Wie auch immer – Sie können es nun problemlos wieder auf den letzten Stand bringen, ohne irgendeine Information zu verlieren.

1. Schalten Sie Ihr iPhone ein, und durchlaufen Sie den normalen Startvorgang so, als würden Sie Ihr iPhone zum ersten Mal einschalten.

2. Gehen Sie also folgende Schritte durch: Entsperren, Spracheinstellung, Land und Region, Aktivierung der Ortungsdienste, WLAN-Anmeldung, Aktivierungsbildschirm, der nach etwa drei Minuten automatisch umschaltet zur Auswahl, aus welcher Quelle das Backup aufgespielt werden soll. Wählen Sie hier die Quelle, die Ihre letzte Sicherung enthält. In diesem Fall ist das iTunes. Schließen Sie Ihr iPhone dann an iTunes an.

3. Ist Ihr iPhone an iTunes angeschlossen, wird es umgehend erkannt, und Sie können das letzte Backup, das Sie erstellt haben, auf Ihr iPhone zurückspielen, indem Sie die Option **Aus folgendem Backup wiederherstellen** ❶ anklicken, ein Backup auswählen ❷ und die Aktion mit **Fortfahren** ❸ bestätigen.

Die Wiederherstellung kann je nach Größe und Inhalt des Backups eine ganze Weile dauern. Ist der Prozess abgeschlossen, ist Ihr iPhone wieder auf dem neuesten Stand.

Die Funktion **Mein iPhone suchen** gibt es auch als gleichnamige App, die Apple Ihnen kostenlos im App Store zur Verfügung stellt. Die App ist sowohl auf dem iPhone als auch auf dem iPad nutzbar.

Nach der Anmeldung ❹ werden alle Ihre Geräte ❺ erkannt und auf einer Karte ❻ dargestellt. Die Optionen **Ton** ❼, **Verloren** ❽ und **iPhone löschen** ❾ können dann auch hier ausgewählt werden.

Ein iCloud-Backup einrichten

Das iCloud-Backup hat die gleiche Funktion wie ein Backup, das Sie kabelgebunden mit iTunes durchführen. Es hat allerdings den Vorteil, dass Sie
für eine Sicherung Ihrer Daten keine Kabel mehr benötigen und das Backup
jederzeit und von jedem Ort aus erledigen können. Sofern Sie die Backup-
Funktion in iCloud noch nicht beim ersten Start des iPhones eingerichtet
haben, können Sie dies natürlich auch nachholen. So geht's:

1. Unter **Einstellungen** ▸ **Allgemein** ▸ **iCloud** finden Sie unten den Button
Speicher & Backup ❶. Tippen Sie darauf, um weitere Informationen über
die Größe und die Verfügbarkeit Ihres iCloud-Speichers zu erhalten.

2. Ganz unten schieben Sie dann den Regler **iCloud-Backup** ❷ nach rechts,
um Ihr iCloud-Backup zu aktivieren.

3. Sobald Sie den Backup-Schalter aktiviert haben, erhalten Sie eine Nachricht, die besagt, dass Ihre Daten ab sofort nicht mehr über iTunes gesichert werden. Bestätigen Sie diese Nachricht mit **OK** ❸, und tippen Sie
dann auf den Button **Backup jetzt erstellen** ❹.

4. Daraufhin wird Ihnen angezeigt, wie lange es dauern wird, das Backup zu erstellen. Haben Sie gerade wenig Zeit, können Sie es über **Backup abbrechen** ❺ sofort beenden.

Eines müssen Sie jedoch wissen: Je mehr Daten, Musik, Filme, Apps etc. Sie auf Ihrem iPhone installiert haben, desto länger wird es dauern, ein Backup zu erstellen. Deshalb sollten Sie ein Backup nur dann vornehmen, wenn Sie über eine leistungsstarke WLAN-Verbindung verfügen.

Das iCloud-Backup anpassen

Sie können Ihr iCloud-Backup auch so anpassen, wie Sie es benötigen. Sie können z. B. einzelne Apps aus dem Backup ausschließen, um die Back-up-Größe deutlich zu verringern. Tippen Sie hierzu unter **Einstellungen ▸ iCloud ▸ Speicher & Backup ▸ Speicher verwalten** auf den Eintrag für Ihr Gerät ❻, unterhalb des Begriffs **Backups**, und nehmen Sie im nächsten Bildschirm einzelne Elemente aus der Backup-Erstellung heraus, hier z. B. den Ordner **Aufnahmen**, indem Sie den jeweiligen Schalter ❼ deaktivieren.

Unter dem Menüpunkt **Alle Apps anzeigen** ❽ sehen Sie alle Apps, die ins Backup aufgenommen wurden. Nun können Sie jede einzelne App deaktivieren.

Den iCloud-Speicher verwalten

Im Laufe der Zeit sammeln sich viele Daten in Ihrem iCloud-Speicher an. Das muss Sie aber nicht schrecken, denn selbstverständlich können Sie sich immer einen genauen Überblick über alles verschaffen, was Sie in iCloud gespeichert haben.

1. Tippen Sie unter **Einstellungen ▸ Allgemein ▸ iCloud ▸ Speicher & Backup** auf den Button **Speicher verwalten** ❶.

2. Im Bereich **Dokumente & Daten** ❷ sehen Sie, welche Daten jede App gespeichert hat. Wenn Sie auf eine der Apps ❸ Keynote, Pages oder Numbers klicken, erfahren Sie, wie groß die Dokumente sind ❹.

Wenn Sie einige Dokumente, die Sie in iCloud gespeichert haben, nicht mehr benötigen, können Sie sie aus iCloud löschen. Hierzu tippen Sie auf den **Bearbeiten**-Button oben rechts (der dann die Bezeichnung **Fertig** bekommt ❺) und löschen ein Dokument per Tipp auf die Minus-Schaltfläche ❻. Oder Sie wischen mit dem Finger von rechts nach links über das zu löschende Dokument, so dass daneben die Schaltfläche **Löschen** ❼ erscheint, auf die Sie dann nur noch tippen müssen. Sämtliche Dokumente einer App löschen Sie, wenn Sie auf **Alle löschen** ❽ tippen.

Mehr iCloud-Speicher kaufen

Möglicherweise reichen Ihnen die 5 GB freier iCloud-Speicher nicht. In diesem Fall können Sie zusätzlichen Speicher bei Apple hinzukaufen. Tippen Sie dazu unter **Einstellungen ▸ iCloud ▸ Speicher & Backup** auf den Button **Speicherplan ändern**. Wählen Sie nun das für Sie passende Speicher-Upgrade aus. Sie haben die Wahl zwischen drei Optionen: **10 GB**, **20 GB** und **50 GB**. Nachdem Sie Ihre Auswahl getroffen haben, müssen Sie nur noch das Passwort Ihrer Apple-ID eingeben, und schon verfügen Sie über zusätzlichen Speicher.

Beachten Sie, dass Ihr Speicher-Upgrade jedes Jahr automatisch verlängert wird, solange Sie nicht zum kostenlosen Speicher zurückwechseln.

Daten über die Dropbox tauschen

Wenn Sie iCloud nicht nutzen möchten, ist die Dropbox eine Möglichkeit, Dokumente im Internet gratis abzulegen, so dass Sie jederzeit und wo immer Sie wollen Zugriff auf Ihre Daten haben. Es gibt die Dropbox für den Mac, für den PC und für iPhone und iPad, natürlich ebenfalls gratis – und das mit einem Datenvolumen von 2 GB.

1. Um die Dropbox verwenden zu können, laden Sie sich unter *www.dropbox.com* die entsprechende Anwendung für den Mac oder den PC herunter und installieren diese entsprechend den Anweisungen.

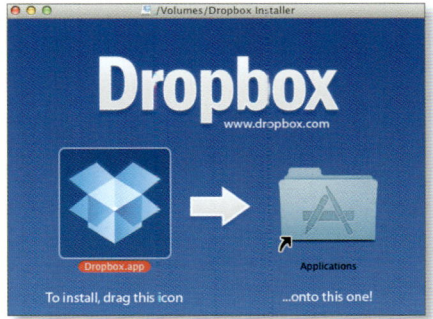
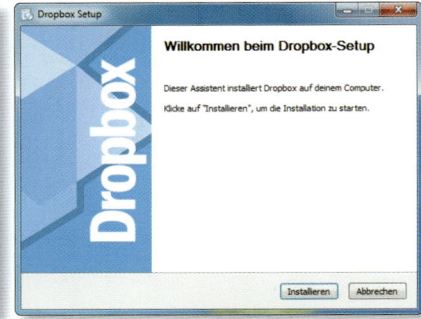

2. Wenn Sie noch kein Dropbox-Konto haben, legen Sie sich eines an. Geben Sie hierzu die geforderten Daten ein, und schon können Sie die Dropbox verwenden.

3. Nun brauchen Sie Dropbox aber auch auf Ihrem iPhone. Suchen Sie also im App Store nach »Dropbox«. Haben Sie die App gefunden, installieren Sie sie durch einfaches Antippen. Sie müssen lediglich vorher Ihre Apple-ID eingeben, und schon wird die App aus dem Store heruntergeladen und installiert.

4. Tippen Sie auf die Dropbox-App ❶, und geben Sie die gleichen Zugangsdaten ein, die Sie auch schon bei der Installation auf Ihrem Computer verwendet haben. Dann können Sie die App sofort benutzen.

5. Tippen Sie also erneut auf die App, um sie zu öffnen, und anschließend auf ein Dokument Ihrer Wahl ❷.

6. Das Dokument wird dann sofort in der Dropbox geöffnet. Tippen Sie nun auf den **Bereitstellen**-Button links unten in der Ecke (❸ auf Seite 260), und die Dropbox bietet Ihnen sofort eine oder mehrere App an, in der Sie das Dokument bearbeiten und speichern können ❹.

7. Wenn Sie darauf tippen, wird die App geöffnet und enthält auch gleich Ihr Dokument ❺.

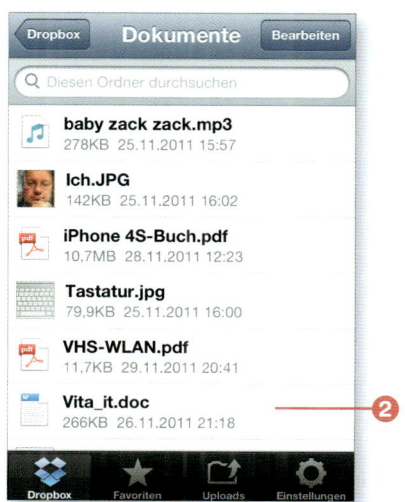

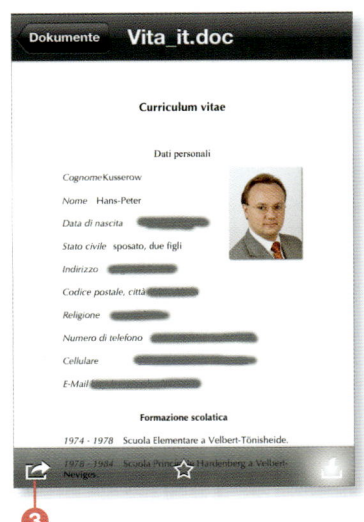
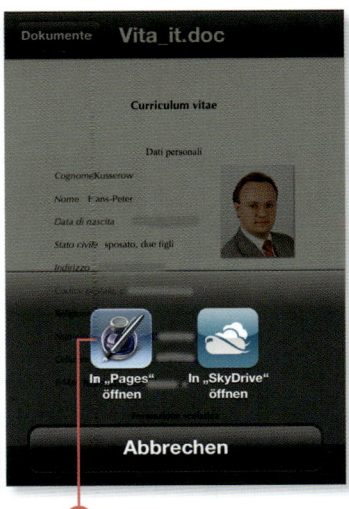
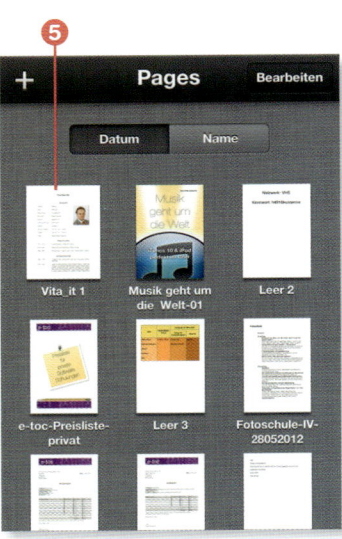

Auf diese Weise haben Sie Ihre Dokumente immer dabei, selbst wenn Sie »nur« mit Ihrem iPhone unterwegs sind, und Sie müssen sich nicht mehr darüber ärgern, dass Sie vergessen haben, ein Dokument auf dem Gerät zu speichern, das Sie dabeihaben.

> **INFO**
>
> **Ordner in der Dropbox anlegen**
>
> Sie können für sich selbst in der Dropbox eigene Ordner anlegen. Standardmäßig sind lediglich die Ordner *Photos* und *Public* vorinstalliert. Erstellen Sie z. B. einen Ordner *Dokumente* oder einen Ordner *Wichtiges* oder Ähnliches. Sie müssen allerdings wissen, dass Sie diese Ordner lediglich von Ihrem Computer aus anlegen können. Ein Erstellen derartiger Ordner vom iPhone aus ist bislang leider noch nicht möglich.

Ähnlich der Dropbox gibt es natürlich noch eine ganze Reihe weiterer (z. T. kostenpflichtiger) Online-Speicher, z. B. SkyDrive von Microsoft, Google Drive, HiDrive o. Ä., die Sie natürlich auch nutzen können. All diese Möglichkeiten im Einzelnen zu beschreiben würde allerdings den Rahmen dieses Buches sprengen.

Kapitel 10
Kamera und Fotos

Eine Fotoapplikation gehört zu jedem guten Smartphone. In den Apps Kamera und Fotos finden sich wieder einige interessante Neuerungen, die Apple mit dem neuen Betriebssystem iOS 6 eingeführt hat. Es gibt nun auch eine Panoramafunktion und erweiterte Bearbeitungsmöglichkeiten für Ihre aufgenommenen Bilder. Lassen Sie sich überraschen.

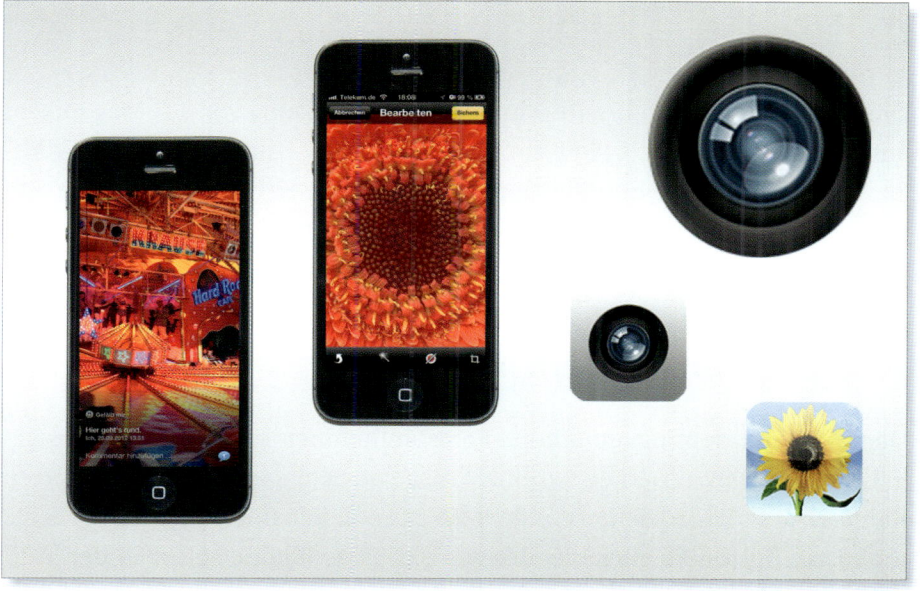

Das neue iPhone bringt einige Möglichkeiten der Bildbearbeitung mit, die sich auf dem Gerät selbst realisieren lassen und auch gespeichert werden können.

Die beiden Kameras des iPhones

Das neue iPhone 5 verfügt – wie auch schon seine Vorgänger – über zwei integrierte Kameras: eine auf der Rückseite und eine auf der Frontseite.

Die *Kamera auf der Rückseite* werden Sie vermutlich am häufigsten benutzen, um Fotos und Videos aufzunehmen. Die Auflösung von acht Megapixeln steigert die Bildqualität. Beim iPhone 5 hat Apple das äußere Linsenglas nun durch ein Saphirkristall ersetzt, der fast so hart ist wie ein Diamant und deshalb nicht mehr so leicht verkratzt.

Neben diesen technischen Details kann die integrierte Kamera auf der Rückseite nun Videos in HD-Qualität aufnehmen (in einer Auflösung von 1.080p; beim iPhone 4 waren es noch 720p).

Die *Kamera auf der Frontseite* wird mit einer Auflösung von 1,2 Megapixeln ausgeliefert und bietet ansonsten nicht viel Neues. Laut Apple ist die Frontkamera für FaceTime optimiert und hat genau die richtige Brennweite, um bei ausgestrecktem Arm das eigene Gesicht ins richtige Licht zu rücken.

Fotografieren mit dem iPhone

Damit Sie mit dem neuen iPhone Fotos aufnehmen können, bringt es viele Eigenschaften mit. Zuerst einmal wurde der Zugang zu den integrierten Kameras deutlich erleichtert, indem bereits auf dem Sperrbildschirm rechts unten ein Button ❶ eingeblendet wird, der das iPhone sofort in den Aufnahmezustand versetzt, wenn Sie ihn nach oben schieben ❷. Um diesen Button aber überhaupt zu sehen, müssen Sie erst einmal auf den Home-Button drücken.

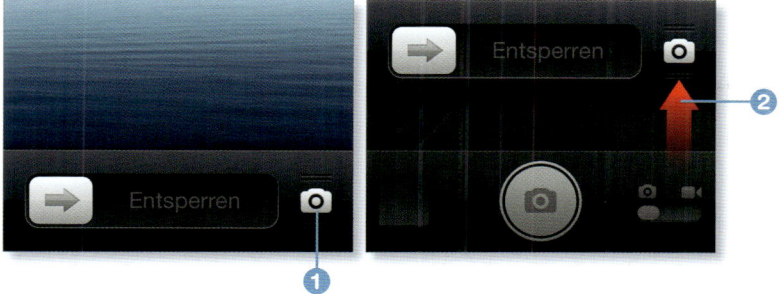

Seit iOS 5 haben Sie zwei Möglichkeiten, Fotos aufzunehmen: Entweder drücken Sie den klassischen Auslöser-Button auf dem Display ❸, oder Sie verwenden den oberen Lautstärkeknopf (+) ❹ als Auslöser. Letzteres ist besonders praktisch, wenn Sie das iPhone quer halten.

Fotos mit dem Kopfhörer machen

So skurril es auch klingen mag, aber wenn Sie die mitgelieferten Kopfhörer an Ihr iPhone anschließen, können Sie den ⊞-Knopf des Kopfhörers genau wie die Knöpfe am iPhone als Fernauslöser nutzen. Der Vorteil dabei ist, dass Ihre Aufnahmen nicht mehr verwackeln. Gut geeignet ist die Technik z. B., um bessere Selbstporträts zu machen. Probieren Sie es aus!

Raster für eine bessere Bildaufteilung einblenden

Das iPhone kann Ihnen eine Hilfestellung geben, damit Sie die Bildaufteilung besser hinbekommen. Hierfür bietet die Kamera-App ein Feature, das sich **Raster einblenden** nennt. Sie aktivieren es wie folgt:

1. Öffnen Sie die Kamera-App, und tippen Sie am oberen Rand auf **Optionen**.

2. Schieben Sie den Regler **Raster** ❶ nach rechts, um die Funktion zu aktivieren.

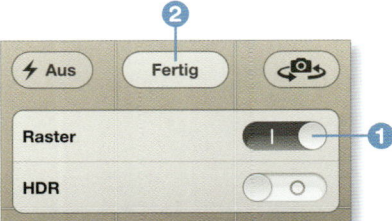

3. Wenn Sie auf **Fertig** ❷ getippt haben, können Sie sofort mit dem eingeblendeten Raster arbeiten und Ihre Bilder perfekt ausrichten.

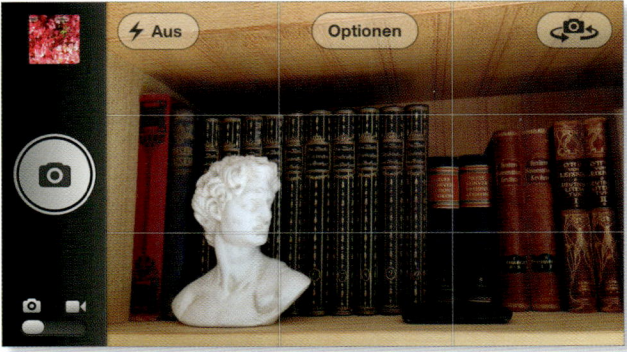

Das Raster ermöglicht Ihnen die einfache Ausrichtung der Kamera an horizontalen und senkrechten Linien im Foto, so dass Sie beispielsweise sofort verhindern können, dass Ihnen der Horizont »wegkippt«. Außerdem erreichen Sie so leicht eine optimale Bildkomposition, z. B. nach der Drittel-Regel bzw. nach dem Goldenen Schnitt.

Eine HDR-Aufnahme machen

Mit Ihrem iPhone können Sie auch sogenannte *HDR-Fotos* machen. Der Begriff HDR steht für *High Dynamic Range* und bezeichnet ein Foto mit einem erhöhten Dynamikumfang. Um ein derartiges Foto zu erzeugen, werden in der Regel mehrere Bilder aufgenommen, die dann automatisch übereinandergelegt werden. Beim iPhone funktioniert das so ähnlich. Das iPhone überlagert allerdings nur zwei Fotos unterschiedlicher Einstellungen miteinander.

1. Stellen Sie in der Kamera-App im Menü **Optionen** die Funktion **HDR** ❸ ein, indem Sie den entsprechenden Regler nach rechts verschieben.

2. Machen Sie mit ruhiger Hand ein Foto, und warten Sie, bis Ihr iPhone es gespeichert hat. Es befinden sich nun insgesamt zwei neue Fotos in Ihrem Fotoalbum (wie in der folgenden Abbildung zu sehen), von denen das zweite Foto das HDR-Bild ist.

Das linke Bild wirkt eher etwas flau, wenn Sie sich den Himmel, die Blattstruktur der Bäume oder die Spiegelung des Wassers anschauen. Das HDR-Foto rechts ist deutlich kontrastreicher und farbintensiver. Es wirkt dadurch interessanter.

TIPP

HDR-Fotos von bewegten Objekten

HDR-Fotos können allerdings nur von unbewegten Motiven gemacht werden, da bei dieser Technik ja zwei Bilder miteinander ver-
schmolzen werden. Wenn Sie ein sich bewegendes Objekt fotografieren, hat es sich im zweiten Bild bereits etwas wegbewegt, so dass
unschöne Doppelbilder entstehen.

Panoramafotos machen

Mit iOS 6 hat eine neue Funktion Einzug gehalten: die Panoramafunktion.
Diese Funktion aktivieren Sie, wie schon das Raster und die HDR-Funktion,
ebenfalls im Menü **Optionen** der Kamera-App.

1. Tippen Sie in der Kamera-App auf
   Optionen und dann auf **Panorama**,
   um diese Funktion zu aktivieren.

2. Die Panorama-Ansicht wird geöffnet. Nun müssen Sie nur noch auf den
   Aufnahme-Button ❶ tippen und das iPhone gleichmäßig nach rechts
   bewegen. Das iPhone macht automatisch die entsprechenden Bilder
   und fügt sie zu einem Panoramabild zusammen.

3. Dabei ist es wichtig, dass Sie das iPhone gerade und im gleichen Winkel halten. Der große Pfeil ❷ auf dem Display hilft Ihnen dabei: Wenn Sie ihn auf der eingeblendeten Linie halten, sind Sie auf der sicheren Seite.

4. Wenn Sie rechts, am Ende der Linie, angekommen sind, wird das Foto im Ordner **Aufnahmen** gespeichert.

Das fertige Panoramabild sieht aus, wie Sie es in der nächsten Abbildung sehen. Das Ganze funktioniert recht reibungslos aus der Hand, wenn Sie den Pfeil beachten. Sie benötigen also nicht unbedingt ein Stativ.

Richtig scharf stellen

Die Kamera-App verfügt über eine Funktion, um auf das Motiv scharf zu stellen. Zunächst einmal hat das iPhone einen automatischen Fokus, bei dem Ihnen, während Sie das Motiv anvisieren, ein kleines Quadrat auf dem Display anzeigt, welcher Bildteil scharf dargestellt wird ❶.

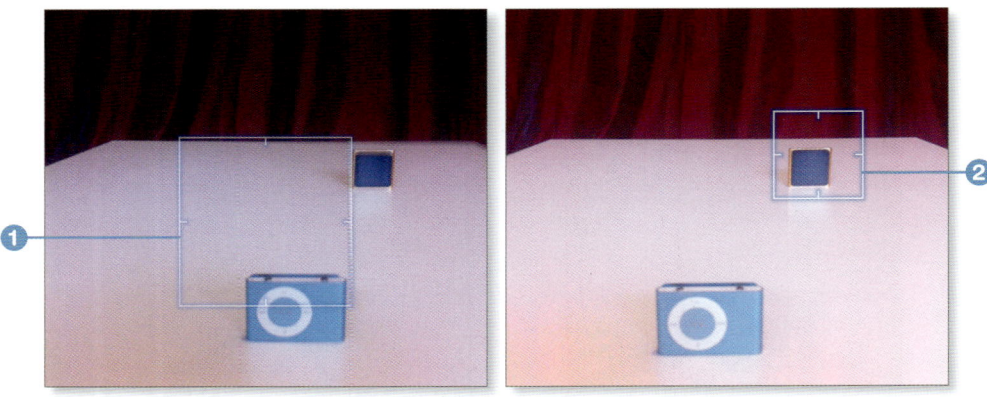

Möchten Sie einen anderen Bildteil als den automatisch vom iPhone ausgewählten fokussieren, tippen Sie mit dem Finger auf die Stelle des Displays, an der das Bild scharf gestellt werden soll. Das Fokus-Quadrat bewegt sich an diese Stelle ❷ und stellt das Bild automatisch scharf.

Genauso verhält es sich, wenn Sie Personengruppen mit dem iPhone fotografieren möchten. Hier hat die Software den Vorteil, dass sie die Personen automatisch durch die Gesichtserkennung wahrnimmt. Die Gesichtserkennung wird durch ein grünes Fokus-Quadrat ❸ auf dem Bildschirm angezeigt.

Das iPhone stellt dann entsprechend auf eine Person scharf und optimiert daraufhin die Gruppe mit diesen Werten. Die neue Gesichtserkennung arbeitet zuverlässig bis zu einer Gruppengröße von zehn Personen.

Einen Ausschnitt vergrößern

Das iPhone ist in der Lage, Bildausschnitte noch vor dem eigentlichen Fotografieren zu vergrößern, so dass nur der gewählte Ausschnitt aufgenommen wird. Um einen Ausschnitt zu vergrößern, gehen Sie wie folgt vor:

1. Öffnen Sie die Kamera-App, und fokussieren Sie den entsprechenden Bildteil, indem Sie darauf tippen. Ein blaues Fokus-Quadrat erscheint.

2. Vergrößern Sie nun den Ausschnitt, indem Sie Daumen und Zeigefinger auf dem Display auseinanderbewegen. Am unteren Rand wird daraufhin zusätzlich eine Vergrößerungsleiste eingeblendet, die Sie ebenfalls für die Vergrößerung verwenden können. Sie müssen dafür nur mit dem Finger an dem Regler ❹ ziehen.

3. Warten Sie, bis das iPhone Ihr Motiv erneut fokussiert hat, und lösen Sie nun die Aufnahme aus, indem Sie auf den Aufnahme-Button ❺ tippen.

Es ist wichtig, dass Sie auf das erneute Fokussieren warten, denn sonst wird das Foto schnell unscharf. Grundsätzlich ist der Fokus aber eine leistungsfähige Funktion, mit deren Hilfe Sie nur das Wichtige abbilden können.

Ein Selbstporträt machen

Mit dem iPhone ein Selbstporträt zu machen, ist denkbar einfach. Hierzu müssen Sie lediglich von der Rückseiten- zur Frontkamera wechseln, indem Sie in der Kamera-App oben rechts auf den entsprechenden Button (❻ in der obigen Abildung) tippen. Die Kamera wird »gedreht«, und Sie sehen sich im Display. Nun können Sie Ihr Selbstporträt schießen.

Wenn Sie Brillenträger sind, sollten Sie darauf achten, dass Sie sich so foto-grafieren, dass der Lichteinfall auf der Brille minimiert wird, da es ansons-ten zu unschönen Reflexionen kommen kann.

INFO

Vorsicht vor Verzerrungen

Die Frontkamera des iPhones ist so eingestellt, dass Sie die besten Ergebnisse erzielen, wenn Sie sich mit ausgestrecktem Arm fotogra-fieren. Wenn Sie das iPhone zu dicht vor Ihr Gesicht halten, kommt es zu stärkeren Verzerrungen im Nasenbereich, und Ihr Gesicht wirkt unnatürlich.

Die Blitzfunktion nutzen

Das iPhone 5 verfügt, wie auch schon seine Vorgänger, über einen integrier-ten LED-Blitz. In der linken oberen Ecke der geöffneten Kamera-App befin-det sich ein Button, der auf **Autom.** ❶ eingestellt ist. Tippen Sie auf diesen Button, öffnet sich eine Auswahl, mit der Sie den Blitz entweder ausschal-ten (**Aus**) ❷ oder ihn dauerhaft aktivieren (**Ein**) ❸.

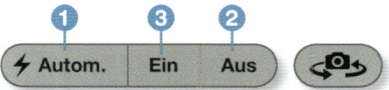

Wenn die automatische Funktion eingeschaltet bleibt, löst der Blitz bei Bedarf selbsttätig aus. In der nächsten Abbildung sehen Sie ein Beispiel eines Lagerfeuerbildes bei Nacht aus einem Abstand von circa zehn Metern, einmal ohne (links) und einmal mit Blitz (rechts).

Aufnahmen direkt anschauen und aussortieren

Sofort nachdem Sie Ihre Aufnahmen gemacht haben, können Sie überprüfen, ob diese etwas geworden sind. Schlechte Aufnahmen können Sie dann sofort wieder löschen.

1. Öffnen Sie die Kamera-App, machen Sie ein Foto, und tippen Sie dann unten links auf das kleine Vorschaubildchen ❹.

2. Nun öffnet sich das gerade geschossene Foto, und Sie können sofort beurteilen, ob Sie das Bild behalten möchten oder nicht. Die entsprechenden Befehle finden Sie unten in der Menüleiste.

3. Um das Bild zu löschen, wenn es nichts geworden ist, klicken Sie einfach auf das Papierkorb-Symbol ❺.

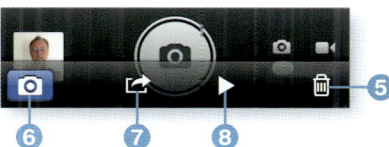

4. Indem Sie wieder auf den blau hervorgehobenen Kamera-Button tippen ❻, kehren Sie zur Kamera-App im Aufnahmemodus zurück.

Wenn es Ihnen gefällt, können Sie das Bild von hier aus auch gleich verschicken ❼ oder eine Diashow anlegen ❽. Lesen Sie dazu die Abschnitte »Fotos per E-Mail oder MMS versenden« auf Seite 277, »Fotos bei Twitter und Facebook veröffentlichen« auf Seite 281 und »Eine Diashow erstellen« auf Seite 274.

Fotos drucken

Sie sind mit Ihrem iPhone auch in der Lage, die von Ihnen gemachten Fotos direkt via AirPrint-Technologie auszudrucken. Das ist allerdings nur dann möglich, wenn Sie auch über einen AirPrint-fähigen Drucker verfügen. Welche Drucker das sind, entnehmen Sie bitte der Apple-Website unter *www.apple.com/de/support/iphone/features*. Wie das Drucken genau funktioniert, erfahren Sie in diesem Abschnitt.

1. Öffnen Sie das Bild, das Sie drucken möchten, und tippen Sie links unten auf den **Bereitstellen**-Button ❶.

2. Im zugehörigen Menü tippen Sie auf **Drucken** ❷.

3. Nun öffnet sich das Menü **Druckeroptionen**, in dem Sie einstellen, welchen Drucker Sie verwenden möchten ❸ und wie oft Sie das Bild drucken wollen ❹.

4. Haben Sie den Druck mit **Drucken** ❺ gestartet, können Sie, indem Sie den Home-Button zweimal schnell drücken, ins Menü **Druckinfos** hineinschauen (es steht dann auch in der Liste der geöffneten Apps). Die Zahl am Symbol **Druckzentrale** ❻ sagt Ihnen, wie viele Dokumente gerade gedruckt werden. Tippen Sie auf **Druckzentrale**, und Sie sehen sofort, welche Dokumentenart gerade gedruckt wird, auf welchem Drucker, wie viele Kopien erstellt werden, ob doppelseitig gedruckt wird und wann der Druckauftrag gestartet wurde ❼. Hier können Sie auch den Druckstatus ❽ sehen und den aktuellen Druckauftrag abbrechen ❾.

Wenn Sie doch nicht drucken wollen, tippen Sie einfach auf **Drucken abbrechen**. Nach dem Drucken verschwindet das Symbol **Druckzentrale** übrigens automatisch aus der Ansicht für die zuletzt verwendeten Apps.

Drucken auch ohne AirPrint-fähigen Drucker

Wenn Sie, wie ich auch, nicht über einen AirPrint-fähigen Drucker verfügen, müssen Sie trotzdem nicht auf die Funktionalität verzichten. Es gibt Programme wie handyPrint (Mac) oder AirPrint Activator (PC), mit denen Sie Ihren Drucker über das heimische WLAN AirPrint-fähig machen. Diese Druckertreiber können Sie kostenlos testen. Probieren Sie es einfach aus.

Eine Diashow erstellen

Eine weitere interessante Funktion ist, dass Sie mit dem iPhone auch eine Diashow aus Ihren Bildern erstellen können. Dabei ist es egal, ob es sich um Bilder aus Ihrem Fotoalbum handelt oder um gerade aufgenommene Fotos.

1. Um eine Diashow zu erstellen, öffnen Sie die Kamera-App und tippen unter **Aufnahmen** oder in einem anderen von Ihnen angelegten Album in der Übersicht auf ein beliebiges Foto ❶.

2. Das Bild wird daraufhin groß dargestellt, und am unteren Rand wird eine Tableiste eingeblendet. Tippen Sie auf das **Play**-Symbol ❷.

3. Im nächsten Bildschirm können Sie die Übergänge zwischen den Fotos Ihrer Diashow sowie eine Hintergrundmusik festlegen. Tippen Sie also zunächst auf **Übergänge** ❸, und suchen Sie sich einen passenden Übergang aus, indem Sie darauf tippen. Er wird mit einem Häkchen ❹ gekennzeichnet.

4. Wenn Sie danach auf **Präsentation starten** ❺ tippen, können Sie sich ansehen, wie der Übergang wirkt, und entscheiden, ob er Ihnen gefällt. Wenn nicht, wählen Sie einfach einen anderen aus, wie hier beschrieben.

5. Jetzt wählen Sie noch eine Hintergrundmusik für Ihre Diashow aus. Aktivieren Sie hierzu den Menüpunkt **Musikwiedergabe** ❻. Daraufhin erscheint der Unterpunkt **Musik** ❼; wenn Sie darauf tippen, können Sie ein passendes Lied auswählen. Natürlich können Sie nur Musik aus-

wählen, die Sie auf Ihrem iPhone in der Musik-App gespeichert haben. Zum Schluss tippen Sie auf **Präsentation starten** ❽.

Mit dem letzten Fingertipp starten Sie Ihre Präsentation und können die Diashow mit Ihren Bildern, flotten Übergängen und der passenden Musik genießen!

Diashows via AirPlay auf dem Fernseher abspielen

Sie können eine Diashow aber nicht nur auf Ihrem iPhone genießen, sondern sie auch anderen vorführen. Dafür kommt die AirPlay-Technik zum Einsatz. Folgendes sollte dafür vorhanden sein:

- ein aktives WLAN, in das sich auch Ihr iPhone einwählt
- Apple TV, das Sie über die HDMI-Schnittstelle an Ihren Fernseher angeschlossen haben

Wenn diese technischen Voraussetzungen erfüllt sind, müssen Sie nur noch die Diashow an den Fernseher schicken. Hier erfahren Sie, wie das funktioniert:

1. Schalten Sie auf Ihrem iPhone das WLAN ein, starten Sie Ihre Fotos-App, und wählen Sie ein Bild aus, mit dem Sie Ihre Diashow starten möchten.

2. Tippen Sie auf das **AirPlay**-Symbol ❶ in der Tableiste. Es wird dann blau hervorgehoben.

3. Im nächsten Menü, das sich daraufhin öffnet, wählen Sie den Eintrag Apple TV ❷ aus.

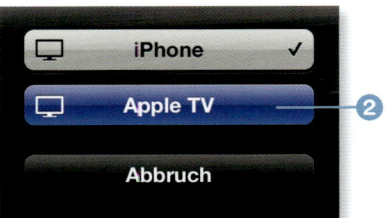

4. Tippen Sie als Nächstes auf das **Play**-Symbol ❸, wählen Sie einen Übergang ❹ für Ihre Diashow (um zu gestalten, wie Ihre Fotos aufeinander folgen), und tippen Sie auf **Präsentation starten** ❺. Daraufhin wird die Ansicht an Ihrem iPhone ausgeschaltet und via AirPlay auf den Fernseher übertragen.

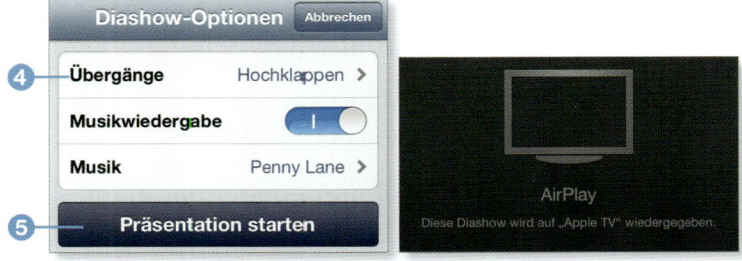

So genießen Sie Ihre Diashow auf dem eigenen Fernseher und können Ihre Fotos darüber hinaus ganz einfach anderen präsentieren, ohne Ihr iPhone herumreichen zu müssen.

Diashows via HDMI auf den Fernseher übertragen

Neben der AirPlay-Variante hat Apple einen Adapter entwickelt, mit dessen Hilfe Sie den Bildschirminhalt Ihres iPhones oder iPads auf dem Fernseher darstellen können.

Auf der linken Seite des Adapters ❻ können Sie das Dock-Connector-Kabel für eine zusätzliche Stromversorgung anschließen, und auf der rechten Seite ❼ schließen Sie das HDMI-Kabel an.

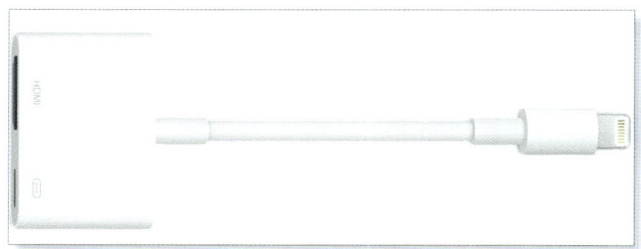

Passt, auch mit Adapter – das Dock-Connector-Kabel und das HDMI-Kabel sind angeschlossen.

Fotos per E-Mail oder MMS versenden

Die mit Ihrem iPhone 5 erstellten Fotos können Sie Ihren Freunden zur Verfügung stellen, indem Sie sie versenden. Hierzu haben Sie verschiedene Möglichkeiten. Versenden Sie die Bilder entweder per E-Mail oder als Nachricht (MMS), oder veröffentlichen Sie sie über soziale Netzwerke (siehe dazu den Abschnitt »Fotos bei Twitter und Facebook veröffentlichen« auf Seite 281).

Fotos per E-Mail versenden

Der klassische Weg, Fotos weiterzugeben, ist, sie per E-Mail zu verschicken. Das geht natürlich auch von Ihrem iPhone aus, sofern Sie einen Mail-Account eingerichtet haben (siehe dazu Kapitel 6, »E-Mails senden und empfangen«).

1. Wenn Sie ein Foto per E-Mail versenden möchten, wählen Sie das entsprechende Foto aus und tippen in der Tableiste auf den **Bereitstellen**-Button ❶.

2. Weil Sie Ihr Foto ja per E-Mail verschicken möchten, tippen Sie auf dem nächsten Bildschirm auf die entsprechende Schaltfläche **Mail** ❷.

3. Ihre Mail-App öffnet sich mit einem Fenster für eine neue E-Mail, in der das Foto schon eingefügt ist. Geben Sie den Absender ❸, die Betreffzeile ❹ und gegebenenfalls weiteren Text ein.

4. Versenden Sie nun die E-Mail, indem Sie oben rechts auf **Senden** ❺ tippen. Beim Empfänger wird sie dann angezeigt, wie Sie es in der nächsten Abbildung sehen.

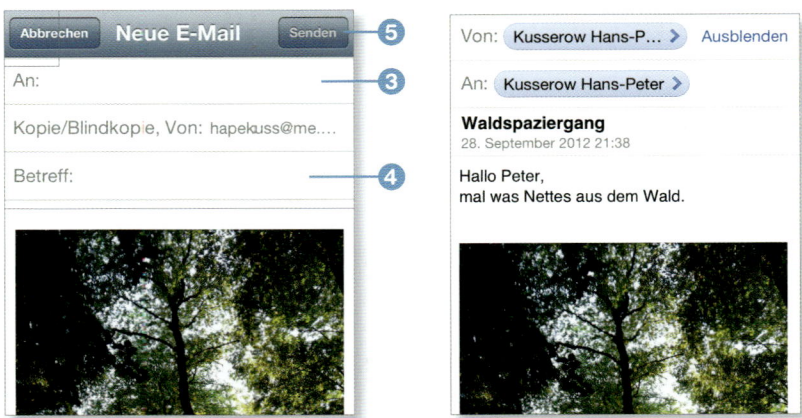

Selbstverständlich können Sie auch aus der Mail-App heraus Fotos verschicken. Wie das geht, erfahren Sie im Abschnitt »Bilder und andere Medien per Mail versenden« ab Seite xx.

Foto in einer Nachricht (MMS) versenden

Selbstverständlich können Sie Fotos auch über die Nachrichten-App als MMS versenden. Hierfür gibt es zwei Varianten, die ich Ihnen im Folgenden vorstellen möchte. Die erste Variante geht so (aus der Nachrichten-App heraus):

1. Starten Sie Ihre Nachrichten-App, und tippen Sie auf das Kamera-Symbol ❻. Sie werden daraufhin aufgefordert zu entscheiden, woher Sie das Foto nehmen wollen: **Foto od. Video aufnehmen** ❼ oder **Aus Album auswählen** ❽.

2. Wenn Sie **Aus Album auswählen** angetippt haben, öffnet sich die Fotos-App, und Sie können dort ein entsprechendes Bild auswählen, das anschließend in Ihre Nachricht eingefügt wird.

3. Geben Sie unter **An** ❾ den Adressaten ein, und versenden Sie Ihre Nachricht mit **Senden** ❿.

Beim Empfänger sieht sie dann aus, wie in der nebenstehenden Abbildung zu sehen. (Sie können dem Bild natürlich noch einen passenden Text hinzufügen. Blau ist die Textblase hier deshalb, weil die Nachricht von iPhone zu iPhone verschickt wurde; siehe dazu den Abschnitt »Textnachrichten versenden« auf Seite 98.)

Die zweite Variante, wenn Sie ein Foto als Textnachricht bzw. MMS verschicken wollen, geht folgendermaßen (diesmal ausgehend von der Fotos-App):

1. Öffnen Sie Ihre Fotos-App, und wählen Sie ein Foto aus, das Sie versenden möchten.

2. Tippen Sie dann auf den **Bereitstellen**-Button ❶ in der Tableiste, und wählen Sie anschließend eine entsprechende Versandart aus, hier **Nachrichten** ❷.

3. Es öffnet sich die Nachrichten-App; geben Sie manuell ❸ oder per Auswahl aus Ihren Kontakten ❹ einen Adressaten ein, schreiben Sie einen passenden Text dazu, und versenden Sie die Nachricht, indem Sie auf Senden ❺ tippen.

Wenn Sie, wie hier zu sehen, den Text in die gleiche Blase schreiben, in der auch das Bild steht, werden beide zusammen verschickt. Beim Empfänger werden Bild und Text dann trotzdem in zwei Blasen angezeigt, so wie im letzten Bild vor dieser Anleitung (Seite 279).

Fotos bei Twitter und Facebook veröffentlichen

Heutzutage nutzen immer mehr Menschen die unterschiedlichsten sozialen Netzwerke. Ich möchte Ihnen in diesem Abschnitt zeigen, wie Sie Ihre Fotos ganz einfach bei Twitter oder Facebook veröffentlichen.

Foto als Tweet versenden

Seit iOS 5 bietet Ihr iPhone eine systemweite Twitter-Integration. Das bedeutet, dass Sie Bilder direkt aus der Fotos-App heraus als Tweet versenden können.

1. Geben Sie zunächst unter **Einstellungen ▸ Twitter** Ihre Twitter-Daten wie Name und Passwort ein. Sie müssen dies nur einmal tun, Ihr iPhone wird den Account dann in Zukunft verwenden. Bei Bedarf können Sie auch noch den Tweet-Standort aktivieren.

2. Wählen Sie in Ihrer Fotos-App wieder ein Bild aus, tippen Sie auf den **Bereitstellen**-Button ⑥, und wählen Sie im Menü den Eintrag **Twitter** ⑦ aus.

3. Daraufhin wird ein Tweet erstellt, dem Ihr Foto angehängt wurde ❽, und Sie können auch noch einen passenden Text eingeben.

4. Wenn Sie fertig sind, tippen Sie zu guter Letzt auf den **Senden**-Button ❾, um Ihren Tweet zu veröffentlichen.

Was ist Twitter?

Twitter (englisch für *Gezwitscher*) ist ein Dienst im Internet, über den Sie kurze Nachrichten und Bilder veröffentlichen können. Sie bestimmen, wer diese Dinge sehen darf. Twitter dient als Kommunikationsplattform, soziales Netzwerk oder auch als öffentlich einsehbares Online-Tagebuch, hat sich aber inzwischen auch als Nachrichtendienst und politische Bühne etabliert.

Foto an Facebook senden

Nicht nur über Twitter, auch bei Facebook können Sie Ihre Fotos der Öffentlichkeit preisgeben. Das Ganze funktioniert dann ähnlich wie zuvor für Twitter beschrieben.

1. Suchen Sie sich ein Bild in Ihrer Fotos-App aus, und tippen Sie auf den **Bereitstellen**-Button ❻. Daraufhin öffnet sich das bereits bekannte Overlay-Menü, in dem Sie diesmal auf den **Facebook**-Button ❼ tippen.

2. Daraufhin wird ein neuer Post, also eine Facebook-Meldung, geöffnet, dem Ihr Foto bereits anhängt ❸. Nun müssen Sie nur noch einen passenden Text zum Bild eingeben. Wenn Sie möchten, teilen Sie auch noch Ihren Standort ❹ mit.

3. Zum Schluss tippen Sie auf **Posten** ❺, um Ihre Nachricht mit Ihrem Foto für Facebook freizugeben.

Bei der Veröffentlichung oder dem Versenden von Fotos wird also eigentlich immer nach dem gleichen Schema vorgegangen. Versuchen Sie es; Sie werden sehen, es ist gar nicht so kompliziert.

Ein Foto als Hintergrundbild einrichten

Grundsätzlich können Sie aus jedem Ihrer Fotos ein Hintergrundbild erstellen, wenn Sie es jeden Tag sehen möchten. Im Folgenden erfahren Sie, wie das geht:

1. Wählen Sie ein Bild aus Ihrer Fotos-App aus, tippen Sie auf den **Bereitstellen**-Button ❶, und wählen Sie die Option **Als Hintergrundbild** ❷ aus (wenn das Menü sehr umfangreich ist, finden Sie diesen Eintrag auf der zweiten Seite ❸).

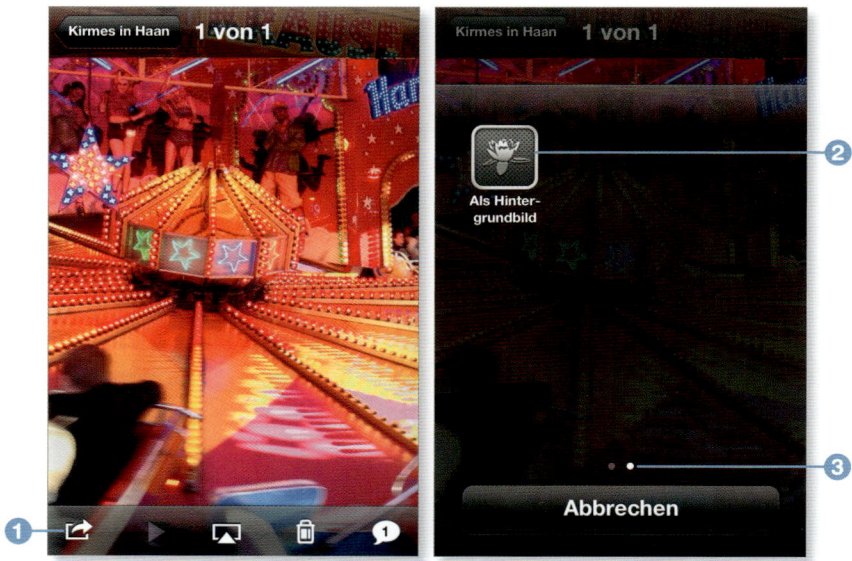

2. Bewegen und skalieren Sie Ihr Foto, um den richtigen Ausschnitt zu finden, und tippen Sie dann auf **Festlegen** ❹.

3. Zum Schluss weisen Sie Ihr Foto einem der beiden Bildschirme zu, also dem Sperr- ❺ oder dem Home-Bildschirm ❻, oder aber gleich beiden auf einmal ❼.

Wenn Sie die Aktion abgeschlossen haben, wird das ausgewählte Foto als Displayhintergrund angezeigt, und Sie können sich immer daran erfreuen.

Bilder für Ihre Kontakte

Sie können die Kontakteinträge in Ihrem Adressbuch mit entsprechenden Bildern versehen, um sie visuell ansprechender zu gestalten.

1. Öffnen Sie hierzu Ihre Fotos-App, und wählen Sie ein Bild aus, um es einer Person zuzuordnen. Dann tippen Sie auf den **Bereitstellen**-Button **8** und wählen **Kontakt zuweisen** **9** aus.

2. Es öffnet sich die Kontaktliste, aus der Sie den Kontakt auswählen, dem das Bild zugeordnet werden soll. Tippen Sie ihn an.

3. Daraufhin öffnet sich das Foto wieder. Bewegen Sie es mit dem Finger, und skalieren Sie es bei Bedarf, um den schönsten Ausschnitt zu finden. Beenden Sie diese Aktion mit dem Button **Auswählen** ❿.

4. Das Foto wird zu Ihrem Kontakt gespeichert und sieht in der Kontakte-App dann aus, wie Sie es in der nächsten Abbildung sehen.

Wenn dieser Kontakt Sie das nächste Mal anruft, sehen Sie sein Foto auf dem Display. Um das Foto zu ändern, öffnen Sie den Kontakt, klicken oben rechts auf **Bearbeiten** und dann auf das Kontaktbild.

Kapitel 11
Videos aufzeichnen

Mist! – Schon wieder keine Videokamera mitgenommen ... Geht es Ihnen auch oft so: Immer wenn Sie eine Kamera gebrauchen könnten, haben Sie keine dabei? Das hat nun ein Ende, da im iPhone eine mittlerweile wirklich gute Kamera eingebaut ist. Sie können damit sich selbst oder andere ganz einfach filmen. Auch Filme in der Dämmerung sind kein Problem, genauso wenig wie die Nachbearbeitung auf dem iPhone selbst.

Videoschnitt ist auf dem iPhone ganz problemlos zu realisieren. Videoaufnahmen sowohl im Querformat als auch im Hochformat gehören zum Standard des iPhones.

Ein Video aufnehmen

Es ist genauso einfach, ein Video mit dem iPhone aufzunehmen, wie damit zu fotografieren. Gehen Sie folgendermaßen vor:

1. Starten Sie die Kamera-App, und schieben Sie den unteren rechten Regler von **Fotografie** ❶ auf **Videoaufnahme** ❷.

2. Der Auslöser verändert sich und wird zu einem Aufnahme-Button ❸, den Sie vielleicht von Videokameras kennen.

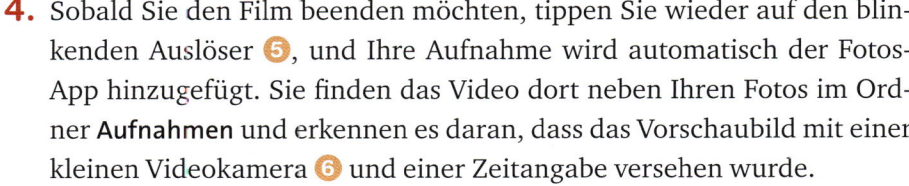

3. Tippen Sie darauf, wird die Videoaufnahme sofort gestartet. Sie erkennen das zum einen daran, dass in der unteren linken Bildecke eine Uhr mitläuft ❹, und zum anderen daran, dass der rote Punkt zu blinken beginnt.

4. Sobald Sie den Film beenden möchten, tippen Sie wieder auf den blinkenden Auslöser ❺, und Ihre Aufnahme wird automatisch der Fotos-App hinzugefügt. Sie finden das Video dort neben Ihren Fotos im Ordner **Aufnahmen** und erkennen es daran, dass das Vorschaubild mit einer kleinen Videokamera ❻ und einer Zeitangabe versehen wurde.

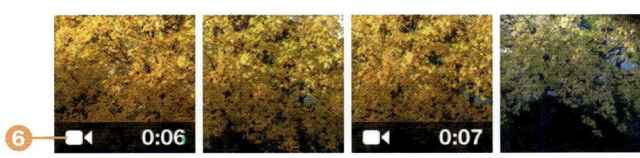

Wenn Sie mit der integrierten Kamera Filme aufnehmen, werden diese – paradoxerweise – immer in der Fotos-App gespeichert. Die auch vorhandene App Videos speichert hingegen nur TV-Sendungen und Filme, die Sie entweder aus iTunes importiert oder aber im iTunes Store käuflich erworben haben.

Hoch- oder Querformat?

Selbstverständlich können Sie Ihre Videos mit dem iPhone sowohl im Hochformat als auch im Querformat aufnehmen. Das Hochformat kann hier auch ganz nett sein. Allerdings sollten Sie beachten, dass die meisten Videoausgabegeräte Filme im Querformat besser darstellen, so dass es sich anbietet, Ihre Filme sofort im Querformat aufzuzeichnen.

Vergleichen Sie einmal diese beiden Aufnahmen, die ich im Hochformat und im Querformat erzeugt habe. Wird das im Hochformat aufgenommene Video auch im Hochformat abgespielt (linkes Bild), müssen Sie keine Verluste in der Bilddarstellung hinnehmen. Hingegen wirkt ein im Hochformat aufgenommenes Video, wenn es im Querformat abgespielt wird (rechts), wegen der breiten schwarze Streifen sehr klein.

Auch wenn Sie mit einem Doppelklick auf den Bildschirm die Darstellung eines im Hochformat aufgenommenen Videos so vergrößern wollen, dass der komplette Bildschirm ausgefüllt ist, verlieren Sie sehr viel an Darstellungsfläche, wie Sie in der nächsten Abbildung erkennen. Ein Film, der im Querformat aufgenommen wurde, lässt sich hingegen viel besser und mit deutlich weniger Verlusten im Vollbildmodus darstellen.

Im Vollbildmodus sehen Sie nur noch einen Bruchteil der Pflanze.

INFO

Videos starten im Querformat

Seit der Softwareversion iOS 5 gibt es die Möglichkeit, die Lautstärkeknöpfe an der linken Seite als Auslöser zu verwenden. Das funktioniert auch im Videomodus. Besonders praktisch ist das, wenn Sie im Querformat filmen möchten.

Sich selbst geschickt filmen

Da das iPhone über zwei eingebaute Kameras verfügt, ist es sehr leicht, sich selbst zu filmen. Öffnen Sie die Kamera-App, indem Sie das Kamerasymbol auf dem Sperrbildschirm nach oben schieben und dann den Regler unten rechts auf Video umschalten. Tippen Sie schließlich noch auf den **Kamerawechsel**-Button oben rechts. Halten Sie Ihr iPhone mit ausgestrecktem Arm so, dass Sie sich im Bildschirm optimal sehen können, und starten Sie die Aufnahme.

Dabei halten Sie das iPhone am besten so, dass die Kamera des iPhones leicht von oben auf Sie herabzeigt. So vermeiden Sie Spiegelungen und Verzerrungen, die durch Lichteinfall oder eine zu große Nähe zu Ihrem Gesicht auftreten können.

> **TIPP**
>
> **Vorsicht vor Verzerrungen im Videobild**
>
> Bei Videoaufnahmen gilt das Gleiche wie bei Fotos, wenn Sie sich selbst fotografieren bzw. filmen: Um Bildverzerrungen zu vermeiden, müssen Sie mit ausgestrecktem Arm filmen, da die eingebaute Kamera dann die besten Ergebnisse liefert.

Filmen mit dem LED-Hilfslicht

Sie können beim Filmen in dunklen Umgebungen genau wie beim Fotografieren auch das eingebaute LED-Hilfslicht (den Blitz) nutzen, um Ihre Aufnahme etwas aufzuhellen. So gelingen Ihnen schöne Filme, auch wenn nur wenig Licht vorhanden ist.

Hier sehen Sie die gleiche Szene einmal ohne LED-Hilfslicht (links) und einmal mit eingeschaltetem LED-Hilfslicht (rechts). Der Abstand zum gefilmten Objekt lag bei ungefähr einem Meter. Sie sehen, dass sich in manchen Fällen der Einsatz des Hilfslichtes durchaus lohnt.

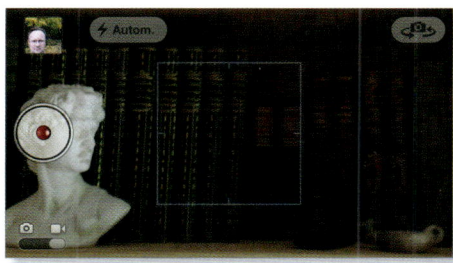 

Um das LED-Hilfslicht einzuschalten, gehen Sie so vor wie mit dem Blitzen beim Fotografieren (siehe dazu den Abschnitt »Die

Blitzfunktion nutzen« auf Seite 270). Tippen Sie auf das Blitz-Symbol und anschließend auf **Ein** ❶, dann wird Ihre Szenerie gut ausgeleuchtet.

> **HINWEIS**
>
> **Stromfresser LED-Hilfslicht**
>
> Einen Nachteil hat das LED-Hilfslicht allerdings: Es benötigt viel Strom. Sie werden merken, dass schon nach kurzer Zeit der Akkuladezustand rapide abnehmen wird. Nutzen Sie das Hilfslicht also mit Bedacht.

Filme direkt nach der Aufnahme anschauen und aussortieren

Genau wie auch beim Fotografieren können Sie sich Ihre Aufnahme, direkt nachdem Sie sie gemacht haben, noch einmal anschauen und entscheiden, ob Sie sie eventuell löschen möchten.

1. Wenn Sie etwas gefilmt haben, tippen Sie auf die kleine Bildvorschau ❶, um das zuletzt gefilmte Video anzuschauen und es zu beurteilen.

2. Dann spielen Sie das Video ab, indem Sie auf die **Play**-Schaltfläche ❷ tippen.

3. Um das Video zu löschen, tippen Sie auf das Papierkorb-Symbol ❸.

Kehren Sie anschließend durch Tippen auf das blaue Kamera-Symbol ❹ in der linken unteren Ecke in die Videoansicht zurück. Auf die Art überfrachten Sie Ihren Speicher nicht mit Videos, die ohnehin nicht Ihren Ansprüchen genügen.

Filme auf dem iPhone bearbeiten

Sicherlich ist das iPhone kein ausgewiesenes Videoschnittgerät. Allerdings können Sie Ihren Videoclip recht genau am Anfang und am Ende in der Länge kürzen. Man nennt das *trimmen*. Für weitere Bearbeitungsmöglichkeiten siehe den Abschnitt »Erweiterte Videobearbeitung mit der iMovie-App« auf Seite 295.

HINWEIS

Hochformat oder Querformat?

Sicherlich können Sie Ihre Filme sowohl im Hochformat als auch im Querformat bearbeiten. Ich möchte Ihnen aber das Querformat ans Herz legen, da die Trimmspur entsprechend länger wird, wenn Sie das Querformat benutzen. Auch Filme, die Sie im Hochformat gedreht haben, können Sie im Querformat bearbeiten.

---

1. Öffnen Sie die Fotos-App, und wählen Sie aus Ihren Aufnahmen mit einem Finger-Tipp den Clip aus, den Sie bearbeiten möchten.

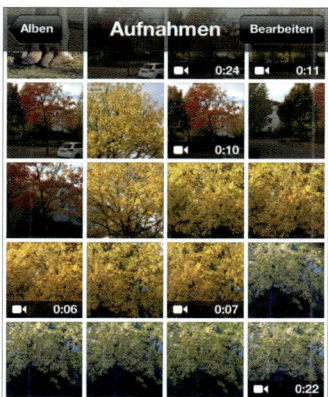

2. Das Video wird aufgerufen. Tippen Sie dann auf das Videobild ❺ (nicht auf den **Play**-Button!). Daraufhin erscheint oben eine Bearbeitungsleiste mit kleinen Einzelbildern Ihres Videos (die Trimmspur ❻). Um die Funktion **Trimmen** zu aktivieren, tippen Sie auf den linken oder rechten Rand dieser Bearbeitungsleiste.

3. Diese Leiste wird nun gelb umrahmt, und dieser Rahmen kann an beiden Enden bewegt werden **7**. Ziehen Sie den Rahmen so weit nach rechts oder links, bis Sie jeweils den Punkt erreicht haben, an dem Sie Ihr Video schneiden möchten. Hier habe ich einfach den Anfang drastisch gekürzt.

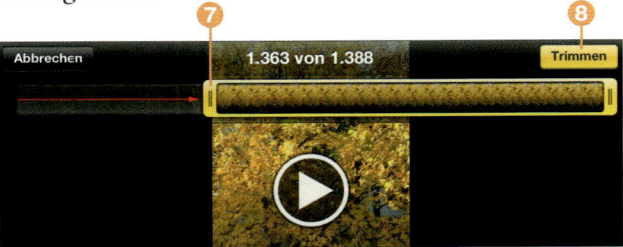

4. Tippen Sie auf den **Trimmen**-Button **8**. Daraufhin können Sie noch entscheiden, ob Sie den Originalfilm trimmen oder ihn zuvor als neuen Clip sichern möchten.

> **TIPP**
>
> **Umgang mit Originalen**
>
> Wenn Sie einen Videoclip drehen und dies z. B. im Urlaub machen, können Sie diese Aufnahmen später nicht mehr wiederholen. Wenn Sie also einen Filmclip bearbeiten, sollten Sie ihn immer als neuen Clip sichern, um das Originalvideo nicht unwiederbringlich zu zerstören. Arbeiten Sie also immer mit einer Kopie, oder erzeugen Sie eine Kopie des Originalclips, bevor Sie ihn verändern.

Wenn Sie Ihre Videoclips bearbeitet haben, können Sie diese Filme anschließend an Ihre Bekannten und Freunde versenden. Hierzu bietet Ihnen das iPhone verschiedene Möglichkeiten – z. B. per Mail oder MMS (siehe dazu die Abschnitte »Filme per E-Mail versenden« auf Seite 298 und »Filme via MMS versenden« auf Seite 299).

Erweiterte Videobearbeitung mit der iMovie-App

Nun möchte ich Ihnen noch einen kleinen Ausblick auf die Möglichkeiten der Videobearbeitung mit dem iPhone geben. Mittlerweile ist auch eine App-Version der Apple-eigenen Videobearbeitungssoftware iMovie für das iPhone erhältlich. Sie können Sie im App Store zum Preis von 3,99 EUR erwerben und auf Ihrem iPhone installieren.

1. Tippen Sie auf die iMovie-App; es öffnet sich der Startbildschirm der App.

2. Tippen Sie anschließend auf das Plus-Symbol ❶ und dann auf **Neues Projekt** ❷, um ein neues Projekt anzulegen.

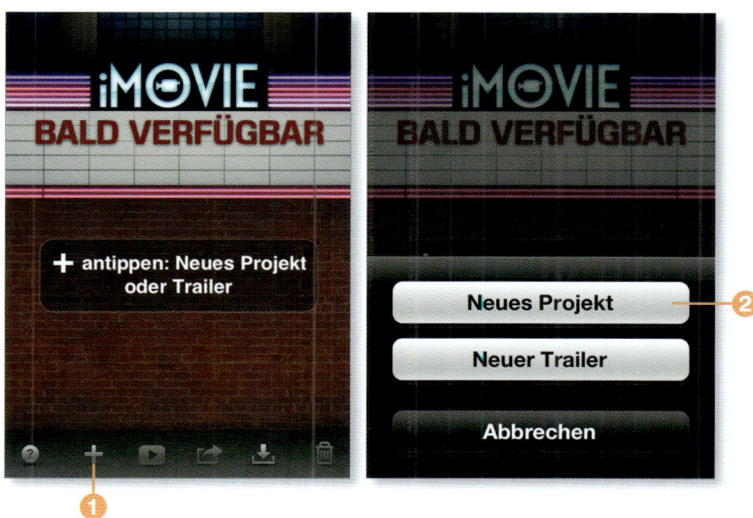

3. Im nächsten Schritt wählen Sie aus, ob Sie nun erst einmal mit der Kamera einen Film aufnehmen ❸ oder ob Sie einen bereits aufgenommenen Videoclip in iMovie importieren ❹ möchten. Tippen Sie auf die entsprechende Option.

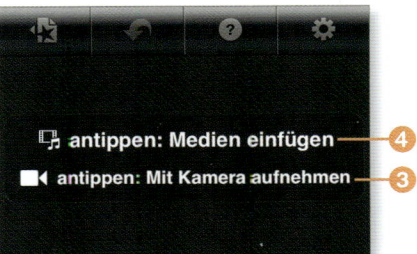

4. Wählen Sie per Fingertipp einen oder mehrere Videoclips aus, die Sie für das Projekt benötigen. Links auf den Clips sehen Sie, wie lang sie jeweils sind ❺.

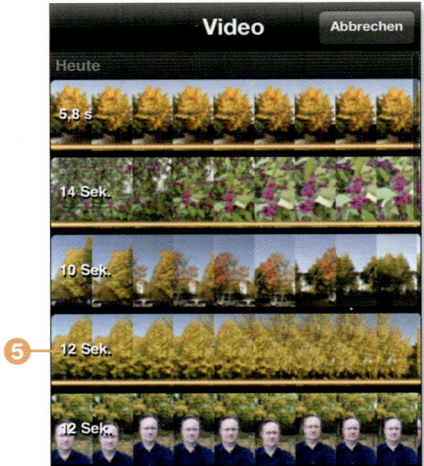

5. Sobald der Clip in iMovie eingefügt wurde, können Sie die Bearbeitung vornehmen (am besten im Querformat). Sprechen Sie z. B. einen Kommentar ❻, fügen Sie weitere Videoclips oder Bilder hinzu ❼, wählen Sie aus den vorgegebenen Themen (Gestaltungsvorlagen) unter **Einstellungen** ❽ eines aus, spielen Sie Ihren bearbeiteten Videoclip in der Voransicht ab ❾, filmen Sie weitere Sequenzen ❿, oder springen Sie nach Beendigung Ihrer Bearbeitung zurück zum iMovie-Startbildschirm ⓫.

6. Falls Ihnen eine Bearbeitung nicht gefällt, die Sie gerade vorgenommen haben, können Sie die jeweils letzte Änderung mit dem **Widerrufen**-Button **12** zurücknehmen. Sie müssen übrigens nicht zwischenspeichern. Das erledigt iMovie im Hintergrund für Sie.

7. Haben Sie alle Bearbeitungsschritte ausgeführt, können Sie Ihr Video weitergeben und zum Anschauen freigeben. Klicken Sie dazu im Startbildschirm von iMovie unten auf den **Bereitstellen**-Button **13**, und entscheiden Sie im nächsten Bildschirm, wohin Sie Ihr Video senden möchten, z. B. YouTube oder Facebook **14**.

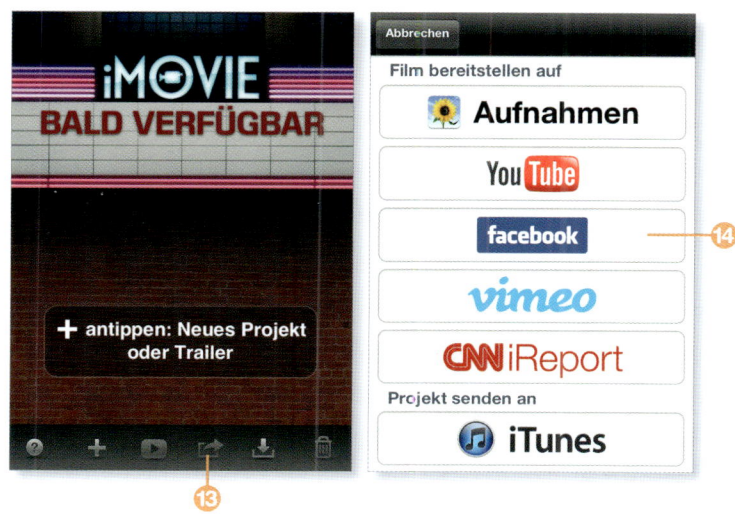

Wie Sie Ihre Videos ganz grundsätzlich an andere weitergeben können, erfahren Sie in den nächsten Abschnitten, »Filme per E-Mail versenden« und »Filme via MMS versenden«. Und – ganz wichtig – am Schluss dieses Kapitels erkläre ich Ihnen auch noch, wie Sie Ihre selbstgedrehten iPhone-Filme bei YouTube hochladen.

Filme per E-Mail versenden

Wie Sie Fotos per E-Mail verschicken, haben Sie bereits in Kapitel 6 im Abschnitt »Bilder und andere Medien per Mail versenden« erfahren. Das Ganze funktioniert aber natürlich nicht nur mit Fotos. Um Ihren mit dem iPhone gedrehten Film per E-Mail zu versenden, sind ebenfalls nur wenige Handgriffe nötig (vorausgesetzt, Sie haben einen Mail-Account eingerichtet, siehe dazu Kapitel 6, »E-Mails senden und empfangen«):

1. Wählen Sie in Ihrer Fotos-App ein schönes Video aus, das Sie weitergeben möchten.

2. Tippen Sie links unten auf den **Bereitstellen**-Button ❶, und wählen Sie im dann erscheinenden Overlay-Menü den Eintrag **Mail** ❷ aus.

3. Daraufhin öffnet sich Ihre Mail-App mit einer neuen E-Mail, an die Ihr Video bereits angehängt ist ❸. Geben Sie den Adressaten ❹ und einen Betreff ❺ ein, und schreiben Sie, wenn Sie mögen, noch weiteren Text dazu.

4. Sobald Ihre E-Mail fertiggestellt ist, tippen Sie oben rechts auf den **Senden**-Button ❻.

Der Empfänger erhält daraufhin wenig später eine E-Mail, die Ihr Video enthält und – sofern er die Mail von einem Mac oder einem iPhone aus abruft – auch gleich ein Vorschaubild anzeigt. Er kann das Video nun mit einem Klick auf den **Play**-Button abspielen, oder er lädt es sich zuerst als Datei auf seinen Computer und spielt es dann ab.

Filme via MMS versenden

Es gibt eine zweite Möglichkeit, wie Sie Ihre Videos an Dritte weiterverschicken können. Das Versenden eines Clips als Nachricht (MMS) funktioniert analog zum Versenden per E-Mail:

1. Wie schon beim E-Mail-Versand wählen Sie in Ihrer Fotos-App ein Video aus, das Sie weitergeben möchten.

2. Tippen Sie auf den Bereitstellen-Button, und wählen Sie im dann erscheinenden Overlay-Menü den Eintrag **Nachrichten** ❶ aus, um eine neue Nachricht mit diesem Video zu erstellen.

3. Daraufhin öffnet sich ein Nachrichtenfenster, und Ihr Video ist bereits in eine Nachrichtenblase eingefügt worden ❷. Geben Sie also den Adressaten ❸ ein, und schreiben Sie bei Bedarf noch einen Text dazu. (Diesen können Sie natürlich auch mit Hilfe von Siri diktieren, indem Sie auf die Mikrofon-Taste auf der Tastatur links neben der Leertaste tippen.)

4. Wenn Sie fertig sind, tippen Sie auf **Senden** ❹ und verschicken so Ihre MMS.

Filme auf YouTube laden

Wenn es Ihnen nicht genügt, Ihre Videos an einzelne Personen zu verschicken, und Sie sie lieber einer größeren Öffentlichkeit zugänglich machen möchten, können Sie sie bei YouTube hochladen. Und das geht so:

1. Haben Sie den Videoclip gedreht und fertig bearbeitet, tippen Sie unten links auf den **Bereitstellen**-Button und wählen im zugehörigen Overlay-Menü den Eintrag **YouTube**  aus.

2. Daraufhin öffnet sich ein Anmeldefenster, mit dessen Hilfe Sie sich bei YouTube anmelden können. Voraussetzung ist natürlich, dass Sie sich bereits vorab bei YouTube registriert haben. Geben Sie hier Ihre Zugangsdaten ❻ ein, tippen Sie auf **Anmelden** ❼.

3. Im nächsten Fenster geben Sie eine Überschrift ❽ und einen kurzen Erläuterungstext ❾ für Ihr Video ein. Tippen Sie dann auf **Veröffentlichen** ❿.

4. Damit Ihr Videoclip später auf YouTube zu finden ist, ordnen Sie ihn einer Kategorie ⓫ zu und entscheiden, ob der Videoclip öffentlich bei YouTube stehen soll ⓬, ob er über einen Link sichtbar gemacht wird ⓭ oder ob er lediglich im privaten Bereich gespeichert wird und damit nur für Sie zugänglich ist ⑭. Haben Sie diese Entscheidung getroffen, tippen Sie auf **Veröffentlichen** ⑮.

5. Nach einem kurzen oder – je nach Größe des Videos und der Qualität Ihrer Internetverbindung – auch einem längeren Augenblick, der benötigt wird, um Ihr Video hochzuladen, erhalten Sie eine Meldung von YouTube, in der Sie noch entscheiden können, ob Sie das Video sofort auf YouTube abspielen wollen ⑯, ob Sie es noch gesondert ankündigen möchten ⑰ oder ob YouTube gleich geschlossen werden soll ⑱. Tippen Sie auf **Anzeigen auf YouTube**.

6. Sie sehen nun eine Übersicht aller bereits von Ihnen hochgeladenen Videos. Tippen Sie auf den kleinen Pfeil oder direkt auf das Video, um es zu starten.

Voilà, es ist geschafft! Sie können sich Ihr Video nun im Internet anschauen. Und wenn Sie es für die breite Masse zugänglich gemacht haben – wer weiß, vielleicht werden Sie auch bald zum YouTube-Star!

INFO

Videos bei Facebook

Natürlich können Sie Ihre Videos nicht nur bei YouTube, sondern auch bei Facebook hochladen (siehe dazu den Abschnitt »Fotos bei Twitter und Facebook veröffentlichen« auf Seite 281).

Kapitel 12
Karten und Navigation

Apple hat extra für das neue iPhone 5 eine komplett neu gestaltete Karten-App entwickelt, die nicht nur über frei skalierbare, vektorbasierte Karten verfügt, sondern auch über eine integrierte Navigation und einen 3D-Modus. Auch eine neu gestaltete Verkehrsinfo ist mit an Bord. In diesem Kapitel erfahren Sie, was alles hinzugekommen ist und wie die neue Karten-App im Detail funktioniert.

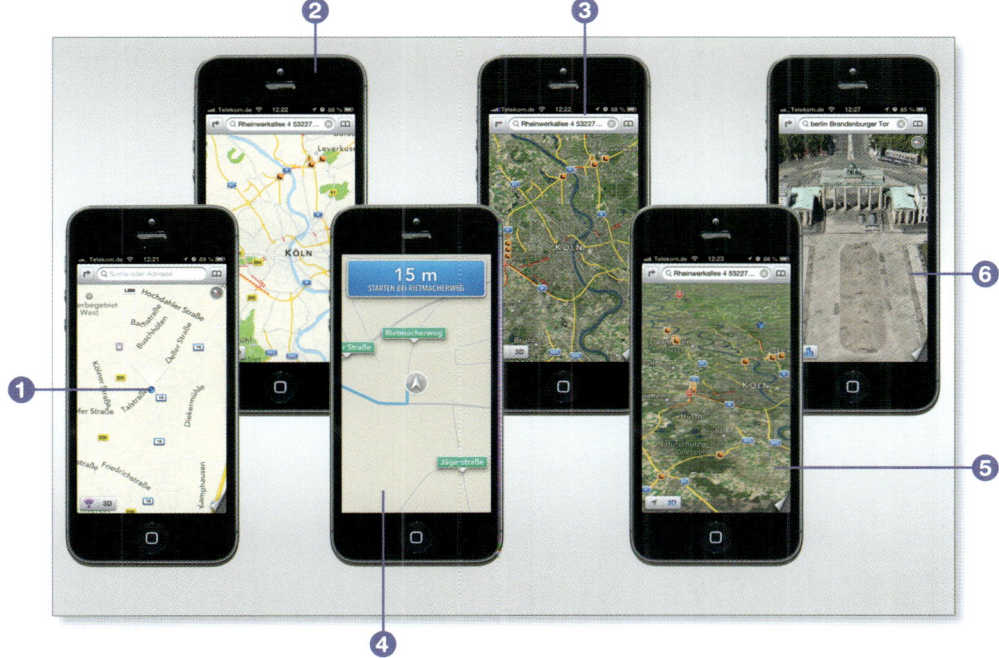

Sie sehen die Kartenansicht mit eingestelltem Blickwinkel-Indikator ❶, die Darstellung der Verkehrssituation im Großraum Köln einmal in der Kartenansicht ❷ und einmal in der Satellitendarstellung ❸, die neue Navigation ❹, den 3D-Modus in der Hybridansicht ❺ und die Flyover-Ansicht ❻.

Die Ansichten der neuen Karten-App

 Die Karten-App ist eine der von Apple vor-installierten Applikationen. Sie verfügt über einige Ansichtsmodi, die ich Ihnen hier vorstellen möchte. Sie wechseln zwischen den einzelnen Ansichten, indem Sie unten rechts auf das entsprechende Symbol tippen. Zuvor müssen Sie die Karte aber noch »hochblättern«, indem Sie mit dem Finger vom rechten unteren Rand nach oben wischen (Sie sehen dort schon einen kleinen »Anfasser« zum Blättern). Folgende Ansichten stehen Ihnen dann zur Verfügung:

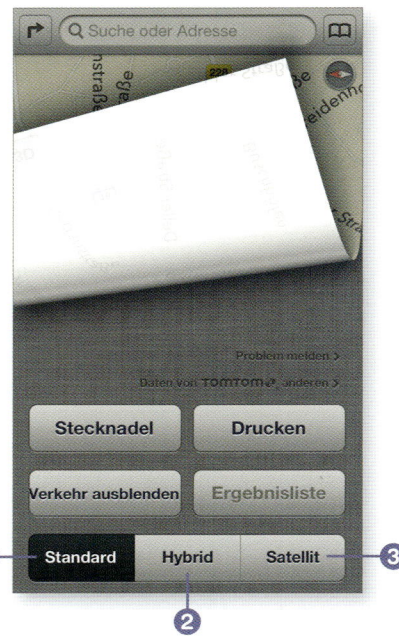

❶ Standard

❷ Hybrid

❸ Satellit

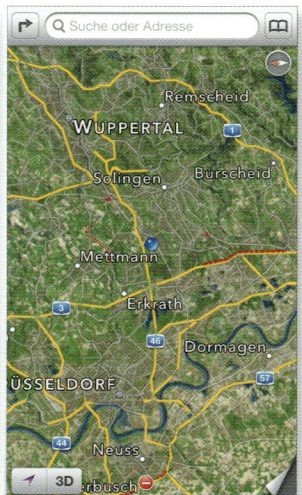
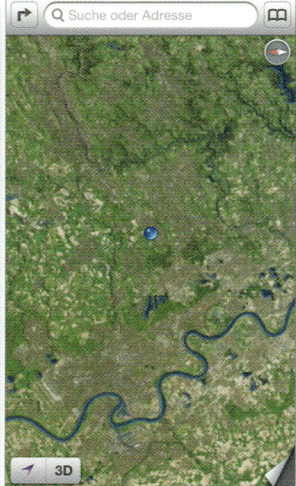

Je nachdem, für welche Ansicht Sie sich entschieden haben, sieht naturgemäß die Darstellung auf Ihrem iPhone aus (nachdem Sie die Karte wieder nach unten »geblättert« haben): Sie erkennen in der Abbildung auf Seite 304 die normale Kartenansicht (links), die Hybridansicht mit eingeblendeten Verkehrsinfos (Mitte) und die Satellitenansicht (rechts).

In den beiden Ansichten **Standard** und **Hybrid** können Sie sich zusätzlich die aktuelle Verkehrssituation einblenden lassen. Tippen Sie dazu auf den Button **Verkehr** ❹.

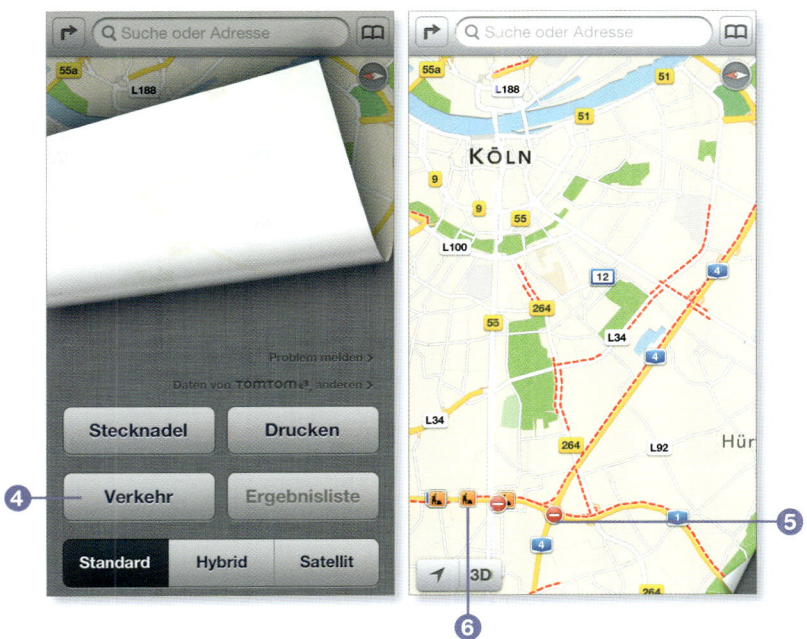

Die rot gestrichelten Abschnitte bedeuten Beeinträchtigungen im Verkehrsfluss bis hin zum Stau, die roten Warnschilder ❺ stehen für Sperrungen des Teilstücks, und die orangefarbenen Baustellenzeichen ❻ bedeuten, dass es hier eine größere Baustelle gibt.

Sie können sich auch noch detailliertere Informationen zur aktuellen Verkehrssituation anzeigen lassen. Tippen Sie hierzu entweder auf ein Baustellenschild oder auf ein Sperrungssymbol. Sie bekommen daraufhin zusätzliche Informationen zu dem angetippten Ereignis. Wenn Sie auf **Karte** ❼ tippen, gelangen Sie jeweils wieder zurück zur Kartenansicht.

GPS-Empfang einstellen

Um aber überhaupt eine vernünftig mit der Karten-App navigieren zu können, müssen Sie erst einmal den GPS-Empfang (*Global Positioning System*) einstellen. Und das geht so:

1. Um den GPS-Empfang bzw. die Ortungsdienste einzustellen, öffnen Sie zunächst das Menü **Einstellungen ▶ Datenschutz** ❶.

2. Tippen Sie dann auf **Ortungsdienste** ❷, und aktivieren Sie den zugehörigen Regler ❸ im darauffolgenden Menü, indem Sie den Regler nach rechts schieben.

3. Nachdem Sie den Regler nach rechts geschoben haben, wird darunter eine Liste aller Apps eingeblendet, die Ortungsdienste verwenden. Auf die Art können Sie auch noch im Einzelnen bestimmen, welche App die GPS-Funktion nutzen darf und welche nicht. Bei Karten ❹ sollte der Regler entsprechend aktiviert sein, wenn Sie die App zur Navigation nutzen möchten.

Das Ganze gilt natürlich auch, wenn Sie andere Navigationssysteme wie Navigon oder TomTom nutzen. Auch diese Apps müssen Sie dann für die Ortung freischalten.

Die eigene Position finden

Egal, wo Sie sich gerade aufhalten, die Karten-App ist in der Lage, Ihre exakte Position ohne Probleme zu bestimmen, wenn Sie sich z. B. einmal verlaufen haben.

1. Öffnen Sie die Karten-App, tippen Sie einfach links unten auf den kleinen Pfeil ❺. Dieser färbt sich daraufhin lila. Nach wenigen Sekunden sehen Sie einen blauen Punkt ❻, der Ihre ungefähre Position anzeigt (über GPS geortet).

2. Wenn der Suchvorgang des GFS-Systems im Gange ist, erkennen Sie das an-

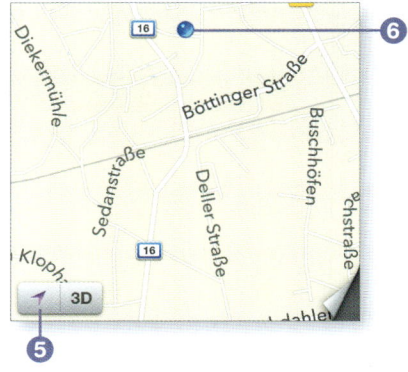

hand eines pulsierenden Kreises ❼, den Sie um den Punkt herum sehen (siehe dazu auch den Kasten »Genauigkeit des GPS-Signals« auf Seite 313).

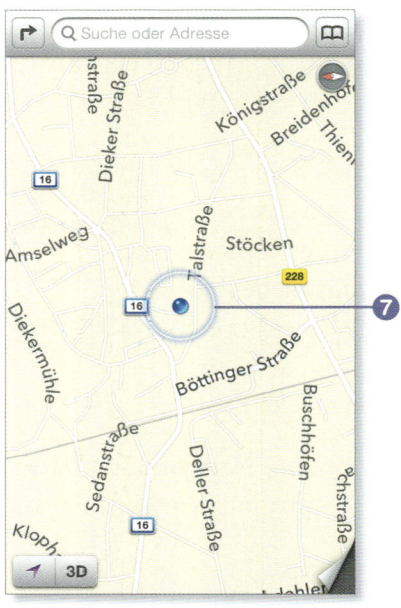

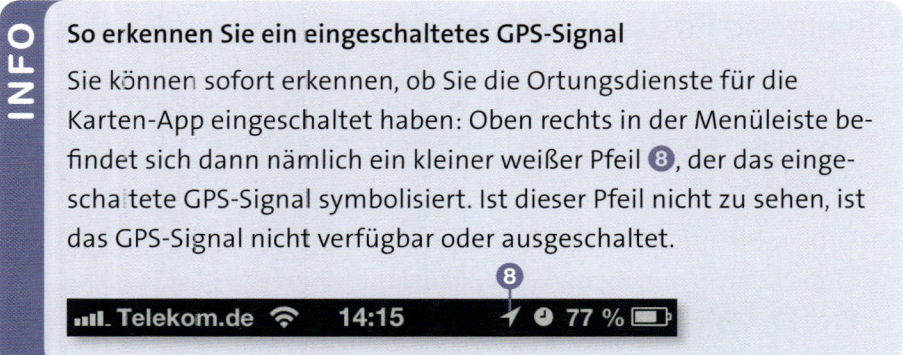

So erkennen Sie ein eingeschaltetes GPS-Signal

Sie können sofort erkennen, ob Sie die Ortungsdienste für die Karten-App eingeschaltet haben: Oben rechts in der Menüleiste befindet sich dann nämlich ein kleiner weißer Pfeil ❽, der das eingeschaltete GPS-Signal symbolisiert. Ist dieser Pfeil nicht zu sehen, ist das GPS-Signal nicht verfügbar oder ausgeschaltet.

Sollten Sie sich einmal in einer fremden Stadt nicht so gut auskennen und nicht genau wissen, in welche Richtung Sie gerade blicken, hilft Ihnen Ihr iPhone auch hier weiter.

Wenn Sie in der Karten-App einmal unten links auf den Button mit dem Pfeil tippen, wird die GPS-Erkennung aktiviert und der Pfeil färbt sich lila. Tippen Sie ein zweites Mal auf diesen Button, verändert er sich nochmals ❾. Die Ansicht wird dann dank des eingebauten Kompasses so geändert, dass Sie genau sehen können, in welche Richtung Ihr iPhone jetzt zeigt ❿. So wissen Sie immer, in welche Richtung Sie sich wenden müssen, um zu Ihrem Ziel zu gelangen.

Die Karten-App als Routenplaner

Mit der Karten-App können Sie auch eigene Routen planen, die Sie dann wie mit einem klassischen Navigationssystem abfahren. Dieses neue Navigationsfeature kann mittlerweile also sogar ein handelsübliches Navigationssystem ersetzen. Sie geben dabei die Zieladresse entweder manuell ein oder verwenden Adressen aus Ihren Kontakten. In diesem Abschnitt erfahren Sie, wie das genau geht.

Stellen Sie sich vor, Sie möchten einen Geschäftsfreund besuchen, dessen Adresse Sie bereits in Ihren Kontakten gespeichert haben. Dann gehen Sie wie folgt vor:

1. Öffnen Sie die Karten-App, und tippen Sie rechts oben auf das Symbol **Adressbuch** ❶. Ihre Kontaktliste öffnet sich, und Sie können hier einen Kontakt als Zieladresse für Ihre Route auswählen.

2. Haben Sie den Kontakt ausgewählt, ortet das GPS die Adresse, und diese
wird sofort in der Karte angezeigt. Wenn Sie jetzt auf das Auto-Symbol
❷ des Kontaktetiketts tippen, werden Ihnen drei Routenvorschläge gemacht.

3. Die Unterschiede in der Länge der jeweiligen Route erkennen Sie anhand der Streckeninformationen oberhalb der Kartenansicht ❸. Um
zwischen den Routenvorschlägen zu wechseln, tippen Sie einfach auf
das jeweilige »Schild« ❹ **Route 1**, **Route 2** oder **Route 3**.

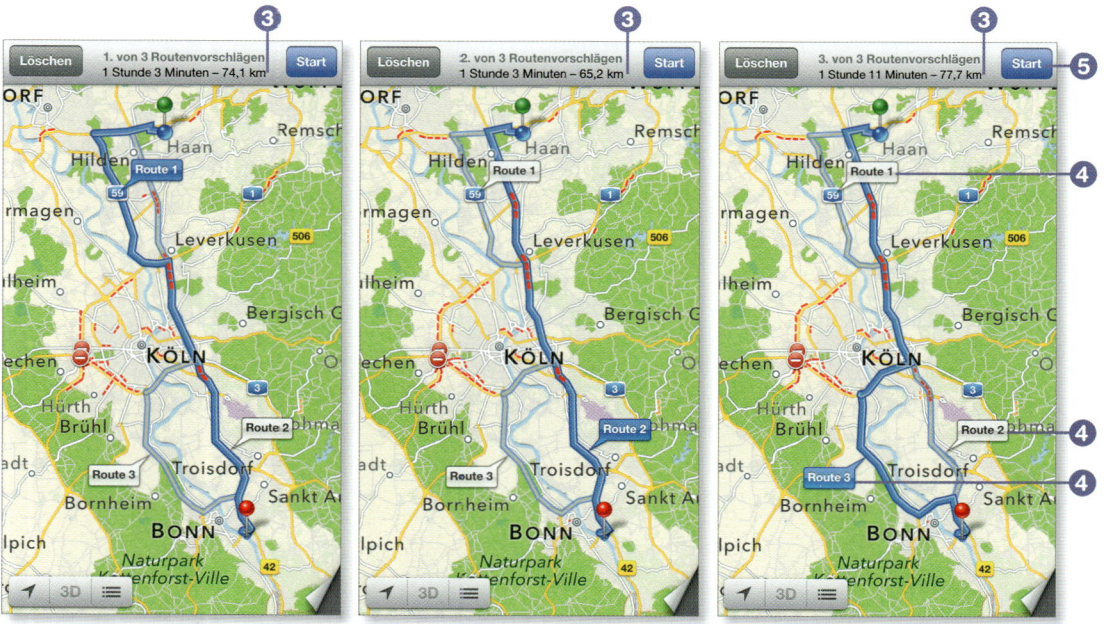

4. Um die Navigation zu starten, tippen Sie auf **Start** ❺.

5. Sie werden dann Stück für Stück durch die Strecke geführt. Tippen Sie einmal auf die Karte, dann sehen Sie im oberen Bereich, wie lange die Fahrt insgesamt dauert ❻ und wann Sie in etwa ankommen werden ❼.

6. Links unten befindet sich noch das Symbol für die Listen-Ansicht ❽. Wenn Sie darauf tippen, wird Ihnen eine Liste mit allen Stationen der kompletten Route angezeigt.

7. Tippen Sie den **Fertig**-Button ❾, um wieder in die Kartenanzeige der aktuellen Navigationsanfrage zu gelangen.

8. Mit **Ende** ❿ beenden Sie die Navigation und kehren zum Eingabebildschirm der Karten-App zurück.

Natürlich können Sie das Ziel Ihrer Fahrt auch manuell eingeben, wenn Sie die Adresse nicht in den Kontakten gespeichert haben. Dazu gehen Sie wie folgt vor:

1. Tippen Sie auf den kleinen grauen Pfeil ❶, der nach rechts geknickt ist.

2. So öffnet sich ein Eingabefenster, in dem Sie Start ❷ und Ziel ❸ Ihrer Reise eingeben. Im Feld **Start** steht **Aktueller Ort**, weil Ihr iPhone davon ausgeht, dass Sie Ihre Reise sofort beginnen möchten. Es ortet Sie und berechnet die Route von Ihrem aktuellen Standort aus. Sie können aber selbstverständlich auch einen anderen Ort eingeben. Um den Eintrag in einem Feld zu löschen, tippen Sie darauf und drücken entweder die Löschen-Taste auf Ihrer Tastatur oder tippen auf das Kreuzchen ❹ im Feld.

3. Zum Schluss tippen Sie auf **Route** ❺, und schon wird Ihre Reiseroute berechnet, wie eben beschrieben.

In der Ansicht, in der Sie Start und Ziel manuell eingeben können, sehen Sie auch drei andere Schaltflächen: **Auto**, **Fußgänger** und **Öffentliche Verkehrsmittel**. Was es damit auf sich hat, erkläre ich Ihnen im nächsten Abschnitt.

Unterschiede für Fußgänger, Autos und öffentliche Verkehrsmittel

Es gibt tatsächlich Unterschiede in der Navigation – abhängig davon, ob Sie mit dem Auto ❻, zu Fuß ❼ oder mit öffentlichen Verkehrsmitteln ❽ eine bestimmte Route zurücklegen. Ich werde Ihnen das anhand eines Beispiels verdeutlichen.

Ich habe eine kurze Route zwischen Haan und der Nachbarstadt Gruiten gewählt. Die Distanz zwischen beiden Städten beträgt ungefähr 3 bis 4 km. Der Unterschied in den Routen ist hier ganz deutlich zu erkennen.

Das Auto ❾ benötigt für 4,9 km elf Minuten. Der Weg des Fußgängers ❿ ist ein komplett anderer – hier kann natürlich nicht die gleiche Straße gewählt werden wie für das Auto –, und er benötigt für einen 4,3 km langen Weg 52 Minuten. Der Weg mit öffentlichen Verkehrsmitteln wird aktuell noch gar nicht angezeigt ⓫, sondern es wird auf weitere Navigations-Apps verwiesen, die Sie im App Store herunterladen können (Stand: November 2012).

INFO

Genauigkeit des GPS-Signals

Sie können auf den ersten Blick erkennen, wie genau das entsprechende GPS-Signal ist, das Sie empfangen. Je genauer das Signal ist, desto kleiner wird der den Punkt umgebende Kreis. Die Positionsbestimmung links ist noch relativ ungenau, rechts daneben ist sie schon wesentlich exakter.

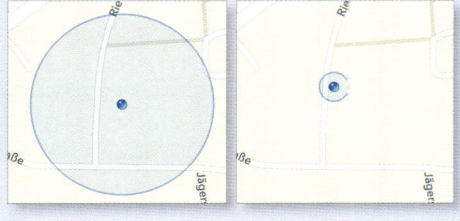

Wie bereits erwähnt, können Sie sich auch als Fußgänger von der Karten-App navigieren lassen. Tippen Sie dazu bei der Eingabe der Route auf das mittlere Icon mit dem Fußgänger und dann wie gehabt oben rechts auf **Start**. Die Route sieht dann aus, wie in der nebenstehenden Abbildung zu sehen. Streichen Sie die Etiketten von rechts nach links, um von einem Wegpunkt zum nächsten zu gelangen.

Adressen suchen

Ein ganz großer Vorteil der Karten-App ist die Möglichkeit, gezielt nach bestimmten Adressen zu suchen. Die entsprechende Adresse muss dabei nicht in Ihrem Adressbuch vorhanden sein. Gehen Sie wie folgt vor, um eine Adresse zu finden:

1. Öffnen Sie die Karten-App, und tippen Sie oben in das Suchfeld ❶. Dort geben Sie nun die gewünschte Adresse ein, oder Sie diktieren sie, indem Sie auf den Mikrofon-Button ❷ tippen. Schon bei der Eingabe der ersten Buchstaben macht die App passende Vorschläge ❸, von denen Sie einen auswählen, indem Sie darauf tippen.

2. Die Adresse wird daraufhin gesucht und in der Karte mit einem Etikett versehen, sobald sie gefunden wurde. Wenn Sie weitere Informationen zu der Adresse benötigen, weil es sich z. B. um

ein Restaurant oder Museum handelt, tippen Sie auf den blauen Pfeil in dem Etikett ❹, und Sie gelangen in die Infoansicht.

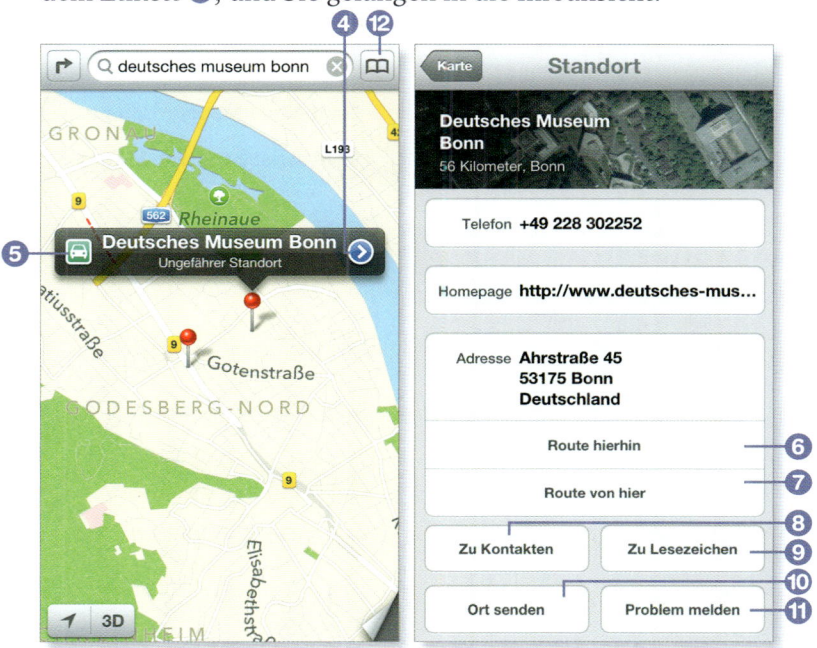

3. Um hingegen sofort die Route zu berechnen, tippen Sie in der Karte auf das Auto-Symbol ❺. Die Route wird daraufhin auf der Karte dargestellt.

4. Auch aus der Infoansicht heraus (Schritt 2) können Sie die Route berechnen, und zwar haben Sie dabei außerdem die Möglichkeit, auszuwählen, ob die Route von Ihrem aktuellen Ort aus dorthin ❻ oder von dort zu Ihrem aktuellen Standort ❼ berechnet werden soll.

5. Zu guter Letzt können Sie die angegebene Adresse noch zu Ihren Kontakten ❽ oder Ihren Karten-Lesezeichen ❾ hinzufügen oder sie per E-Mail, SMS, über Twitter oder Facebook weitergeben ❿.

Wenn Sie in Ihrer Karten-App einmal einen Fehler finden – wenn also beispielsweise eine Adresse nicht stimmt, die Lokalität nicht mehr existiert oder der Pin falsch platziert ist –, können Sie das an Apple melden ⓫. Die zuständigen Entwickler nehmen sich des Problems dann hoffentlich bald an.

INFO

Was ist gemeint mit »Zu Lesezeichen«?

Mit dieser Funktion speichern Sie eine Navigation in den Lesezeichen der Karten-App und rufen diese später einfach mit einem Fingertipp wieder auf. Um zu gespeicherten Lesezeichen zu gelangen, tippen Sie in der Karten-App oben rechts auf das Buch-Symbol (⑫ auf Seite 315). Nun öffnet sich eine Ansicht, die neben den letzten Suchen ⑬ sowie Ihren Kontakten und deren Adressen ⑭ auch die Lesezeichen ⑮ enthält, die Sie gespeichert haben.

Eigene Kontakte in der Karten-App darstellen

Wenn Sie Ihre eigenen Kontakte in der Karten-App darstellen lassen möchten, ist das mit Ihrem iPhone 5 auch kein Problem. Gehen Sie dabei wie folgt vor:

1. Öffnen Sie Ihre Kontakte, und suchen Sie sich einen Kontakt aus, indem Sie darauf tippen.

2. Der Kontakt öffnet sich, und alle entsprechenden Kontaktdaten werden Ihnen angezeigt. Tippen Sie nun auf die Adresse, um sie sich in der Kartendarstellung anzeigen zu lassen.

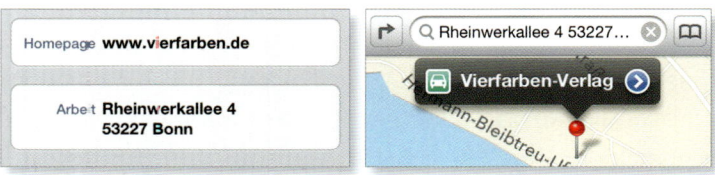

Denken Sie daran, dass Sie alle Adressen, zu denen Sie navigieren, auch als Lesezeichen abspeichern können, um die Strecke nicht immer wieder neu eingeben zu müssen (siehe dazu auch den Kasten auf Seite 316).

Flyover und 3D-Ansicht anzeigen

Die neue Karten-App hat auch eine neue Ansicht bekommen, die Apple *Flyover* nennt. Das ist eigentlich nichts anderes als eine nah herangezoomte Satellitenansicht, in der Sie die einzelnen Gebäude dann von allen Seiten sehen. Man soll damit Ballungsräume in fotorealistischer Darstellung erleben können. Allerdings funktioniert das in Deutschland zurzeit nur in Berlin und München. Weitere Städte sollen im Laufe der Zeit hinzukommen. Aber wie gelangen Sie in diesen Modus? Nun, dazu müssen Sie Folgendes tun:

1. Öffnen Sie die Karten-App, und geben Sie die Stadt ein, die Sie anschauen möchten, also beispielsweise »Berlin«.

2. Schalten Sie dann erst einmal die Satellitenansicht ❶ ein.

3. Zoomen Sie in die Stadt hinein, indem Sie Daumen und Zeigefinger auf dem Display auseinanderziehen. Tippen Sie auf das Hochhaus-Symbol

② in der linken unteren Ecke. Die Ansicht ändert sich daraufhin wieder, und Sie schauen in einem leichten Winkel von oben auf die Gebäude ③.

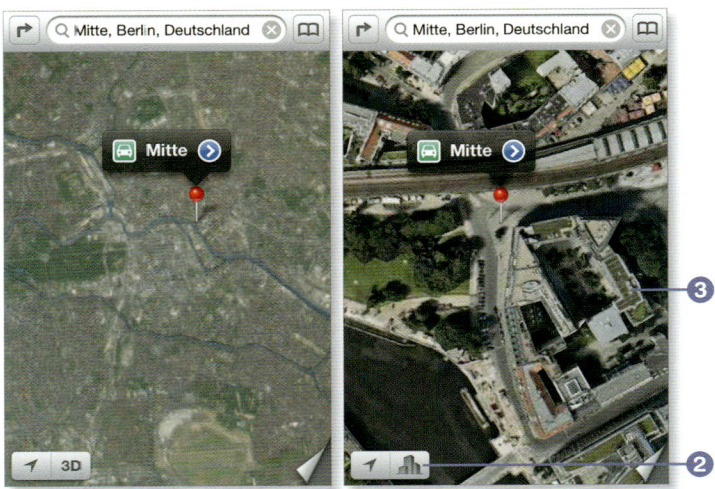

4. Schieben Sie nun gleichzeitig zwei Finger von unten nach oben über das Display, dann kippt die Ansicht immer weiter ④. Das machen Sie so lange, bis Sie die Häuserfassaden gut sehen können ⑤.

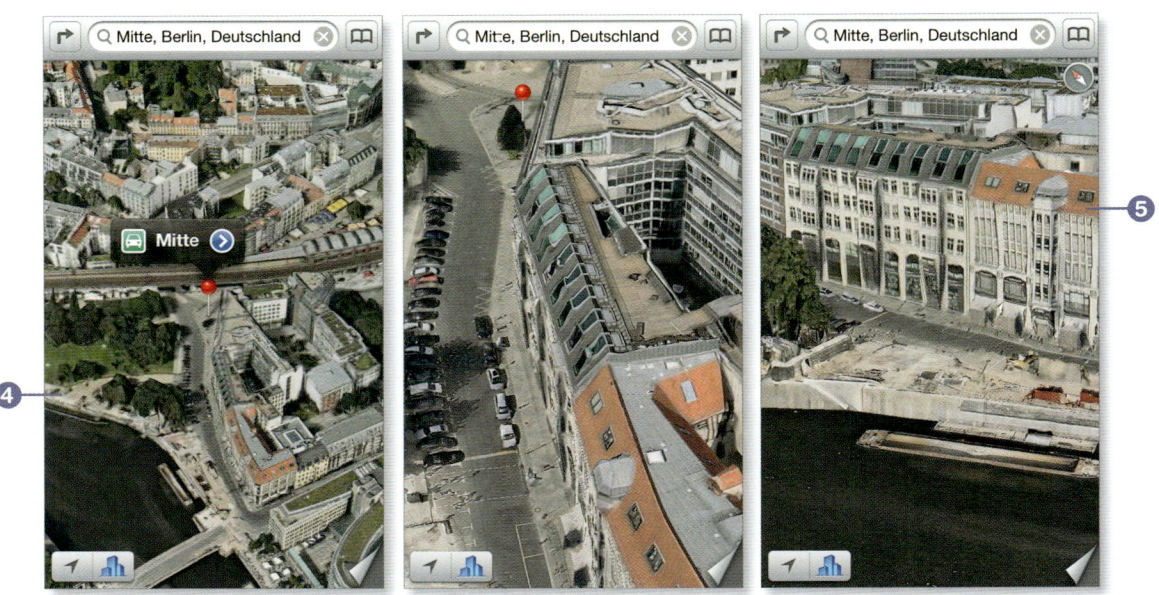

5. Auf diese Weise können Sie sich die ganze Stadt gut anschauen und verschiedene Sehenswürdigkeiten auch aus der Ferne betrachten, zum Beispiel den Reichstag oder das Brandenburger Tor.

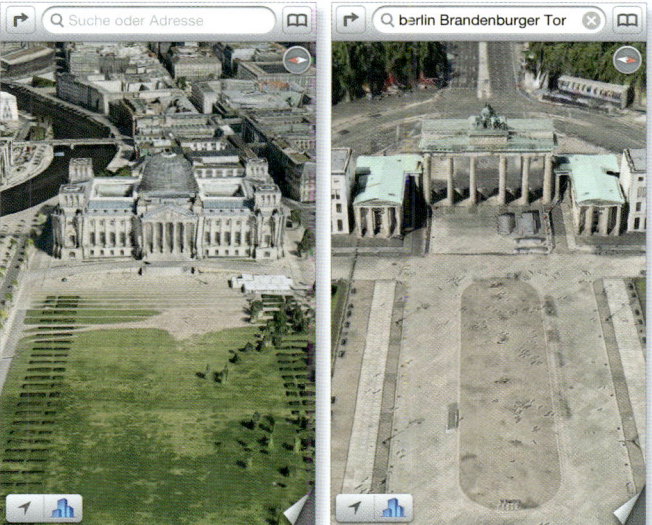

Die lokale Suche

Wenn Sie sich in einer fremde Stadt aufhalten, ist es für Sie unter Umständen wichtig, wo welche Geschäfte oder Restaurants zu finden sind. Diesem Umstand hat Apple in der neuen Karten-App ebenfalls Rechnung getragen und regionale Informationen in die App integriert. Sehen Sie im Folgenden, wie Sie damit umgehen.

1. Öffnen Sie in der Karten-App zuerst einmal die Standardansicht, und geben Sie einen Städtenamen ein, beispielsweise »Düsseldorf«.

2. Wenn Sie etwas näher in die Stadt hineinzoomen, sehen Sie sofort, dass Geschäfte, Bars, Restaurants, Banken, U-Bahnen etc. mit jeweils einem kleinen runden Symbol ❶ dargestellt werden. Die gleichen Informationen sehen Sie auch in der Ansicht **Hybrid** (rechts im Bild), nur ohne schriftliche Details.

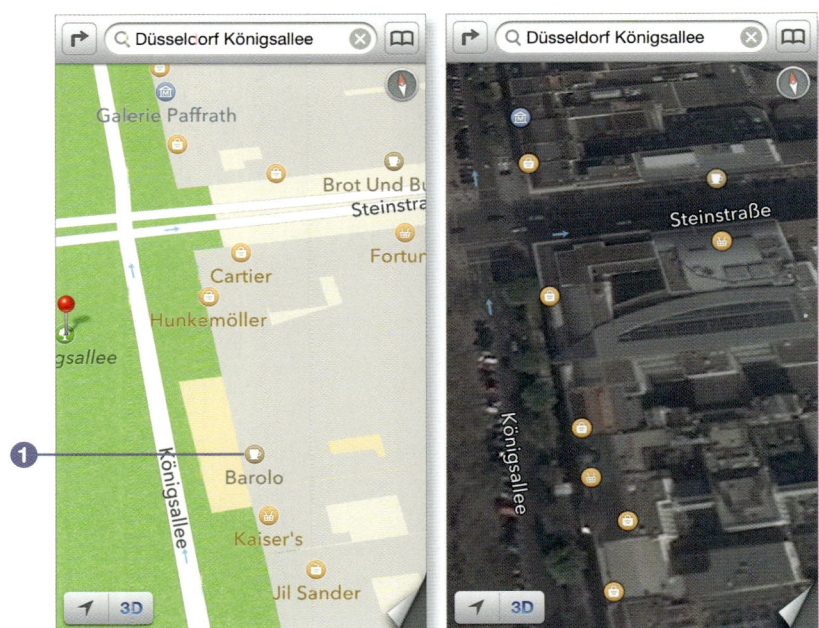

3. Wenn Sie mehr über eine Lokalität wissen möchten, tippen Sie einfach auf das jeweilige Symbol ❷. Zunächst wird Ihnen ein entsprechendes Etikett angezeigt ❸. Sie sehen darin den Namen, eine erste Bewertung (Sterne) und die Informationen, dass Sie auf der Internet-Bewertungsplattform Yelp einige Beiträge dazu finden.

4. Um sich eine Detailansicht dieser Informationen anzuschauen, tippen Sie auf die blaue Schaltfläche mit dem Pfeil ❹.

Im oberen Drittel des nächsten Menüs erkennen Sie, wie weit die jeweilige Lokalität von Ihrem aktuellen Standort entfernt ist ❺, wie sie bisher bewertet wurde ⑥ und wie ihre Öffnungszeiten sind ⑦. Darunter stehen die Telefonnummer, die Internetadresse und die normale Adresse ⑧.

Auch aus dieser Ansicht heraus können Sie sofort eine Navigation starten ⑨, die Adresse in Ihre Kontakte aufnehmen ⑩, ein Lesezeichen setzen ⑪, die Adresse per Nachricht oder über Twitter oder Facebook weitergeben ⑫ oder aber ein Problem melden ⑬ (siehe dazu auch den Abschnitt »Adressen suchen« auf Seite 314). Und zu guter Letzt besteht die Möglichkeit, Yelp aufzurufen und sich die Bewertungen dort genauer anzusehen ⑭.

Yelp als Informationsquelle nutzen

Wenn Sie Yelp als Informationsquelle nutzen oder selbst Bewertungen schreiben möchten, gehen Sie folgendermaßen vor:

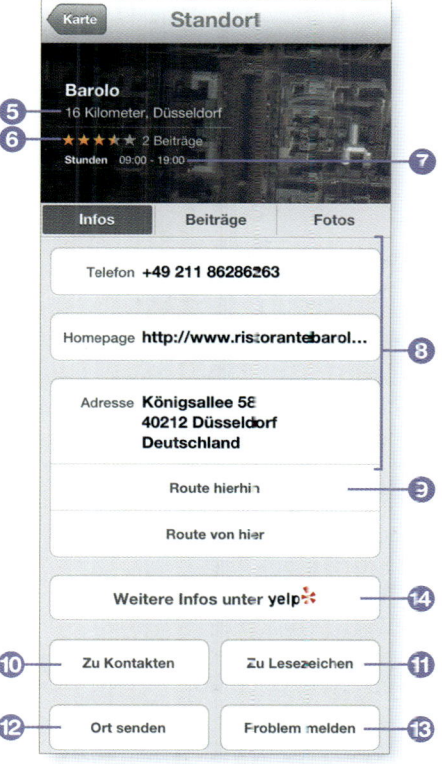

1. Tippen Sie auf den zweiten Reiter, **Beiträge** ⑮, um die in Yelp verfassten Beiträge zu der vorher ausgewählten Lokalität zu Gesicht zu bekommen.

2. Sie können von hier aus außerdem selbst bei Yelp »einchecken« ⑯ oder einen eigenen Tipp verfassen ⑰.

3. Wenn Sie einen Beitrag antippen, werden Sie automatisch zur App Yelp weitergeleitet ⑱.

Was genau ist eigentlich Yelp?

Yelp ist ein Portal im Internet, das dazu gedacht ist, Restaurants, Bars und andere Dienstleistungsunternehmen zu bewerten. Die Bewertungen schreiben die Kunden selbst. Sie können sich unter *www.yelp.de* anmelden oder sich die passende iPhone-App gratis aus dem App Store herunterladen.

4. Wenn Fotos von der Lokalität vorhanden sind, werden sie unter dem dritten Reiter **Fotos** ⑲ angezeigt. Sind keine Fotos vorhanden, können Sie eigene Fotos machen und diese dann bei Yelp hochladen ⑳.

Sie sehen, die regionalen Informationen sind bereits recht reichhaltig. Je mehr Leute mitmachen, desto genauer werden diese Informationen und umso nützlicher sind sie für den Anwender. Also schnell bei Yelp anmelden und mitmachen!

Kapitel 13
Musik hören auf dem iPhone

Es gibt Menschen, die es lieben, viele verschiedene Geräte wie ein Handy, ein Navigationsgerät oder einen iPod mit sich herumzutragen. Diese Menschen muss ich enttäuschen, denn sie brauchen von nun an nur noch ein Gerät. Das iPhone vereinigt alle diese Funktionen in sich. Mir persönlich hat es besonders die iPod-Funktionalität angetan.

Egal, ob Hörbuch ❶, Musiktexte ❷, Cover Flow ❸ oder Musikvideos ❹, der iPod im iPhone bietet eine ganze Menge.

Die Musik-App auf dem iPhone

Seit es das iPhone gibt, gibt es auch den iPod auf dem iPhone. Wohl niemand möchte diese Funktion seither missen. Der iPod verfügt zwar nicht mehr über das sogenannte *Scrollrad*, aber die Bedienung über die Multitouch-Oberfläche ist ebenfalls sehr praktisch.

Das Icon der App ist mit »Musik« betitelt, allerdings verbirgt sich dahinter einiges mehr, nämlich Hörbücher oder Musikvideos. In diesem Kapitel lernen Sie die Möglichkeiten der iPod-Funktion und der Musik-App kennen.

Musik automatisch übertragen

Es gibt verschiedene Alternativen, Musiktitel auf den in Ihrem iPhone integrierten iPod zu übertragen. Sie können Ihre Musik entweder manuell verwalten, oder Sie wählen aus verschiedenen Wiedergabelisten und Sortierungen die Musik aus, die Sie hören möchten. Es besteht aber auch die Möglichkeit einer automatischen Übertragung Ihrer Musik. Wie das geht, erfahren Sie in diesem Abschnitt.

1. Öffnen Sie iTunes, und schließen Sie Ihr iPhone an Ihren Computer an. Gehen Sie auf die Registerkarte **Musik** ❶, und setzen Sie vor **Freien Speicherplatz automatisch mit Titeln füllen** ❷ ein Häkchen. Zurzeit ist noch 4,3 Gigabyte Platz auf dem iPhone. Tippen Sie auf **Anwenden** ❸, um Ihre Änderungen bei der nächsten Synchronisation zu umzusetzen.

2. Nach der Synchronisation wurde der iPod des iPhones nahezu komplett mit Audiotiteln gefüllt.

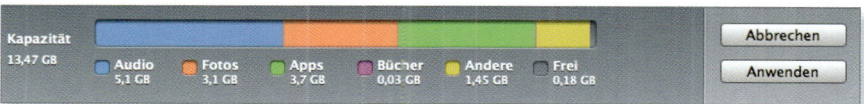

Diese Einstellung ist allerdings sehr unpraktisch, schon deshalb, weil das iPhone ohnehin ständig mit Informationen bestückt wird – seien es neue Kalendereinträge, neue Kontakte, neue Einkäufe etc. Es sollte also immer genügend freier Speicherplatz übrig bleiben, so dass diese Daten auf jeden Fall Platz finden. Mit der Funktion haben Sie zwar immer ein prall mit Musik gefülltes iPhone und können jederzeit etwas Nettes hören. Wenn Sie aber lieber mit dem Speicherplatz sichergehen wollen, lesen Sie am besten den nächsten Abschnitt.

Inhalte manuell verwalten

Aus den im vorherigen Abschnitt genannten Gründen bietet es sich an, die Inhalte für den iPod auf dem iPhone manuell zu verwalten. Hierzu müssen Sie im Vorfeld lediglich eine Einstellung vornehmen.

1. Um die Inhalte manuell verwalten zu können, setzen Sie in iTunes in den iPhone-Einstellungen auf der ersten Registerkarte **Übersicht** unter **Optionen** ein Häkchen vor **Musik und Videos manuell verwalten** ❹.

2. Das führt dazu, dass alle Optionen, die für die automatische Synchronisation von Audio- und Videodateien gelten, in der iTunes-Ansicht grau dargestellt werden, weil die Synchronisierungsfunktion ausgeschaltet wurde, und auch das Häkchen vor **Musik synchronisieren** ist verschwunden ❺. Alle Dateien können von nun an nur noch manuell und nicht mehr automatisch synchronisiert werden.

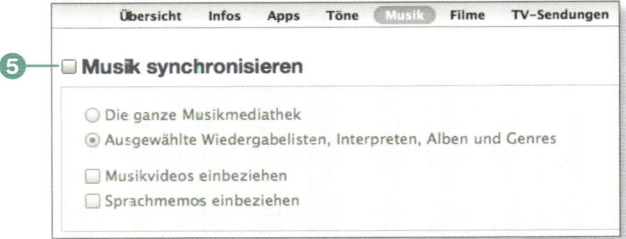

3. Möchten Sie nun Audio- oder Videoinhalte manuell übertragen, ziehen Sie diese Inhalte mit gedrückter linker Maustaste per Drag & Drop auf Ihr iPhone. Das können Sie z. B. tun, indem Sie in der Cover-Flow-Ansicht das Albumcover auf Ihr iPhone ziehen.

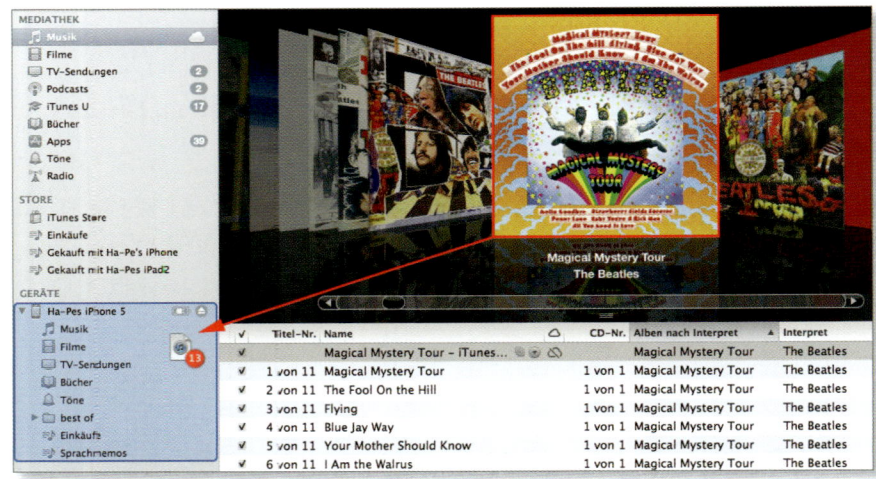

Auf dieselbe Weise können Sie auch einzelne Titel, Wiedergabelisten, Podcasts, Filme und andere Inhalte auf Ihr iPhone befördern. Bei dieser Methode haben Sie die volle Kontrolle über die Inhalte Ihres iPods, daher ist sie der automatischen Synchronisation vorzuziehen.

iTunes Match anschalten und Musik streamen

Seit Kurzem gibt es für das iPhone eine wunderbare neue Funktion, die sich *iTunes Match* nennt. Das Ganze ist ein Dienst von Apple, der Ihre komplette Mediathek im Onlinespeicher iCloud speichert bzw. Ihre Musik abgleicht und nur das in iCloud ablegt, was nicht ohnehin schon im iTunes Store vorhanden ist. Auf diese Weise können Sie immer auf Ihre gesamte Musiksammlung zugreifen, egal von welchem (Apple-)Gerät und egal wo Sie sich aufhalten. Sie müssen nicht alle Dateien auf Ihrem iPhone vorhalten, denn es greift per Streaming auf die online gespeicherten Daten zu. Das Beste kommt aber noch: Sie haben von nun an Zugriff auf eine hochwertige Variante Ihrer Musik, auch wenn Sie diese früher in einer schlechteren Variante heruntergeladen oder importiert haben. Ab sofort liegt die Qualität Ihrer Musik bei 256 KBit/s statt bei 128 KBit/s. Das Ganze ist darüber hinaus auch noch DRM-frei, d. h. dass z. B. Kopierbeschränkungen wegfallen. Für den ganzen Spaß verlangt Apple lediglich 24,99 EUR pro Jahr. Das sind nur etwas mehr als 2 EUR im Monat – ein recht günstiges Angebot, wie ich finde.

Ihre iTunes-Mediathek für iTunes Match einrichten

Tippen Sie einfach auf ein Musikstück, und schon wird es aus iCloud auf Ihr iPhone gestreamt. Das hört sich alles sehr einfach an und ist es auch, aber zuvor müssen Sie den Dienst noch einrichten. Gehen Sie dazu wie folgt vor:

1. Zuerst aktivieren Sie den Dienst iTunes Match direkt in iTunes. Sie finden diese Möglichkeit dort im Hauptmenü unter **Store ▶ iTunes Match aktivieren** ❶.

2. Nachdem Sie diesen Menüpunkt angeklickt haben, werden Sie gebeten, den Computer für diese Funktion freizuschalten. Klicken Sie hierzu auf den Button **Diesen Computer hinzufügen** ❷.

3. Zur Bestätigung müssen Sie noch Ihre Apple-ID ❸ und das passende Kennwort ❹ eingeben und dann noch einmal auf den Button **Diesen Computer hinzufügen** ❺ klicken.

4. Die Daten Ihrer Mediathek werden nun gesammelt und an Apple übermittelt. Die drei Schritte, die Sie hier sehen (**Sammeln der Daten**, **Abgleichen Ihrer Musiktitel** und **Laden der Grafiken und der restlichen Songs**) können je nach Größe und Beschaffenheit Ihrer Mediathek eine ganze Weile dauern. Bei meiner Mediathek hat es beispielsweise etwa 48 Stunden gedauert.

5. Ist alles erfolgreich durchgeführt worden, sehen Sie den Bildschirm, der in der folgenden Abbildung dargestellt ist, und müssen nur noch den **Fertig**-Button ❻ anklicken – dann ist es geschafft.

So, nun haben wir die Grundlage schon einmal geschaffen. Doch damit Sie den Dienst iTunes Match nutzen können, müssen Sie ihn jetzt auch noch auf Ihrem iPhone explizit freischalten.

iTunes Match auf Ihrem iPhone einrichten

Ist iTunes so weit vorbereitet, können Sie darangehen, auch Ihr iPhone für diesen iCloud-Dienst zu aktivieren. Gehen Sie hierbei wie folgt vor:

1. Öffnen Sie die **Einstellungen**, und tippen Sie hier auf **Musik**.

2. Im Bildschirm, der sich daraufhin öffnet, aktivieren Sie einfach den Regler **iTunes Match** ❼ und bestätigen Ihre Aktion durch die Eingabe Ihrer Apple-ID.

3. Aktivieren Sie danach auch den Schalter **Alle Musikdateien** ❽.

Die Option **Mobile Daten verwenden** ⑨ lassen Sie hingegen erst einmal deaktiviert, denn diese Funktion kann Ihre Handyrechnung in die Höhe treiben, wenn Sie ständig über Ihr Mobilfunknetz Musik auf Ihr iPhone streamen.

4. Tippen Sie dann auf **Aktivieren** ⑩.

Sie sehen ab sofort Ihre komplette Mediathek auf Ihrem iPhone. Anhand eines kleinen Wolken-Buttons ⑪ erkennen Sie dann, dass diese Songs noch nicht auf Ihrem iPhone gespeichert sind und umgehend geladen ⑫ werden können. Wenn alles geladen ist, ist dieser Button ausgegraut.

Das funktioniert allerdings nur bei Alben und Interpreten. Bei Wiedergabelisten und in der Titelansicht können Sie leider nicht erkennen, welchen Song Sie bereits geladen haben und welchen nicht. Wenn Sie einen Song antippen, wird er jedoch sofort geladen.

Das war es auch schon. Sie können nun über Ihre komplette Mediathek verfügen und Ihre Musik genießen, wo immer Sie sich gerade aufhalten. Je
nachdem, wie groß Ihre Mediathek ist, kann es jetzt auch noch einmal eine
ganze Weile dauern, die Albumcover nachzuladen. Sie müssen sich und Ihrem iPhone also etwas Zeit geben.

ACHTUNG

iTunes-Match-Download »frisst« Datenguthaben

Wenn Sie über einen begrenzten Datentarif für Ihr iPhone verfügen,
sollten Sie mit dem Download der Songs via iTunes Match etwas
vorsichtig sein, denn das Guthaben ist schnell aufgebraucht, und
danach wird es bekanntlich sehr langsam. Ein Tipp hierzu wäre, nur
dann Musik via iTunes Match auf Ihr iPhone zu laden, wenn Sie sich
in einem WLAN aufhalten, das belastet dann Ihren Datentarif nicht
und geht auch noch schneller.

Musik hören

Wenn Sie nun Ihren iPod entsprechend mit Musik bestückt haben, können
Sie die Titel nach Belieben unterwegs abhören. Wie das geht, erfahren Sie
in der folgenden Ableitung:

1. Um Musik auf Ihrem iPhone wiederzugeben, tippen Sie auf die Musik-
   App und in der Tableiste z. B. auf **Alben**.

2. Tippen Sie dann auf ein Album Ihrer Wahl, und es öffnet sich eine Liste,
   die die Lieder aufführt, die Sie aus dem Album auf Ihr iPhone kopiert
   haben.

3. Schließlich tippen Sie auf das Lied, das Sie sich anhören möchten, und
   es wird umgehend abgespielt.

Der Bildschirm zeigt nun die Oberfläche des iPods im Abspielmodus. Der
Bildschirm ist in drei Bereiche unterteilt, die ich Ihnen hier kurz vorstellen

möchte: Die obere Leiste zeigt den Interpreten, den aktuell abgespielten Titel und den Namen des Albums ❶. Der Pfeil links daneben ❷ führt Sie zurück in die Musikauswahl. Der Button auf der rechten Seite ❸ schaltet um auf die Listenansicht, so dass Sie erkennen können, welche Lieder zum Album gehören bzw. welche Lieder eines Albums Sie auf Ihr iPhone kopiert haben. Sind Sie in der Listenansicht, ändert sich der Button und dient dazu, zurück zur Cover-Ansicht zu gelangen.

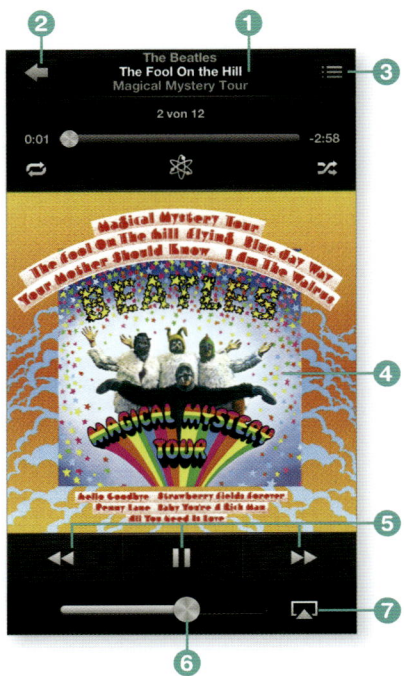

Der mittlere Bereich ❹ zeigt standardmäßig das aktuelle Albumcover an. In der Listenansicht zeigt er entsprechend die Liste der zum Album gehörenden Titel. Die Listenansicht verzeichnet außerdem die Reihenfolge der Lieder im Album und die Länge jedes einzelnen Liedes. Oberhalb dieser Liste können Sie die Songs einzeln mit einem bis fünf Sternen bewerten.

Der untere Bereich enthält die Bedienelemente Play/Pause, Vor- und Zurückspulen ❺, Lautstärke ❻ und AirPlay ❼.

INFO

AirPlay

AirPlay ist eine Funktion, mit der Sie Musik und Videos drahtlos über das heimische WLAN auf andere Geräte übertragen und dort abspielen können, z. B. auf die Stereoanlage und/oder den Fernseher.

Musikwiedergabe bei gesperrtem iPhone

Sie können den iPod auch bei einem iPhone im Bereitschaftsmodus mit ausgeschaltetem Display aktivieren und das zuletzt gespielte Lied wiedergeben.

Tippen Sie hierzu zweimal auf die Home-Taste, dann erscheinen im Sperrbildschirm die iPod-Bedienelemente ❽ sowie Informationen zum aktuellen

Titel ❾. Sie können also auch aus dieser Ansicht Ihre Songs abspielen, vor- und zurückspulen oder Titel via AirPlay senden.

Die Ansichten der Musik-App

Bevor ich Ihnen die weiteren Bedingungsmöglichkeiten des iPods erläutere, möchte ich Ihnen zuerst die verschiedenen Ansichten des iPods vorstellen, so dass Sie selbst entscheiden können, wie Sie Ihre Musik erleben möchten.

Die Ansicht »Listen«

Die Ansicht **Listen** enthält alle von Ihnen auf den iPod kopierten Wiedergabelisten und die Ordner, die Sie für Ihre Listen angelegt haben. Sie alle werden in alphabetischer Reihenfolge angezeigt.

Das einfache Antippen einer Wiedergabeliste öffnet sie und zeigt Ihnen alle Titel an, die zu dieser Liste gehören. In der Titelzeile sehen Sie den Namen der aktuell ausgewählten Wiedergabeliste ❶, darunter noch einige Bearbeitungsmöglichkeiten (dazu kommen wir gleich noch) und die Schaltfläche für die zufällige Wiedergabe ❷ sowie eine Liste der Titel, die zu dieser Wiedergabeliste gehören, inklusive der Angabe des Interpreten ❸ und des Albums ❹, dem sie jeweils entnommen worden sind.

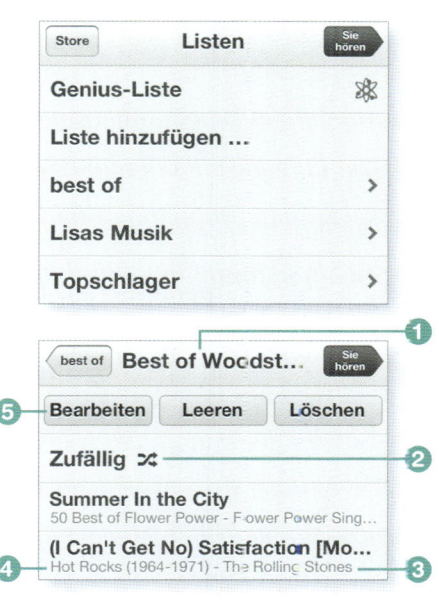

Um die Wiedergabeliste zu bearbeiten, tippen Sie auf die Schaltfläche **Bearbeiten** ❺. Um die Reihenfolge der Titel zu verändern, halten Sie den Finger auf den Querstrichen hinter dem jeweiligen Lied gedrückt und ziehen das Lied an eine andere Position ❻. Sie können aber auch jedes einzelne Lied aus der Wiedergabeliste löschen, indem Sie auf das kleine rote Minus-Symbol ❼ und anschließend auf **Löschen** ❽ tippen. Wenn Sie die Modifikationen an Ihrer Wiedergabeliste abgeschlossen haben, tippen Sie auf den **Fertig**-Button ❾.

Es gibt aber noch eine weitere Möglichkeit, mit Listen zu arbeiten. Angenommen, Sie haben eine Wiedergabeliste erstellt, die bereits mit Songs gefüllt ist. Wenn Ihnen die gesamte Zusammenstellung dieser Wiedergabeliste nicht mehr gefällt, können Sie sie ändern.

Tippen Sie auf **Leeren** ⑩, um die aktuelle Wiedergabeliste von allen Titeln zu befreien. Die Wiedergabeliste als solche bleibt unter dem alten Namen bestehen, nur dass

sich nun keine Lieder mehr darin befinden. Gefällt Ihnen eine Wiedergabeliste überhaupt nicht mehr, können Sie sie antippen und ganz einfach löschen ⑪. Beides müssen Sie noch einmal gesondert bestätigen, wodurch sichergestellt ist, dass Sie nicht aus Versehen auf **Leeren** oder **Löschen** getippt haben. Hinter dem Button **Sie hören** ⑫ gelangen Sie zu dem zuletzt gespielten Song.

Die Ansicht »Interpreten«

Eine weitere interessante Ansicht in Ihrem iPod ist die Ansicht **Interpreten** ❶. Hier haben Sie einen sehr guten Überblick über alle Songs und Alben, die sich von einem bestimmten Interpreten auf Ihrem iPod befinden. Die Ansicht **Interpreten** ist ähnlich aufgebaut wie die Listenansicht zuvor. Die Namen der Interpreten sind alphabetisch angeordnet, und wenn Sie auf einen Interpreten tippen, z. B. auf **The Beatles** ❷, werden Ihnen in einer neuen Liste sämtliche Songs und Alben dieses Interpreten angezeigt, die sich auf Ihrem iPhone befinden.

Oben in der Ansicht **Listen** sehen Sie den Menüpunkt **Alle Alben** ❸ (gegebenenfalls müssen Sie die Display-anzeige nach unten wischen, um diesen Punkt zu se-hen). Wenn Sie darauf tippen, gelangen Sie zu einer weiteren Liste, die alle Alben anzeigt, die sich auf Ihrem iPhone befinden – sogar mit dem jeweiligen Album-cover. Der Button **Alle Alben** wird in **Alle Titel** ❹ um-benannt. Diese Schaltfläche führt Sie praktisch immer tiefer ins Menü: Nach einem Tipp auf **Alle Titel** werden Ihnen alle Einzeltitel in alphabetischer Reihenfolge an-gezeigt, jeweils mit dem Cover des Albums, zu dem sie gehören. Ein weiteres Mal wurde auch die Schaltfläche umbenannt, und zwar in **Zufällig** ❺.

Der Button **Zufällig** spielt, wie es sein Name bereits vermuten lässt, die Songs in einer zufälligen Reihenfolge ab, ähnlich der Shuffle-Funktion bei Ihrer Stereoanlage. Auf diese Weise können Sie die Songs Ihrer Lieblings-interpreten mal in einer ganz neuen Zusammenstellung genießen.

Die Ansicht »Titel«

Die Ansicht **Titel** ❻ ist eigentlich die simpelste Ansicht. Sie zeigt alle Musik-titel, die sich auf Ihrem iPod befinden, in alphabetischer Reihenfolge (siehe die Abbildung im Abschnitt »Die Ansicht ›Compilations‹« auf Seite 337).

INFO

Tableiste anpassen

Wenn die Tableiste bei Ihnen anders aussieht, d. h. die einzelnen Schaltflächen z. B. in einer anderen Reihenfolge dargestellt werden, als hier zu sehen, liegt das daran, dass ich meine Tableiste nach meinen Vorstellungen angepasst habe. Dazu tippen Sie unten in der Leiste auf **Weitere** und im nächsten Fenster dann oben links auf den Button **Bearbeiten**. Sie sehen dann eine Auflistung von Kategorie-Icons, die Sie nach Belieben in die Tableiste ziehen oder innerhalb der Tableiste verschieben können.

Die Ansicht »Alben«

Wenn Sie in der Tableiste den Punkt **Alben** ❶ antippen, erhalten Sie eine alphabetisch sortierte Liste aller Alben auf Ihrem iPhone. Tippen Sie auf ein Album, um seinen Inhalt in Form einer Titelliste angezeigt zu bekommen.

Von hier aus können Sie jeden einzelnen Titel anhören; oder Sie stellen eine zufällige Wiedergabe ❷ ein. Oben im Display sehen Sie auch das Albumcover ❸, den Namen des Albums, seine Länge, die Anzahl der Musiktitel, die es umfasst, und das Datum seiner Veröffentlichung ❹.

Die Ansicht »Compilations«

Wenn Sie häufig Musikzusammenstellungen – z. B. Best-of-CDs einzelner Künstler, Genre-Zusammenstellungen wie Jazz-Sampler oder Weihnachtsklassiker – hören, dann ist die Ansicht **Compilations** genau die richtige für Sie. Nur in dieser Ansicht können Sie derartige Zusammenstellungen genießen. Sie finden sie unter dem Menüpunkt **Weitere** ❺.

Links die Ansicht »Titel«, rechts die Ansicht »Compilations«

Die Ansicht »Genres«

Oder sind Sie ein Genre-Fan? Dann ist diese Ansicht natürlich das Nonplusultra für Sie. Lassen Sie sich Ihre Titel nach Genres wie Rock, Pop, Blues oder Jazz anzeigen, und erfahren Sie auf diese Weise mehr über Ihre eigene Mediathek. Die Genres sind in iTunes automatisch angelegt und können dort natürlich auch geändert werden. Dazu müssen Sie lediglich einen Song oder ein Album anklicken, und mit ⌘ + I bzw. Strg + I können Sie dann in den Einstellungen des Liedes oder Albums das Genre selbständig angeben.

Auch diese Ansicht finden Sie in der Tableiste der Musik-App unter **Weitere**. Wenn Sie dort auf **Genres** tippen, sehen Sie auf den ersten Blick, zu welchen Genres die Lieder gehören, die sich zurzeit auf Ihrem iPhone befinden. Tippen Sie in diesem Beispiel auf **Rock** ❶, bekommen Sie im nächsten Bildschirm alle Künstler angezeigt, die dem Genre Rock zugeordnet sind. Klicken Sie nun auf einen Künstler ❷, um eine Übersicht aller Titel und Alben dieses Künstlers auf Ihrem iPhone zu erhalten.

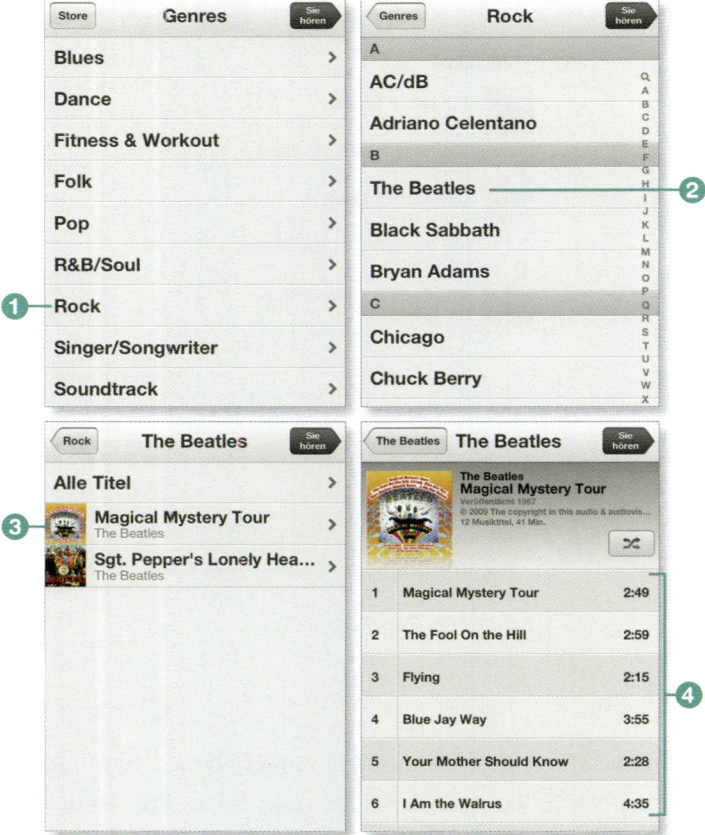

Links oben die Übersicht der Genres, gefolgt von einer Liste der Interpreten dieses Genres (rechts oben) und deren Alben (links unten) bis hin zur Darstellung der Titel eines Albums (rechts unten)

Und wenn Sie schließlich auf ein Album ❼ tippen, sehen Sie – natürlich – eine Übersicht aller Titel, die zu diesem Album gehören ❽.

Die Ansicht »Hörbücher«

Wenn Sie sich dazu entschieden haben, Hörbücher auf Ihr iPhone zu laden, erscheint in der Tableiste unter **Weitere** eine entsprechende Kategorie. Ist kein Hörbuch installiert, gibt es diese Kategorie nicht. Mehr dazu erfahren Sie im Abschnitt »Hörbücher auf dem iPhone anhören« ab Seite 350 in diesem Kapitel.

Die Ansicht »Komponisten«

Bei dieser Ansicht kommen Klassikfans voll auf ihre Kosten, denn sie suchen häufiger nach Komponisten als nach Interpreten. Allerdings geht es bei dieser Kategorie nicht allein um die großen Virtuosen Mozart oder Chopin: Mit »Komponist« sind immer diejenigen gemeint, die die Songs geschrieben haben (was oft nicht gleichbedeutend mit den Interpreten ist). Tippen Sie einfach auf den Namen eines Komponisten ❺, dann auf ein Album ❻, und im nächsten Bildschirm können Sie die Musikstücke entweder einzeln auswählen oder zufällig ❼ abspielen lassen. Auch die Angabe zum Komponisten können Sie übrigens in iTunes ändern, indem Sie einen Song oder ein Album anklicken und cmd + I bzw. Strg + I drücken.

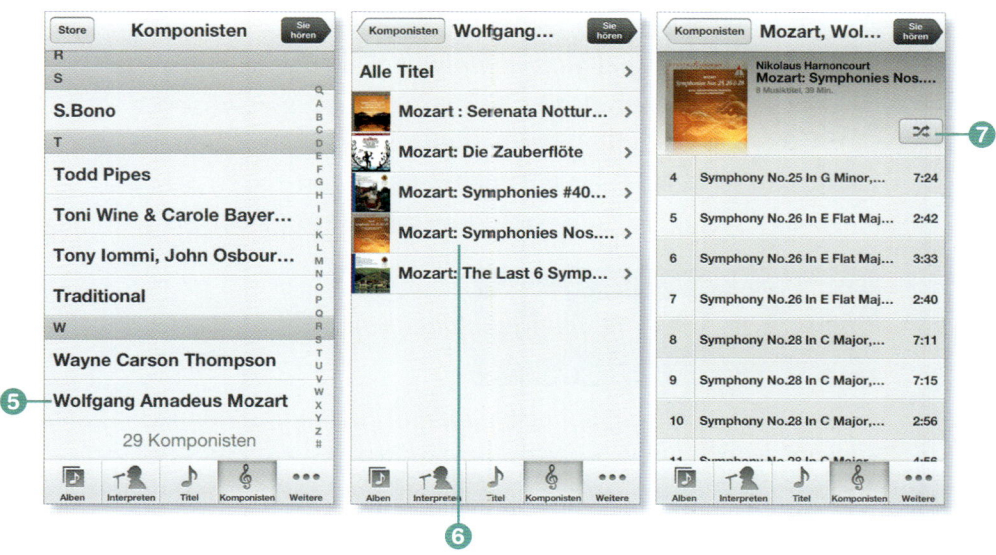

Die Cover-Flow-Ansicht

Die Cover-Flow-Ansicht ist meiner Ansicht nach die schönste Möglichkeit, Ihre Mediathek visuell zu erfahren. Um in die Cover-Flow-Ansicht zu gelangen, bringen Sie einfach Ihr iPhone von der Hochkant-Position in die waagerechte Position. Sie können nun mit dem Finger über das Display wischen und auf diese Weise Ihre Mediathek visuell erfahren.

ACHTUNG

Wenn Ihr iPhone nicht auf Cover Flow umschaltet

Sollte Ihr iPhone einmal nicht in die Cover-Flow-Ansicht umschalten, kann es daran liegen, dass Sie die Ausrichtungssperre noch aktiviert haben. Um die Ausrichtungssperre zu deaktivieren, drücken Sie zweimal in schneller Folge auf den Home-Button und streichen so lange nach rechts, bis Sie die folgende Darstellung sehen.

Tippen Sie nun auf die Schaltfläche mit dem kleinen Schloss ❽, und die Ausrichtungssperre wird aufgehoben (das Schloss verschwindet).

Wiedergabelisten anlegen

Die Wiedergabelisten sind eine gute Möglichkeit, Ihre Musik immer wieder anders kennenzulernen. Seit einiger Zeit ist es möglich, auch über das iPhone Wiedergabelisten zu erstellen. Hier erfahren Sie, wie das geht.

Angenommen, Sie haben bereits eine ganze Reihe verschiedener Wiedergabelisten aus iTunes auf Ihr iPhone kopiert, dann finden Sie diese in der Ansicht **Listen**.

1. Um eine neue Wiedergabeliste zu erstellen, tippen Sie auf **Liste hinzu-fügen** ❶. Geben Sie im nächsten Bildschirm den Titel ❷ Ihrer neuen Wiedergabeliste ein, oder diktieren Sie ihn. Bestätigen Sie den neuen Namen, indem Sie auf **Sichern** ❸ tippen.

2. Im nächsten Bildschirm fügen Sie durch Tippen auf die kleinen blauen Plus-Symbole ❹ Titel zu Ihrer Wiedergabeliste hinzu. Hinzugefügte Titel werden dann hellgrau dargestellt. Haben Sie Ihre Auswahl getroffen, bestätigen Sie dies mit dem **Fertig**-Button ❺.

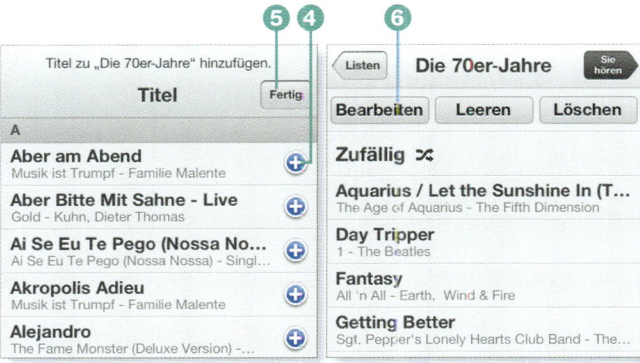

Daraufhin sehen Sie den Inhalt Ihrer Wiedergabeliste, die Sie natürlich jederzeit noch bearbeiten **6** können.

3. Die neue Liste reiht sich nahtlos in Ihre Wiedergabelisten ein, die Sie in der Ansicht **Liste** aufgeführt finden.

Sie können natürlich auch direkt aus iTunes Ordner mit Wiedergabelisten auf Ihr iPhone kopieren. So lassen sich auch Unterordner übertragen.

INFO

Was ist eigentlich die Genius-Liste?

Die Funktion **Genius** erstellt intelligente Wiedergabelisten. *Genius-Wiedergabelisten* funktionieren folgendermaßen: Sie wählen ein Lied aus und klicken auf **Genius**, dann legt iTunes automatisch eine Wiedergabeliste mit Songs aus Ihrer Mediathek an, die gut zu dem ersten Lied passen.

Die neue Funktion *Genius-Mixe* arbeitet ähnlich, aber vollautomatisch: Sie durchsucht Ihre Mediathek nach Songs, die gut zusammenpassen, und erstellt daraus automatisch verschiedene Mixe, die Sie mit einem Klick auf **Genius-Mixe** abspielen können. Laut Apple sind sie »wie Radiosender, die nur Ihre Musik spielen«.

Die Musikbibliothek durchsuchen

Geht es Ihnen auch so – Sie haben inzwischen so viele Musiktitel auf Ihrem iPhone, dass Sie den Überblick verloren haben? Sie wissen nicht mehr, wo ein bestimmter Titel abgespeichert ist? Dann suchen Sie doch einfach danach.

1. In jeder der in diesem Kapitel beschriebenen Ansichten können Sie auch nach Liedern suchen. Schieben Sie hierzu die Bildschirmansicht mit dem Finger ein wenig nach unten, bis das Suchfeld ❶ erscheint.

2. Tippen Sie in das Suchfeld, und geben Sie den entsprechenden Suchbegriff ein, oder diktieren Sie ihn. Ist ein passender Interpret, ein passendes Album oder ein passender Titel auf Ihrem iPhone vorhanden, wird das Ergebnis (oder mehrere Treffer) sofort angezeigt, und Sie können es mit einem Fingertipp öffnen.

Sie müssen dafür noch nicht einmal unbedingt auf den **Suchen**-Button neben der Tastatur tippen, da die Suche sofort beginnt, sobald Sie den ersten Buchstaben eintippen. Um einen neuen Suchbegriff einzugeben, löschen Sie den ersten, indem Sie auf das Kreuz ❷ neben dem Suchfeld tippen.

In der übergreifenden Suche nach Liedern suchen

Sie müssen sich aber nicht unbedingt in einer Ansicht der Musik-App befinden, um nach Liedern zu suchen. Dies können Sie auch in der übergreifenden Suche auf Ihrem iPhone erledigen.

1. Tippen Sie unter **Einstellungen** auf **Allgemein**, dann auf **Spotlight-Suche**, und aktivieren Sie in der zugehörigen Liste den Eintrag **Musik**.

2. Um die Bedeutung dieser App bei Ihren Suchergebnissen zu erhöhen, können Sie die Rubrik **Musik** auch weiter nach oben ziehen, indem Sie auf die drei grauen Striche rechts neben diesem Eintrag tippen, den Finger nicht vom Display nehmen und den Eintrag an eine andere Position ziehen.

3. Jetzt können Sie in der iPhone-übergreifenden Spotlight-Suche nach Ihren Musiktiteln suchen. Diese Suche rufen Sie auf, indem Sie vom Startbildschirm aus nach rechts wischen. Geben Sie im Suchfeld ❸ den Titel des gesuchten Songs ein.

Schon bei der Eingabe wird eine Liste mit passenden Suchergebnissen ❹ eingeblendet. Ist das richtige Ergebnis dabei, müssen Sie den Titel nur einmal antippen, und schon wird er abgespielt.

Die Musikwiedergabe mit dem Headset steuern

Selbstverständlich können Sie die Musik, die Sie in Ihrem iPhone-iPod gespeichert haben, auch mit dem mitgelieferten Headset steuern. Über die

Tasten + und − regeln Sie die Lautstärke, und über den Knopf in der Mitte spielen Sie Songs ab oder pausieren sie (einmal drücken) oder springen ein Lied vor (zweimal drücken).

Die Musikwiedergabe lässt sich auch dann starten, wenn die Musik-App nicht geöffnet ist und Ihr iPhone sich im Standby-Betrieb befindet. Die Musikwiedergabe beginnt dann dort, wo Sie sie das letzte Mal beendet haben.

Die Lautstärke anpassen

Sind die einzelnen Lieder Ihrer Wiedergabeliste oft von unterschiedlicher Lautstärke? Das ist etwas nervig, aber Sie können das leicht ändern. Passen Sie den Lautstärkepegel so an, dass er die einzelnen Lieder über Ihre Wiedergabeliste hinweg so in der Lautstärke angleicht, dass Sie ein harmonisches Klangerlebnis haben. Öffnen Sie hierzu die **Einstellungen**, tippen Sie auf **Musik**, und aktivieren Sie den Regler **Lautstärke anpassen** ❶.

Von nun an regelt Ihr iPod die Lautstärke der wiederzugebenden Titel eines Albums oder einer Wiedergabeliste selbständig. Übermäßige Lautstärkeausschläge sind nun nicht mehr zu befürchten, sondern Ihre Musik wird zu einem gleichmäßigen Klangteppich.

Die maximale Lautstärke eingeben

Wenn Sie Ihre Musik immer mit dem Kopfhörer hören, kann zu laute Musik nachweislich Ihr Gehör schädigen. Damit das nicht passiert, können Sie in Ihrem iPhone Vorkehrungen treffen, um die Lautstärke auf ein erträgliches Maß zu reduzieren.

1. Öffnen Sie hierzu erneut das Menü **Einstellungen**. Dort tippen Sie auf **Musik** und dann auf **Maximale Lautstärke**.

2. Regeln Sie die Lautstärke einfach etwas herunter, indem Sie den Regler ❷ mit dem Finger nach links ziehen.

3. Wenn Sie den Schalter **Max. Lautstärke (EU)** ❸ aktivieren, wird die Lautstärke automatisch um ca. ⅓ herabgesetzt und damit auf das von der EU empfohlene Maximum beschränkt.

Auf die Art können Sie sich selbst etwas beschränken (und die Mitreisenden nicht mehr mit zu lauter Musik belästigen …): Die Funktion ist nicht einfach aktiviert und die Lautstärke nicht von vornherein begrenzt, sondern Sie haben selbst die Wahl.

Ihre Lieder bewerten

Wenn Sie einen Titel ausgewählt haben und dann oben rechts auf den Button für die Listenansicht klicken, sehen Sie im nächsten Menü eine Reihe von fünf Punkten am oberen Rand der Darstellung. Tippen Sie jeweils auf den Punkt, der in Ihren Augen die richtige Bewertung für diesen Titel ist, oder wischen Sie über die Punkte. Eine Fünf-Sterne-Bewertung stellt, wie bei Hotels auch, die beste Bewertung dar. Um eine Bewertung zu entfernen, tippen Sie einfach einmal vor den ersten Stern. Über diese Bewertungen können

  Sie dann beispielsweise Ihre Mediathek in iTunes nach der Beliebtheit der Songs sortieren.

Die Schüttelfunktion nutzen

Die Schüttelfunktion erlaubt es Ihnen, ohne weitere Tastenbefehle von einem Lied zum anderen zu gelangen. Die Reihenfolge ist dabei jedoch zufällig. Es ist also eine andere Art, Ihre Musik im Zufallsmodus zu betreiben. Die Schüttelfunktion müssen Sie allerdings zuerst einmal aktivieren, bevor Sie sie benutzen können. Zum Einschalten der Schüttelfunktion tippen Sie unter **Einstellungen** auf **Musik** und schieben dann den Schalter **Schüttelfunktion** ④ nach rechts.

Sobald Sie nun mit der iPod-Funktion Ihres iPhones Ihre Musik genießen, können Sie von einem Lied zu einem zufällig ausgewählten nächsten Titel springen, indem Sie Ihr iPhone einfach schütteln.

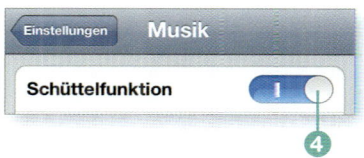

Eine Endloswiedergabe einstellen

Wenn Sie einmal gar keine Lust mehr darauf haben, irgendwelche Einstellungen an Ihrem iPhone-iPod vorzunehmen, sondern einfach nur eine Wiedergabeliste endlos durchspielen lassen möchten, bietet es sich an, die Wiederholungsfunktion einzustellen. Hierbei haben Sie zwei Möglichkeiten: die Endloswiederholung eines einzelnen Titels und die Wiederholung eines Albums oder einer Wiedergabeliste.

Eine Wiedergabeliste oder ein Album wiederholen

Um eine Wiedergabeliste oder ein Album wiederholen zu lassen, tippen Sie in der Cover-Ansicht unterhalb der Laufleiste, die zeigt, wie lange der Titel noch läuft, auf das Symbol sich verfolgender Pfeile ⑤. Diese werden daraufhin orange dargestellt.

Einen einzelnen Titel wiederholen

Um nur ein einziges Lied zu wiederholen, gehen Sie genauso vor. Dazu müssen Sie allerdings noch ein zweites Mal auf die Schaltfläche mit den

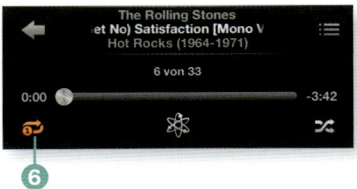

beiden Pfeilen tippen. Es erscheint dann
eine kleine Eins in einem Kreis neben den
Pfeilen ❻, die darauf hinweist, dass nur ein
einziges Lied in deiner Endlosschleife wie-
dergegeben wird.

Einzelne Titel mit Liedtexten versehen

Wenn Sie ein Lied auswendig lernen möchten und dafür textliche Unter-
stützung brauchen, können Sie sich den Liedtext – die *Lyrics* – sogar auch
auf dem iPhone anzeigen lassen. Wie so oft führt der Weg aber auch hier
zuerst über iTunes.

Um Ihre Titel mit Texten zu versehen, klicken Sie das jeweilige Lied in
iTunes an, so dass es farbig hinterlegt ist. Tippen Sie nun auf Ihrer Tastatur `cmd` + `I` – oder `Strg` + `I`, wenn Sie einen PC nutzen. Daraufhin
gelangen Sie in den Einstellungsdialog, der sieben Registerkarten zeigt.
Klicken Sie auf die Registerkarte **Liedtext**, fügen Sie den Liedtext in das entsprechende Feld ein, und bestätigen Sie das Ganze mit einem Klick auf den
OK-Button.

Bei der nächsten Synchronisation des Liedes wird der Liedtext mit auf Ihr iPhone kopiert. Wenn es zu einem Lied einen Text gibt, wird er sofort angezeigt, wenn Sie das Lied abspielen. Das Albumcover wird dann entsprechend abgedunkelt. Zum Mitlesen wischen Sie dann den Text einfach nur nach oben aus dem Bild heraus.

Musikvideos abspielen

Der iPhone-iPod kann natürlich auch Musikvideos abspielen, sofern Sie welche auf Ihrem iPhone gespeichert haben. Ob zu einem Lied ein Video verfügbar ist, erkennen Sie im iTunes Store am Video-Symbol ❶ neben dem Musiktitel.

1. Haben Sie ein Musikvideo gefunden, tippen Sie einfach darauf, und es wird sofort abgespielt.

2. In der oberen rechten Ecke befindet sich noch ein Button ❷, mit dessen Hilfe Sie das Video in den Vollbildmodus schalten können.

3. Wenn Sie erneut darauf tippen, wird das Video wieder kleiner dargestellt.

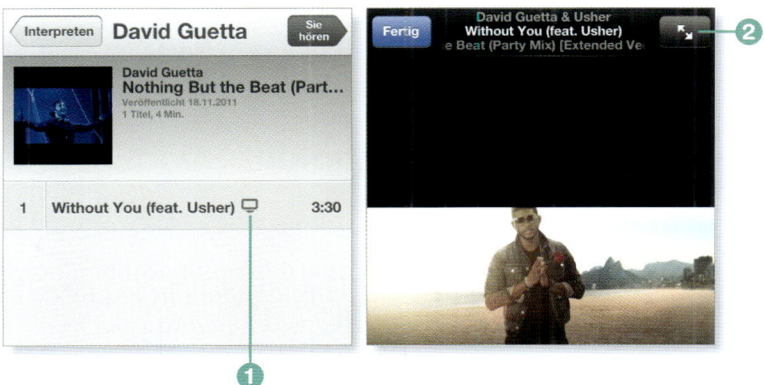

4. Drehen Sie Ihr iPhone während der Videowiedergabe, wird das Video im Querformat abgespielt.

5. Ein Antippen des Bildschirms macht die Steuerelemente ❸ sichtbar, und Sie können vor- und zurückspulen, die Lautstärke verändern, das Video in den Vollbildmodus ❹ versetzen, es via AirPlay ❺ auf Ihrem Fernseher wiedergeben oder die Wiedergabe mit dem **Fertig**-Button ❻ beenden.

Im iTunes Store können Sie bei manchen Alben gleich die zugehörigen Musikvideos mit erwerben, wenn Sie das komplette Album kaufen. In der Kategorienansicht des Stores gibt es sogar eine Kategorie **Musikvideos**.

Hörbücher auf dem iPhone anhören

Hörbücher können Sie über iTunes mit Ihrem iPhone synchronisieren, wenn Sie bereits welche besitzen, oder Sie kaufen sie direkt von Ihrem iPhone aus im iTunes Store.

1. Nachdem Sie ein Hörbuch geladen haben, tippen Sie in der Musik-App in der Ansicht **Hörbücher** (oder **Weitere ▶ Hörbücher**) darauf ❶. Sie ge-

langen zum nächsten Bildschirm, der die einzelnen Teile des Hörbuchs
auflistet.

2. Tippen Sie auf den Teil ❷ des Buches, den Sie hören möchten, und Ihre
Lesung kann beginnen. Wenn es nur einen Teil gibt, tippen Sie natürlich
darauf.

3. In der oberen rechten Ecke der nächsten Bildschirmdarstellung befindet
sich der Button für die Listenansicht ❸. Tippen Sie darauf, um sich die
einzelnen Kapitel des Hörbuches anzeigen zu lassen. Sie können diese
Kapitel hier auch entsprechend ansteuern.

4. Mit einem weiteren Tipp auf diesen Button, der nun das Cover des Hörbuchs zeigt ❹, gelangen Sie wieder zur ursprünglichen Abspielposition.

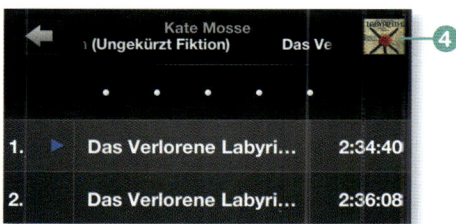

Um in Ihrem Hörbuch vor- und zurückzuspulen, verschieben Sie den Regler ❺ mit dem Finger. Es ist nicht leicht, den genauen Zeitpunkt auf die Art zu treffen, dafür brauchen Sie eine sehr ruhige Hand. Aber es gibt auch hier Abhilfe: Mit den kreisförmigen Pfeil-Schaltflächen ❻ springen Sie jeweils 15 Sekunden zurück oder vor.

> **ACHTUNG**
>
> **Wichtig bei Hörbüchern – Wiederholungsfunktion ausschalten!**
>
> Wenn Sie Ihre Wiedergabelisten häufig in der End-loswiedergabe laufen lassen, kann es Ihnen auch passieren, dass dieser Modus bei Hörbüchern eingeschaltet ist. Das ist ärgerlich, weil Sie so die Kapitel mehrmals hören würden. Schalten Sie diese Funktion also am besten aus.

Die Abspielgeschwindigkeit anpassen

Es kann vorkommen, dass die Abspielgeschwindigkeit eines Hörbuchs für Ihre Hörgewohnheiten zu schnell oder auch zu langsam ist. Das können Sie aber problemlos ändern. Sie müssen lediglich in der Abspiel-Ansicht auf den rechten Button **1X** ❶ tippen. Wenn Sie einmal darauf tippen, wird die Abspielgeschwindigkeit verdoppelt (**2X**) ❷. Ein erneutes Tippen verändert den Button in **1/2X** ❸, und somit wird die ursprüngliche Lesegeschwindigkeit halbiert.

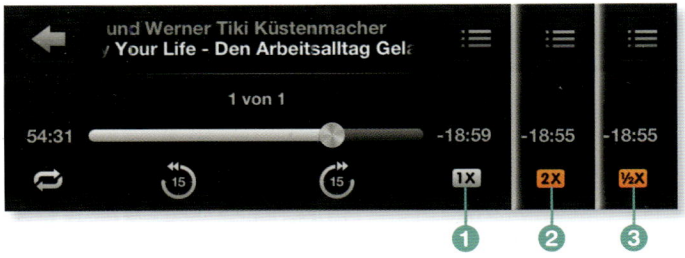

Kapitel 14

Musik und Videos kaufen im iTunes Store

Der iTunes Store ist Apples Musikladen auf dem iPhone. Er kann aber natürlich noch viel mehr. Laden Sie sich hier die neuesten Videos, TV-Serien oder Töne herunter.

Der iTunes Store auf dem iPhone: Musik ❶, Filme ❷, TV-Serien ❸, Hörbücher ❹ und dazu passende Rezensionen – alles das und noch viel mehr ist möglich.

Der iTunes Store im Überblick

Sie öffnen den iTunes Store einfach über die App iTunes auf Ihrem iPhone. Er ist inzwischen im Ganzen etwas anders aufgebaut als der Vorgänger-Store auf dem iPhone und verfügt über eine ganze Reihe verschiedener Ansichten (die nächste Abbildung haben wir zweigeteilt, um Ihnen das Display und alle Kategorien vollständig zeigen zu können). Ganz oben sehen Sie zwei Schaltflächen: Im **Spotlight** ❶ und **Charts** ❷. Wenn Sie den Store in der Ansicht Im **Spotlight** von oben nach unten durchscrollen, finden Sie folgende Kategorien, die Sie nach interessanten Musiktiteln durchstöbern können:

❸ **Alben**

❹ **Singles** (gefolgt von einer Auswahl von Künstleralben ❼)

❺ **Compilations** (mit weiteren Künstleralben)

❻ **Große Songs jetzt günstig** (erneut gefolgt von Künstleralben)

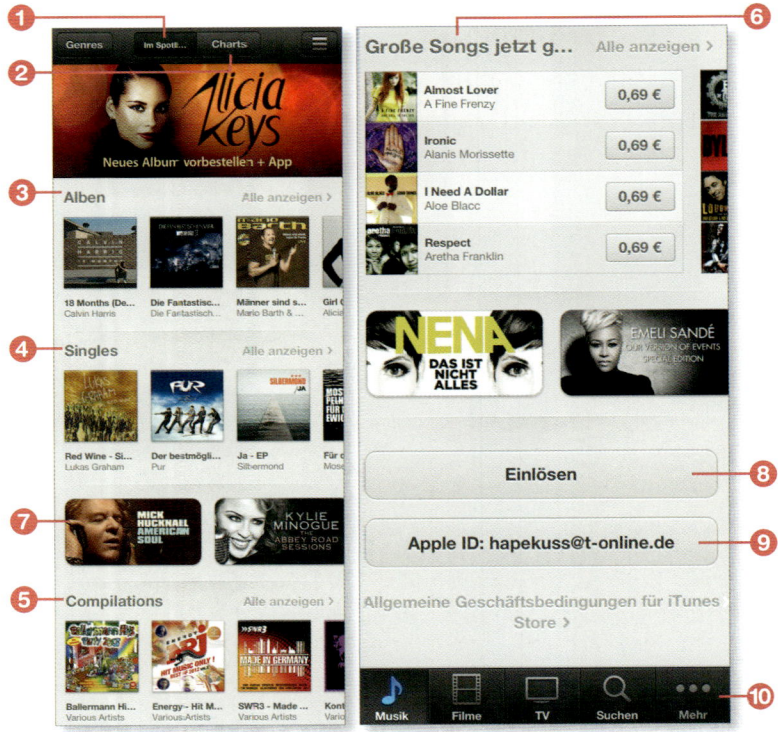

Ganz unten befinden sich noch ein Button zum Einlösen von iTunes-Gutscheinen, der einfach **Einlösen** ❽ heißt, ein Button für Ihre Apple-ID ❾ und natürlich die obligatorische Tableiste, die beim Scrollen immer zu sehen ist. In dieser Tableiste sehen Sie die Tabs **Filme**, **TV**, **Suchen** und **Mehr**, auf die ich in den folgenden Abschnitten noch näher eingehen werde. Hinter dem Bereich **Mehr** ❿ verbergen sich außerdem weitere Tabkategorien: **Hörbücher**, **Töne**, **Genius**, **Gekaufte Artikel** und **Downloads**.

Die zweite Ansicht, die Sie von der Startseite der App iTunes aus aufrufen können, ist die Ansicht **Charts** ⓫. Darin finden Sie in den Kategorien **Titel**, **Alben** und **Musikvideos** die Top 100 der Titel- und der Albumcharts, gefolgt von den Top 100 der Musikvideos.

Musik Probe hören

Bevor Sie im iTunes Store Musik kaufen, können Sie sich diese erst einmal anhören. Apple bietet Ihnen die Möglichkeit, jeden Song Probe zu hören – und so geht's:

1. Öffnen Sie den iTunes Store, indem Sie auf **iTunes** tippen. Wählen Sie nun ein Album aus, das Sie interessiert, und tippen Sie darauf ⓬. Es öffnet sich ein Bildschirm, der alle Titel eines Albums zeigt.

2. Tippen Sie auf die Nummer vor dem Titel ⓭, und Sie können sich den Titel eine kurze Zeit lang anhören.

3. Wenn Sie das Probehören beenden möchten, tippen Sie einfach auf das Quadrat ⓮ in der Mitte des Kreises.

Das Ganze können Sie natürlich auch mehrfach hintereinander machen. Und das Beste daran ist: Sie können das Probehören auch fortsetzen, während Sie den Store weiter durchstöbern.

Den Verlauf ansehen

Seit der Store mit der iOS-Version 6 ein leichtes Facelifting erfahren hat, ist auch die Funktion des Verlaufs hinzugekommen. Sie können nun also auch im iTunes Store immer sehen, welche Lieder sie zuletzt probeweise angehört haben. Um den Verlauf im iTunes Store aufzurufen, tippen Sie oben rechts auf den Button, der eine Liste anzeigt ❶.

Im nächsten Bildschirm sehen Sie nun, welche Lieder Sie sich heute ❷ im iTunes Store angehört haben. So müssen Sie Ihre Suche nicht immer wieder neu beginnen, wenn Sie sich vor dem Kauf ein wenig im Store »umhören« möchten.

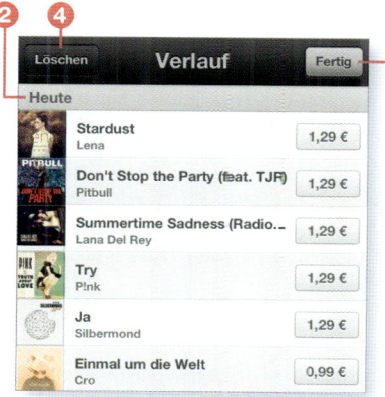

Zum Verlassen des Verlaufes tippen Sie einfach oben rechts auf den **Fertig**-Button ❸, und schon sind Sie wieder in der Store-Ansicht, die Sie zuvor verlassen haben.

Mit der Zeit kann der Verlauf relativ lang und unübersichtlich werden, wenn Sie häufig im iTunes Store unterwegs sind. Sie können daher den Verlauf nach Belieben löschen. Tippen Sie dazu in der Verlaufsliste auf den Button **Löschen** ❹ oben links. Danach müssen Sie lediglich noch eine weitere Nachfrage bestätigen, mit der Ihr iPhone sichergeht, dass Sie den Verlauf wirklich leeren wollen, und schon ist der Verlauf gelöscht.

Musik und Videos kaufen

Wenn Sie sich die einzelnen Musikstücke angehört haben, können Sie sie natürlich auch kaufen. Dabei haben Sie zwei Möglichkeiten: Sie können einen einzelnen Musiktitel oder ein ganzes Album kaufen.

Einen einzelnen Musiktitel kaufen

Wenn Sie einen Song im Radio gehört haben, der Ihnen besonders gut gefällt, aber kein Interesse an dem Album haben, von dem der Song stammt, gehen Sie folgendermaßen vor:

1. Um einen einzelnen Musiktitel aus einem Album zu kaufen, tippen Sie auf den Button, der den Preis für diesen Titel anzeigt ❺. Dieser Preis kann durchaus variieren; je nach Beliebtheit des Liedes liegt er zwischen 0,99 EUR und 1,29 EUR.

2. Der Button verwandelt sich dann in die Schaltfläche **Titel kaufen** ❻, die Sie ebenfalls antippen.

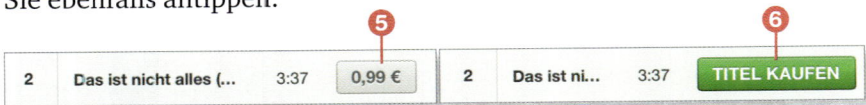

3. Zur Sicherheit müssen Sie nun noch Ihre Apple-ID und das zugehörige Passwort eingeben und den Kauf mit **OK** bestätigen.

Der jeweilige Song wird daraufhin umgehend auf Ihr iPhone geladen, und Sie können ihn problemlos über die App Musik anhören.

Ein ganzes Album kaufen

Sie können natürlich auch das komplette Musikalbum kaufen. Hierbei haben Sie oft die Gelegenheit, Songs zu erwerben, die nur mit dem Album selbst verkauft werden. Darüber hinaus bekommen Sie digitale Booklets, die nur zusammen mit dem Album erhältlich sind. Sollten Sie ein Album erwischt haben, auf dem es Titel gibt, die Sie nur zusammen mit dem ganzen Album kaufen können ❶, oder eines mit einem Booklet ❷, sehen Sie dies direkt in der Listenvorschau des Albums.

Das Kaufen bzw. Laden eines Albums im iTunes Store funktioniert genauso, wie im vorherigen Abschnitt für einen Einzeltitel beschrieben. Das digitale Booklet können Sie sich dann hinterher in iTunes ansehen, da es sich auf dem iPhone nicht darstellen lässt.

Filme und Musikvideos kaufen

Im iTunes Store können Sie natürlich auch Filme, TV-Serien und Musikvideos käuflich erwerben oder sie – im Falle von Filmen – auch ausleihen.

1. Wenn Sie einen Film, eine Folge Ihrer Lieblings-TV-Serie oder ein bestimmtes Musikvideo kaufen möchten, tippen Sie einfach auf **Film kaufen** ❸, auf **HD-Folge kaufen** ❹ oder auf **Video kaufen** ❺.

2. Im iTunes Store können Sie Filme auch leihen ❻, dann wird Ihnen der
Film für eine begrenzte Zeit auf Ihrem iPhone zur Verfügung gestellt.

3. Schauen Sie sich die Vorschau eines Films an, indem Sie auf den **Vorschau**-Button ❼ tippen. Die Vorschau wird etwa zwei Minuten lang abgespielt.

INFO

Filme leihen

Wenn Sie sich einen Film ausleihen, steht er Ihnen für eine begrenzte Zeit zur Verfügung, bevor er wieder von Ihrem iPhone gelöscht
wird. Sie haben insgesamt 30 Tage Zeit, sich den Film anzuschauen.
Haben Sie einmal mit dem Abspielen des Films begonnen, bleiben
Ihnen 48 Stunden, um den Film zu Ende zu schauen. Dabei ist es
egal, wo Sie den Film schauen: auf Ihrem Computer, dem iPhone,
einem iPad oder einem iPod Touch.

Gekaufte Videos sichern

Wenn Sie mit dem iPhone Filme oder Musikvideos kaufen, müssen Sie für
die Sicherung der Filme und Videos selbst sorgen. Synchronisieren Sie daher Ihr iPhone mit iTunes, und spielen Sie die gekauften Dateien auf Ih-

ren Rechner. Verbinden Sie zuerst Ihr iPhone mit iTunes, und wählen Sie, falls es nicht automatisch passiert, unter **Ablage** den Menüpunkt **Einkäufe von „[Name des Gerätes]" übertragen** (unter Windows: **Datei ▶ Einkäufe vom „[…]" übertragen**) aus. Auf diese Weise haben Sie schon einmal Ihre mit dem iPhone gekauften Lieder bzw. Videos und Filme in iTunes gesichert.

> **INFO**
>
> **Gekaufte Daten auch außerhalb von iTunes sichern**
>
> Wenn Sie Ihre digitalen Medien in iTunes sichern, ist das in der Regel nicht ausreichend, da auch hier immer mal ein Fehler passieren kann. Das würde dann dazu führen, dass Ihre Songs, Filme etc. unwiederbringlich verloren wären. Sie sollten also unbedingt Ihre gekauften Daten zusätzlich anderweitig sichern! Ziehen Sie hierzu Songs oder ganze Alben in den Windows-Explorer oder – beim Mac – in den Finder in einen Ordner, den Sie extra dafür angelegt haben.

Hörbücher und Podcasts kaufen

Etwas früher in diesem Buch war bereits schon einmal die Rede von Hörbüchern und Co. Hier erfahren Sie, wie Sie sie im iTunes Store erwerben können.

Hörbücher im iTunes Store

Der iTunes Store bietet auch eine große Auswahl an Hörbüchern. Sie finden hier wieder die für den iTunes Store üblichen Unterteilungen in die Kategorien **Im Spotlight** ❶, **Charts** ❷ und **Kategorien** ❸.

1. Bevor Sie sich ein Hörbuch kaufen, können Sie natürlich auch eine 1,5-minütige Hörprobe laden, um sich eine Vorstellung von Inhalt und Lesestimme zu machen. Tippen Sie dazu auf den Button **Vorschau** ❹.

2. Wenn die Vorschau abgespielt wird, können Sie sie sich sogar via AirPlay beispielsweise über Ihre Musikanlage anhören. Die passende Schaltfläche ❺ finden Sie in der Vorschauleiste am rechten Rand. Tippen Sie darauf, um auszuwählen, über welche Audioquelle Sie die Vorschau wiedergeben möchten. Das AirPlay-Symbol wird daraufhin blau hervorgehoben.

3. Um das Hörbuch schließlich zu kaufen, tippen Sie auf die Schaltfläche mit dem Preis ❻. Nachdem Sie den Kauf mit der Eingabe Ihrer Apple-ID offiziell gemacht haben, können Sie das Hörbuch auf Ihrem iPhone anhören.

Im Gegensatz zu Musiktiteln sind Hörbücher – zumindest die, die nicht aus dem Projekt Gutenberg stammen und daher gratis zu haben sind – recht kostspielig. Allerdings bieten sie Ihnen auch eine recht gute Qualität.

Podcasts in einer eigenen App

Podcasts sind seit ein paar Jahren so erfolgreich, dass Apple ihnen mit iOS 6 eine eigene App spendiert hat, die Sie natürlich gratis aus dem App Store laden können. Damit sind Podcasts aber vom iPhone aus nicht mehr über den iTunes Store erhältlich. Über iTunes auf Ihrem Computer können Sie solche Dateien natürlich nach wie vor erwerben, und dort werden auch alle diese Objekte gespeichert.

Laden Sie die App Podcasts einfach herunter, und verwalten und nutzen Sie Ihre Podcasts von nun an mit Hilfe dieser App auf Ihrem iPhone. Die App verfügt eigentlich nur über zwei Ansichten: **Podcasts** ❼ (alle Ihre gespeicherten Podcasts) und **Topsender**, die die Top-Podcasts verschiedener Kategorien anzeigt.

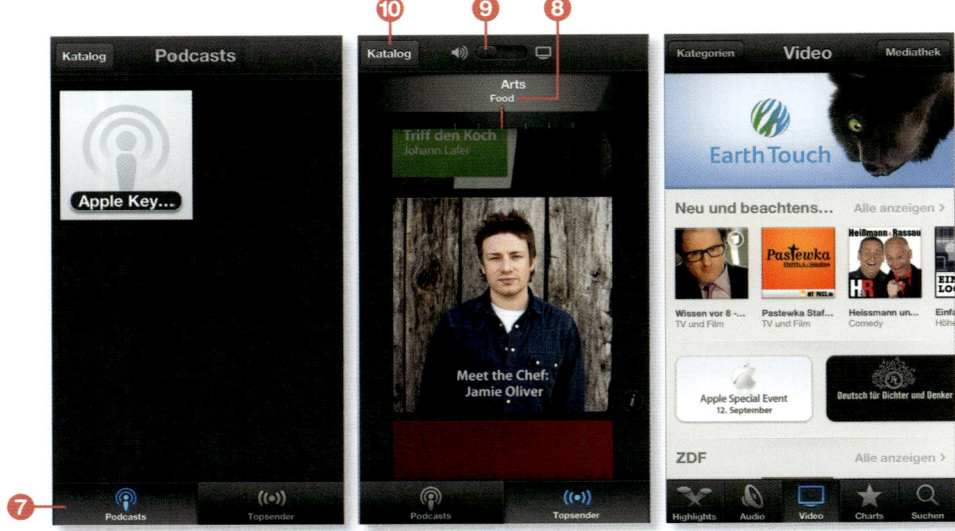

In unserem Beispiel haben wir die Kategorie **Food** gewählt, wie Sie im mittleren Screenshot in der »Trommel« erkennen ❽. Diese Trommel können Sie mit dem Finger drehen, dann erscheinen immer wieder neue Themengebiete. Oberhalb der Trommel befindet sich ein zusätzlicher Regler ❾, mit dem Sie zwischen Audio-Podcasts (links) und Video-Podcasts (rechts) umschalten können. Links oben sehen Sie außerdem den Button **Katalog** ❿, der Sie auf die Seite mit allen bei Apple verfügbaren Podcasts bringt. Stöbern Sie hier nach Herzenslust nach interessanten Beiträgen – kostenlos sind sie immer!

Eine Rezension verfassen

Wenn Sie sich ein Musikstück, ein Video oder ein Hörbuch gekauft haben und es Ihnen gefällt – oder auch nicht –, können Sie hierzu im iTunes Store eine entsprechende Rezension hinterlassen, die dann für andere einsehbar und eventuell für die Kaufentscheidung hilfreich sein kann. All Ihre Rezensionen werden unter Ihrem Accountnamen veröffentlicht und sind so personalisiert.

1. Um zu einem Hörbuch oder Album eine Rezension zu schreiben, tippen Sie auf das Hörbuch oder Album.

2. In der Detailansicht tippen Sie dann etwa in der Mitte auf den Button **Rezensionen** ❶ und anschließend unten auf **Eine Rezension schreiben** ❷.

3. Geben Sie nun Ihr Passwort für den iTunes Store ein (Apple-ID) ❸, bestätigen Sie die Eingabe mit **OK**, und schon können Sie Ihre Rezension verfassen.

4. Vergeben Sie einen bis fünf Sterne, indem Sie auf die entsprechende Anzahl tippen ❹, schreiben Sie einen Betreff ❺ als eine Art Fazit und dann die eigentliche Rezension ❻. Ist Ihre Rezension fertig, können Sie sie versenden ❼.

Sämtliche Beurteilungen, die Sie abgeben, können Sie hinterher auch in Ihrem iTunes-Account einsehen. So sind Sie immer im Bild darüber, was Sie wann rezensiert haben.

Der Bereich »Zugehörig«

Neben dem Button für die Rezensionen befindet sich noch eine weitere Schaltfläche, der mit **Zugehörig** ❽ benannt ist. Was verbirgt sich dahinter? Nun, hier werden weitere Alben des Künstlers aufgeführt, so dass Sie, um mehr von einem Künstler zu sehen, nicht erst mühsam alle Alben und Titel durchforsten müssen.

Der »Gefällt mir«-Button

Der »Gefällt mir«-Button ist Teil von Apples Social-Network-Strategie, die nunmehr tief in das Betriebssystem iOS integriert wurde und sich auf Facebook und Twitter konzentriert. *Ping*, Apples eigener Social-Networking-Versuch, ist gescheitert und wurde deshalb beendet. Wenn Sie also in iTunes den »Gefällt mir«-Button drücken, können Ihre Facebook-Kontakte sehen, was Ihnen gefällt ❶.

Falls Sie die Facebook-App auf Ihrem iPhone installiert haben, können Sie Ihren »Gefällt mir«-Eintrag dort sofort einsehen. Selbstverständlich sehen Sie diese Einträge auch in Ihrer privaten Facebook-Chronik ➋.

Wie in sozialen Netzwerken üblich, können nun Ihre Kontakte hier ihre Kommentare hinterlassen oder ihrerseits über den »Gefällt mir«-Button bekunden, dass ihnen Ihr Beitrag oder das Album gefällt.

Kapitel 15
Apps kaufen und installieren über den App Store

Der App Store ist neben dem iTunes Store Apples zweiter Online-Laden, den Sie vom iPhone aus erreichen. Hierüber können Sie die Funktionalität Ihres iPhones mit Hilfe interessanter Apps deutlich erweitern.

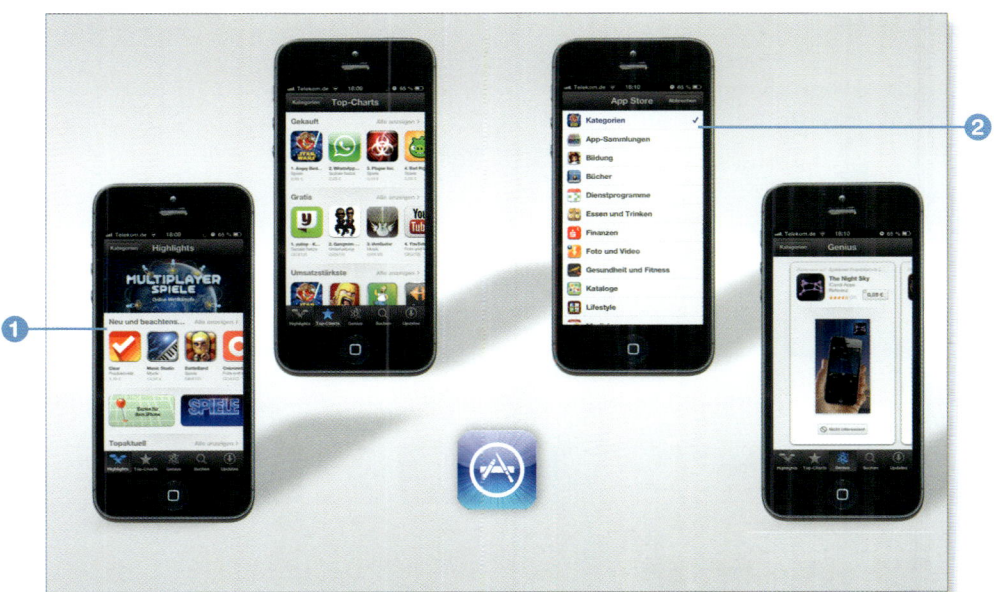

Im App Store finden Sie so einiges: Neben dem Spiel der Woche, der App der Woche und anderen Neuigkeiten ❶ gibt es die Möglichkeit, sich die Apps über bestimmte Kategorien ❷ anzeigen zu lassen.

Der App Store im Überblick

Der App Store wurde, wie auch der iTunes Store, einem Facelifting unterzogen und sieht nun etwas frischer aus als in den letzten iOS-Versionen. Damit Sie sich im App Store zurechtfinden, möchte ich Ihnen zu Anfang erst einmal einen kurzen Überblick geben. Der neue App Store sieht also aus, wie im Folgenden beschrieben (die Abbildung haben wir zweigeteilt, um Ihnen das ganze Display zeigen zu können). Auf der Startseite des App Stores sehen Sie eine Auswahl an interessanten Apps, sortiert in verschiedene Rubriken:

❶ Neu und beachtenswert

❷ Topaktuell

❸ Apps

❹ Spiele

Wenn Sie nichts Bestimmtes suchen, können Sie hier schon mal stöbern, ob etwas Passendes für Sie dabei ist oder ob es interessante neue Apps gibt, die Sie noch nicht kennen (siehe dazu auch den Abschnitt »Die Highlights-Funktion« auf Seite 375).

Die Kategorien im App Store

Wenn Sie oben links auf den Button **Kategorien** ❺ tippen, gelangen Sie zu einer Liste, die alle Kategorien aufführt, denen die Apps im App Store zugeordnet werden können. Bei der Vielzahl an iPhone-Apps ist das sehr praktisch, denn so können Sie schon mal eingrenzen, wonach Sie suchen.

Der App Store enthält u. a. folgende Kategorien: **Bücher**, **Gesundheit und Fitness**, **Lifestyle**, **Reisen**, **Sport** und **Wirtschaft**. Manche Kategorien, z. B. **Sport**, haben wiederum Unterkategorien, die die Auswahl noch weiter eingrenzen.

Alle Kategorien sind wiederum jeweils in vier Bereiche unterteilt: **Neu** ❻, **Topaktuell** ❼, **Gekauft** ❽ und **Kostenlos** ❾. Die Rubrik **Neu** enthält neue Apps dieser Kategorie, die zum Teil natürlich auch gratis sind.

Bei der Rubrik **Topaktuell** handelt es sich nicht um neue, sondern vielmehr um die »angesagtesten« Apps. Im englischen Original heißt die Kategorie **What's Hot**, was schwer ins Deutsche zu übertragen ist, weswegen diese Rubrik in Deutschland »Topaktuell« heißt.

Die Rubrik **Gekauft** zeigt die beliebtesten käuflich erwerbbaren Apps der jeweiligen Kategorie an. Mit Ihren eigenen Einkäufen hat das wider Erwarten nichts zu tun. Die Rubrik **Kostenlos** zeigt, wie der Titel schon vermuten lässt, die Gratis-Apps der jeweiligen Rubrik an.

Die Kategorien bilden also eine gute Vorsortierung, um gezielt und schnell an die App zu gelangen, die Sie suchen.

Apps suchen

Das Angebot der im App Store zu findenden Apps beläuft sich mittlerweile auf über 625.000 – und es werden jeden Tag mehr. Da verliert man schon mal den Überblick. Deshalb ist es wichtig, dass Sie gezielt nach Apps suchen können und diese dann entsprechend auch schnell finden. Wie das geht, zeige ich Ihnen hier.

Angenommen, Sie suchen eine App, die sich mit dem Thema Kochen beschäftigt. Um etwas Passendes zu finden, gehen Sie wie folgt vor:

1. Tippen Sie in der Tableiste auf **Suchen** ❶

2. Geben Sie dann in der Suchleiste am oberen Rand den Begriff »Kochen« ein. Schon während der Eingabe bekommen Sie erste Vorschläge ❷ zu Ihrem Stichwort.

3. Wenn Sie schon das passende Ergebnis gefunden haben, tippen Sie einfach darauf.

4. Wenn nicht, tippen Sie auf den **Suchen**-Button ❸, um alle entsprechenden Apps angezeigt zu bekommen.

5. Es öffnet sich nun eine Liste der Apps, die mit dem Thema Kochen zu tun haben. Neben dem App-Symbol ❹ befinden sich dann verschiedene Infos ❺: der Name der App, direkt darunter der Name der Firma, die diese App programmiert hat, darunter der Name der Kategorie, der sie angehört, und darunter die Qualität und Anzahl der Bewertungen. Ganz rechts sehen

Sie schließlich den Preis der App ❻; in unserem Beispiel handelt es sich um eine kostenlose App.

Erst schauen, dann kaufen

Insbesondere wenn es sich um eine App handelt, für die Sie Geld bezahlen müssen, ist es ganz nützlich, sich erst einmal anzuschauen, was genau die App Ihnen bietet.

1. Wenn Sie im Suchergebnis unten auf die Vorschau der App tippen, für die Sie sich interessieren (❼ in der obigen Abbildung), öffnet sich eine Infoseite, die weitere Informationen über diese App liefert, z. B. weitere Screenshots, die Sie von links nach rechts über den Bildschirm schieben können.

2. Wenn Sie diese Seite weiter herunterscrollen, erhalten Sie neben der allgemeinen Beschreibung ❽ weitere Informationen ❾ wie das Erscheinungsdatum, die Dateigröße oder Rezensionen zu dieser App.

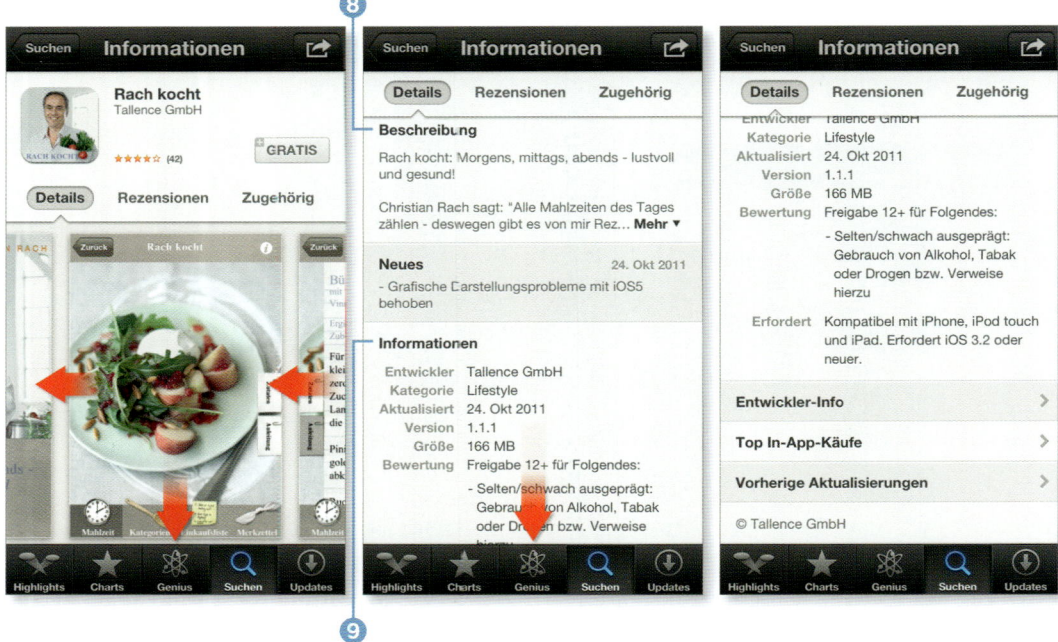

3. Wenn Sie nun nach der Durchsicht aller Screenshots und der weiteren Informationen mit der App zufrieden sind, tippen Sie oben rechts auf den Preis ❿, und kaufen Sie die App mit **App kaufen** ⓫. (Bei Gratis-Apps ⓬ steht hier einfach **App installieren** ⓭.)

4. Geben Sie nun noch Ihre Apple-ID ein, dann wird die App auf Ihr iPhone heruntergeladen, und Sie können sie ab sofort nutzen.

Warum die Apple-ID eingeben, wenn die App gratis ist?

Apple protokolliert genau, welche Apps Sie erworben haben, egal ob gegen Geld oder gratis. Das dient unter anderem dazu, Ihnen die App weiterhin zur Verfügung stellen zu können, auch wenn Sie sie einmal von Ihrem iPhone gelöscht haben. Sie können die App dann bei Bedarf jederzeit wieder aus dem App Store laden und müssen sie nicht erneut bezahlen. Bei Gratis-Apps dient das dazu, dass Sie einmal erworbene Apps schneller wiederfinden können, indem Sie in iTunes unter **Gekaufte Apps** nachsehen.

Kostenlose Apps finden

Wie Sie sich sicherlich denken können, gibt es im App Store aber nicht nur kostenpflichtige Apps. So gelangen Sie an die Gratis-Apps: Tippen Sie oben links auf **Kategorien**, und wählen Sie eine Kategorie aus, z. B. **Dienstprogramme** ❶. Scrollen Sie nun etwas nach unten, bis Sie zur Rubrik **Kostenlos** ❷ gelangen. Hier finden Sie die Gratis-Apps. Diese Rubrik gibt es innerhalb von jeder der aufgeführten Kategorien.

Selbstverständlich können Sie auch einfach einen Begriff eingeben, um nach Apps zu einem Thema zu suchen. In den Suchergebnissen werden Sie dann auch Gratis-Apps finden.

HINWEIS

So erkennen Sie bereits gekaufte Apps schon im App Store

Haben Sie eine App bereits gekauft, befindet sie sich aber aktuell nicht auf Ihrem iPhone, können Sie sie schnell und unkompliziert nachladen, weil sie anstelle des Wortes **Gratis** mit dem Begriff **Installieren** gekennzeichnet ist. Sie müssen nur einmal darauf klicken und eventuell noch einmal Ihr Apple-ID-Kennwort eingeben, und schon wird die App wieder auf Ihr iPhone geladen.

Die zweite Möglichkeit ist, dass Sie auf den **Updates**-Button ❸ in der Tableiste tippen. Dahinter verbirgt sich nämlich auch eine Kategorie mit dem Titel **Gekaufte Artikel** ❹. Tippen Sie darauf, und in der nächsten Ansicht sehen Sie oben zwei Buttons: **Alle** ❺ und **Nicht auf iPhone** ❻. In letzterer Kategorie sind die Apps enthalten, die Sie schon gekauft, aber noch nicht auf Ihr iPhone geladen haben. Tippen Sie also auf **Nicht auf iPhone**, und wählen Sie die App aus, die Sie erneut laden möchten, indem Sie auf den kleinen Button mit der Wolke ❼ tippen. Der Installationsprozess beginnt daraufhin sofort.

Die Highlights-Funktion

Die Highlights-Funktion ist die Standardansicht des App Stores. In dieser Rubrik werden Ihnen neue und beachtenswerte Apps, topaktuelle Apps und Spiele-Apps vorgestellt.

»Neu und beachtenswert«

Hier finden Sie neben einer ganzen Reihe neuer Apps ❶ wieder jeweils einige Rubriken ❷, in denen neue Apps vorgestellt werden und die sich hin und wieder verändern. Aktuell werden hier folgende Rubriken angeboten:

- Karten für Dein iPhone

- iBooks 3

- App-Sammlungen

- Bildung

- Zeitungskiosk

- Apps für Kinder

Diese Rubriken müssen Sie von rechts nach links über den Bildschirm schieben, um Sie alle sehen zu können. Wenn Sie darauf klicken, öffnen sie sich und zeigen spannende neue Apps, die auch innerhalb einer Kategorie wiederum nach Themenbereichen sortiert sind.

Die Kategorie **Zeitungskiosk** bietet, wie der Name bereits andeutet, aktuelle digitale Zeitschriftenausgaben (siehe hierzu auch den Abschnitt »Eine Besonderheit – der Zeitungskiosk« ab Seite 207).

»Topaktuell«

Auch im Bereich **Topaktuell** finden Sie, wie schon in **Neu und beachtenswert**, eine Reihe ausgewählter Apps sowie einige Kategorien, z. B. **Starterkit für Apps**, **Starterkit für Spiele**, **Unser Tipp**, **Apps von Apple** oder **Fußball**. Die hier dargestellten Kategorien sind ebenfalls veränderlich.

Die Kategorien mit der Bezeichnung **Starterkit** enthalten Apps, die man haben sollte, wenn man sich für ein Thema interessiert, und die für den Einstieg gut sind. Unter **Apps** und **Spiele** sind dann wiederum die Apps und Spiele aufgelistet, die nicht in eine der vorgegebenen Kategorien passen.

Die Funktion »Genius«

Die Funktion **Genius** ist ein Neuzugang in der Tableiste des App Stores und ist eine »intelligente« Funktion, da sie erkennt, welche Apps sich auf Ihrem iPhone befinden. Dazu passend schlägt diese Funktion Ihnen weitere Apps vor, die inhaltlich denen ähneln, die sich bereits auf Ihrem iPhone befinden.

Auf diese Weise ist ein interessanter Zugang zu weiteren Apps möglich. Probieren Sie es einfach mal aus, vielleicht finden Sie auf diese Weise ja die eine oder interessante neue App!

Apps per Mail, SMS, über Twitter oder Facebook weiterempfehlen

Natürlich können Sie auch im neu gestalteten App Store wieder Ihre Empfehlungen für besonders interessante Apps an Freunde verschicken. Um das zu tun, gehen Sie folgendermaßen vor:

1. Tippen Sie eine App an, dann gelangen Sie auf die Detailseite, auf der sich oben rechts wieder der **Bereitstellen**-Button ❶ befindet. Tippen Sie darauf.

2. Wählen Sie nun die Nachrichtenart aus (Mail ❷, SMS ❸, Twitter ❹, oder Facebook ❺), über die Sie Ihre Empfehlung verschicken möchten. Sie können den iTunes-Link zu dieser App auch kopieren ❻ und ihn sich z. B. in der App Notizen notieren.

3. Geben Sie dann einen Empfänger für Ihre Empfehlung an, schreiben Sie bei Bedarf noch einen persönlichen Text, und versenden Sie Ihre Empfehlung jeweils über **Senden** oder **Posten**.

Wie Sie sehen, ist auch eine Empfehlung direkt aus dem App Store heraus schnell erledigt. Ihre Freunde werden sich darüber freuen.

Apps aktualisieren

Da die einzelnen Programmierer immer wieder einmal neue Versionen ihrer Apps herausbringen, ist es natürlich sinnvoll, hin und wieder diese Updates herunterzuladen, die häufig auch Programmverbesserungen und zusätzliche Programm-Features mit sich bringen.

1. Ist eine neue Version einer der Apps verfügbar, die auf Ihrem iPhone installiert sind, wird das anhand einer kleinen Ziffer am App-Store-Logo ❶ und dem **Updates**-Button ❷ in der Tableiste deutlich.

2. Um Ihre Updates zu installieren, tippen Sie auf den **Updates**-Button, und es erscheint ein Bildschirm, der alle Apps auflistet, für die ein Update verfügbar ist.

3. Um die Apps auf den neuesten Stand zu bringen, tippen Sie auf den Button **Alle aktualisieren**.

4. Geben Sie danach das Kennwort für Ihre Apple-ID ❸ ein, und bestätigen Sie Ihre Eingaben mit dem **OK**-Button.

Daraufhin werden alle Aktualisierungen für die Apps auf Ihrem iPhone heruntergeladen und sofort installiert (das erkennen Sie an einem kleinen Balken unter der jeweiligen App). Sie müssen nichts weiter tun, als abzuwarten.

Kapitel 16
Datensicherheit

Datensicherheit wird heutzutage großgeschrieben. Man hört allerorten von Hackerangriffen und gestohlenen Passwörtern. Aus diesem Grund bietet das iPhone verschiedene Sicherheitseinstellungen, die Sie an Ihre Bedürfnisse anpassen können.

Eingabe des Codes bei einem durch einen einfachen Code gesicherten iPhone

Der PIN-Code der SIM-Karte

Jede handelsübliche SIM-Karte verfügt über einen vierstelligen PIN-Code, der standardmäßig auf derselben Karte gespeichert ist. Das iPhone ist werksseitig so eingestellt, dass der PIN-Code der SIM-Karte, wenn Sie das iPhone komplett neu starten oder die SIM-Karte entfernen und wieder einsetzen, erneut eingegeben werden muss.

Wenn Sie das iPhone ohne SIM-Karte oder nachdem Sie es ausgeschaltet haben starten, bekommen Sie als Erstes die Nachricht **Gesperrte SIM-Karte** ❶. Entsperren Sie Ihr iPhone, indem Sie den **Entsperren**-Button ❷ nach rechts schieben, und geben Sie Ihren vierstelligen PIN-Code ein ❸.

Darüber hinaus erkennen Sie den jeweiligen Zustand Ihres iPhones auch an der oberen Menüleiste. Eine gesperrte SIM-Karte wird als »SIM gesperrt« und mit einem Schloss-Symbol ❹ ausgewiesen. Wird die PIN eingegeben, sucht das iPhone nach einem Provider. Ist er gefunden, wird er zusammen mit seiner Signalstärke angezeigt. Das Schloss-Symbol verschwindet und wird durch die aktuelle Uhrzeit ersetzt.

SIM-PIN ausschalten und ändern

Die SIM-Karten-PIN können Sie auch ausschalten (nicht empfohlen) oder selbst ändern (z. B. in eine für Sie leichter zu merkende Zahlenkombination):

1. Um die SIM-Karten-PIN auszuschalten, wählen Sie im Menü **Einstellungen** Ihres iPhones den Menüpunkt **Telefon** und scrollen etwas herunter, bis Sie zum Menüpunkt **SIM-PIN** gelangen. Tippen Sie ihn an, und schieben Sie im nächsten Bildschirm den Regler ❺ nach links, um die SIM-PIN auszuschalten.

2. Um eine ausgeschaltete PIN wieder zu aktivieren, schieben Sie den Regler wieder nach rechts und geben dann die SIM-PIN erneut ein ❻. Bestätigen Sie die Aktion mit dem **Fertig**-Button ❼.

Seien Sie bei der Eingabe der SIM-PIN bitte immer vorsichtig. Wenn Sie die PIN zu oft falsch eingeben, bleibt Ihr iPhone gesperrt und kann erst mit dem PUK-Code wieder entsperrt werden (diesen finden Sie normalerweise auch in Ihren Vertragsunterlagen). Funktioniert auch das nicht, müssen Sie bei Ihrem Provider kostenpflichtig eine neue Karte beantragen.

SIM-PIN ändern

Um Ihre SIM-PIN zu ändern, öffnen Sie ebenfalls das Menü **Einstellungen** ▶ **Telefon** ▶ **SIM-PIN** und tippen auf **PIN ändern**. Geben Sie nun Ihre aktuelle vierstellige PIN ein 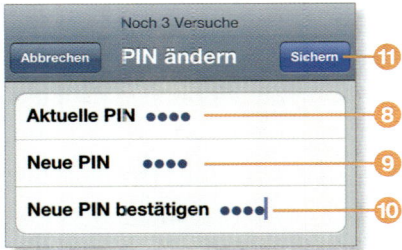. Anschließend müssen Sie die neue PIN zweimal hintereinander eingeben (❾ und ❿). Tippen Sie dann auf den **Sichern**-Button ⓫, um die Aktion abzuschließen.

Wenn Sie die PIN korrekt eingegeben haben, tippen Sie auf die Schaltfläche »Sichern«.

Die Code-Sperre

Die Code-Sperre ist eine zweite Sicherheitsstufe Ihres iPhones. Diese können Sie aktivieren, um Fremden den Zugriff auf Ihr iPhone zu verwehren, die versuchen, es aus dem Standby-Modus »aufzuwecken«. Sobald bei Ihrem iPhone eine Taste gedrückt wird, verlangt es die Eingabe des vierstelligen Codes. Und so richten Sie die Code-Sperre ein:

1. Tippen Sie im Menü **Einstellungen ▸ Allgemein** auf den Menüpunkt **Code-Sperre** ❶, und geben Sie einen beliebigen vierstelligen Code ein, den Sie als Code-Sperre verwenden möchten ❷. Den gleichen Code müssen Sie noch ein zweites Mal angeben ❸, dann ist er automatisch gespeichert.

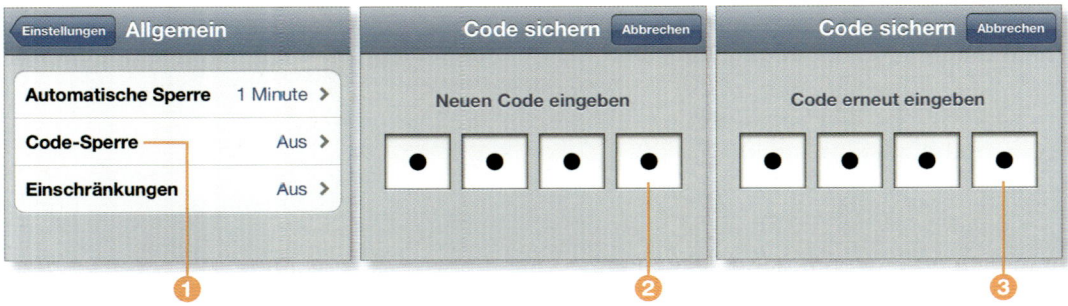

2. Um die Code-Sperre wieder zu entfernen, tippen Sie erneut auf den Menüpunkt **Code-Sperre** und geben den eben angelegten vierstelligen Code ein, um in das Einstellungsmenü für die Codes zu gelangen. Das bedeutet, dass Sie ohne die Code-Eingabe auch nicht in das Einstellungsmenü gelangen.

3. Sind Sie nun im Einstellungsmenü für die Code-Sperre angelangt, tippen Sie auf den Menüpunkt **Code deaktivieren** ❹ und geben den Code erneut ein. Der Code ist nun wieder deaktiviert.

Wie Sie sehen, handelt es sich hierbei um einen einfachen vierstelligen Code. Es geht aber auch noch eine Nummer sicherer, wie Sie im folgenden Abschnitt erfahren werden.

Ihr iPhone mit einem komplexeren Code schützen

Wenn Sie einen komplexeren Schutz möchten, schalten Sie im Menü **Einstellungen ▶ Allgemein ▶ Code-Sperre** den Regler **Einfacher Code** ❺ aus. Ist der einfache Code ausgeschaltet, tippen Sie auf **Code aktivieren** ❻.

Dann können Sie einen komplexeren Code eingeben, der aus einer Kombination aus Zahlen, Buchstaben und Sonderzeichen in beliebiger Länge besteht ❼. Wiederholen Sie diesen Code noch einmal ❽, und tippen Sie auf den **Fertig**-Button ❾, um ihn zu aktivieren.

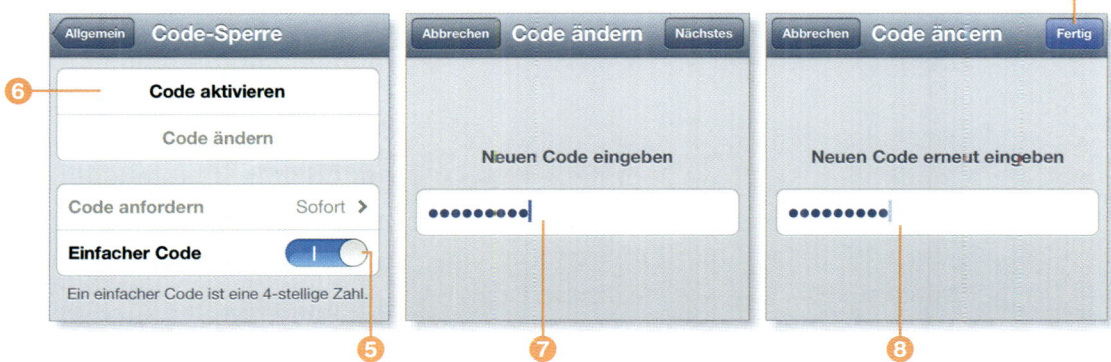

Wenn Sie nun Ihr iPhone entsperren, wird dieser neue, komplexe Code beim Entsperren Ihres iPhones verlangt. Um den Code später wieder zu ändern, müssen Sie auch in diesem Fall wieder zuerst den Code eingeben, um überhaupt ins Einstellungsmenü der Code-Sperre zu gelangen, wo Sie die Sperre deaktivieren können.

Die Code-Sperre konfigurieren

Darüber hinaus können Sie im Menü **Einstellungen ▸ Allgemein ▸ Code-Sperre** definieren, ab wann die Sperre gelten soll. Standardmäßig ist **Sofort** eingestellt. Um den Zeitpunkt zu ändern, an dem der Sicherheitscode abgefragt werden soll, tippen Sie auf **Code anfordern** ❶ und wählen im darauffolgenden Bildschirm aus, wann ❷ Sie die Codeeingabe wünschen.

Den Datenschutz einstellen

Beim aktuellen Betriebssystem iOS 6 hat Apple eine kleine Veränderung vorgenommen, was den Datenschutz angeht, und zwar wurde unter **Einstellungen** der Punkt **Datenschutz** ❸ als zusätzlicher Menüpunkt aufgenommen.

Hinter diesem Punkt verbirgt sich eine Liste von Anwendungen und Apps, für die Sie jeweils spezielle Datenschutz-Einstellungen einrichten können, z. B. Kontakte, Kalender oder Fotos. Wenn Sie auf eine dieser Apps tippen, z. B. auf **Kontakte**, öffnet sich ein neues Menü, aus dem Sie ablesen können, welche Anwendungen auf Ihre Kontakte zugreifen. Per Schiebregler können Sie diesen Zugriff jeweils erlauben oder ablehnen.

Außerdem können Sie in diesem Menü regeln, ob Sie auch Twitter und Facebook auf Ihrem iPhone nutzen möchten bzw. welche Apps auf Ihre jeweiligen Accounts zugreifen. Da beide Anwendungen mittlerweile sehr tief im Betriebssystem verankert sind, werden Sie, wenn Sie den Zugriff hier beschränken, aus vielen Apps heraus nicht mehr auf Twitter und Facebook zugreifen (und z. B. Fotos teilen) können.

Auch die Möglichkeit, die Ortungsdienste zu aktivieren oder abzuschalten ④, finden Sie hier. Sie können über diese Funktion auch explizit festlegen, welche App überhaupt auf die Ortungsdienste zugreifen darf ⑤ und welche nicht ⑥.

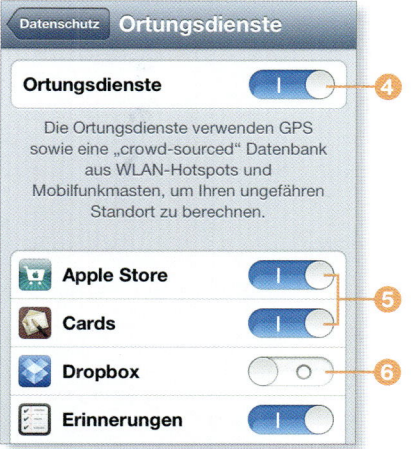

Ganz am Ende der unter Umständen langen App-Liste im Menü **Datenschutz** sehen Sie noch den Punkt **Systemdienste**. Dahinter verbirgt sich eine Reihe von wichtigen Standarddiensten, die Sie aber auch allesamt oder einzeln abschalten können. Das führt dann allerdings in manchen Fällen zu Einbußen in der flüssigen Nutzung. Beispielsweise kann ohne diese Daten bei der

Funknetzsuche ❼, der Kompasskalibrierung ❽, bei den Verkehrsinformationen ❾ oder beim Einstellen der Zeitzone ❿ keine sinnvolle Bedienung gewährleistet werden. Wenn Sie aber keinen Wert auf die Anzeige ortsabhängiger Werbung (*iAds*) ⓫ legen, können Sie diese Funktion hier getrost ausschalten.

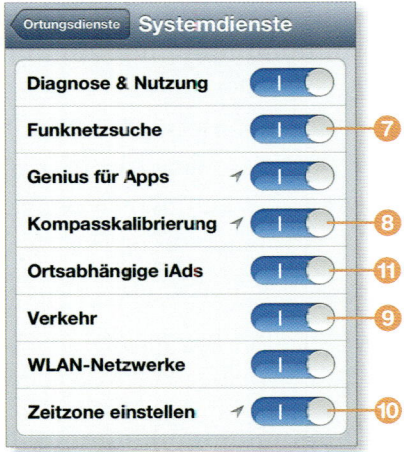

Die Sicherheitslücke Siri ausschalten

Siri, der intelligente Sprachassistent, der seit dem iPhone 4S existiert, funktioniert in der Standardeinstellung immer. Das bedeutet, dass Ihr iPhone auch dann über Siri bedienbar ist, wenn eine Code-Sperre eingerichtet wurde. Um dies zu verhindern, müssen Sie den Zugriff auf Siri im Sperrzustand deaktivieren. Ich empfehle Ihnen dringend, das zu tun, denn auch wenn Siri in seinen Möglichkeiten begrenzt ist, lässt sich über diese Sicherheitslücke großer Schaden anrichten.

Um zu verhindern, dass Fremde trotz einer Code-Sperre Ihr iPhone bedienen können, indem sie Siri benutzen, öffnen Sie das Menü **Einstellungen** und wählen den Menüpunkt **Allgemein** ❶ ▶ **Code-Sperre** ❷ aus. Deaktivieren Sie den Zugriff auf Siri, indem Sie den Regler ❸ nach links schieben. Ab jetzt ist Ihr iPhone auch nicht mehr mit Siri zu steuern, wenn die Code-Sperre aktiviert ist.

Auf die gleiche Weise können Sie auch die beiden Funktionen **Passbook** ❹ und **Mit Nachricht antworten** ❺ ausschalten, denn beide Dienste sind ebenfalls vom Sperrbildschirm aus erreichbar.

Wenn Sie Siri gar nicht verwenden möchten, schalten Sie diesen Dienst unter **Einstellungen ▸ Siri** einfach aus. Weitere Informationen zu Siri finden Sie im Abschnitt »Den intelligenten Assistenten Siri nutzen« auf Seite 37.

Die automatische Sperre einstellen

Sie können einstellen, ab wann Ihr iPhone in den Standby-Betrieb geschaltet wird.

1. Zum Einstellen der automatischen Sperre öffnen Sie das Menü **Einstellungen ▸ Allgemein**.

2. Tippen Sie anschließend auf den Menüpunkt **Automatische Sperre** ❻.

3. Stellen Sie nun ein, nach welcher Zeit die automatische Sperre aktiviert werden soll. Hierbei können Sie zwischen Zeitintervallen von 1 bis 5 Minuten ❼ oder **Nie** ❽ wählen.

Wählen Sie die Einstellungen, die Sie für sinnvoll erachten. Manchmal, z. B. wenn Sie mit einer gekauften Navigationssoftware arbeiten, ist es nützlich, die Option **Nie** einzustellen, denn so bleibt das Display immer angeschaltet, während Sie fahren.

Zugriff auf Programme und Inhalte beschränken

Um den Umgang mit dem iPhone noch sicherer zu machen, können Sie bestimmen, welche Programme genutzt werden können und welche nicht. Dazu können Sie den Zugang zu einzelnen Programmen und Diensten sperren, so dass nur noch Sie selbst die Möglichkeit haben, darauf zuzugreifen, indem Sie den Code eingeben und die jeweilige Funktion wieder freischalten. Das ist beispielsweise hilfreich, wenn auch Ihre Kinder das iPhone nutzen.

Öffnen Sie im Menü **Einstellungen ▶ Allgemein** den Menüpunkt **Einschränkungen**, und tippen Sie auf **Einschränkungen aktivieren** ❶. Dann geben Sie einen beliebigen vierstelligen Code ein. Bestätigen Sie diesen einmal. Dieser Code muss von nun an eingegeben werden, bevor Sie etwas an den Einschränkungseinstellungen ändern können. Folgende Angaben sind möglich:

❷ Geben Sie im ersten Bereich **Erlauben** die Apps frei, deren Nutzung Sie erlauben möchten. Interessant ist hierbei, dass Sie sowohl Siri hier deaktivieren können als auch einige Funktionen, die in Apps integriert sind, z. B. FaceTime. Auch das Installieren und Löschen von Apps können Sie hier reglementieren.

❸ Im Bereich **Zulässiger Inhalt** können Sie den Zugriff einschränken, was z. B. zum Zweck der Kindersicherung und des Jugendschutzes praktisch ist.

❹ Für welches Land möchten Sie z. B. die Altersfreigaben einstellen? In der Regel ist hier **Deutschland** bereits vorausgewählt.

❺ Bestimmen Sie, ob Sie die Wiedergabe von anstößiger Musik und Podcasts zulassen möchten oder nicht.

❻ Legen Sie die Altersfreigabe für Filme und Sendungen fest. Soll z. B. ein Kind Zugang zu Ihrem iPhone haben, können Sie den Zugriff entsprechend beschränken.

❼ Auch für Apps gibt es Altersbeschränkungen, die Sie hier festlegen können.

❽ Häufig verfügen Apps wie Spiele-, Zeitschriften- oder Navigations-Apps über die Möglichkeit, Inhalte via In-App-Kauf nachzuladen. Diese Möglichkeit können Sie eliminieren. So entstehen Ihnen keine unkalkulierbaren Kosten.

❾ Darüber hinaus können Sie festlegen, ab wann ein Kennwort erforderlich ist, sollten Sie einmal im iTunes Store oder im App Store einkaufen wollen. Standardmäßig ist es so eingestellt, dass Sie beim ersten Mal das Kennwort eingeben müssen, und wenn dann innerhalb der nächsten 15 Mi-

389

nuten weitere Einkäufe getätigt werden, muss keine neue Kennworteingabe erfolgen. Das können Sie ändern, indem Sie hier **Sofort** wählen.

Neu hinzugekommen ist die Kategorie **Datenschutz**, die aus folgenden Bereichen besteht:

⑩ Sie können Ortungsdienste gezielt für jede App freigeben oder sperren und überdies festlegen, ob Sie Änderungen an diesen Einstellungen zulassen möchten oder nicht.

⑪ Sperren Sie den Zugriff verschiedener Apps auf Ihre Kontakte.

⑫ Legen Sie den Zugriff verschiedener Apps auf Ihren Kalender fest, so dass diese Apps bei Bedarf beispielsweise Kalendereinträge erzeugen können.

⑬ Hier können Sie lediglich festlegen, dass an bestehenden Erinnerungen keine Änderungen vorgenommen werden und neue Apps nicht auf Ihre Erinnerungen zugreifen können.

⑭ Legen Sie fest, welche Apps auf Ihre auf dem iPhone gespeicherten Fotos zugreifen dürfen.

⑮ Über den Punkt **Bluetooth-Freigabe** verhindern Sie, dass irgendwelche Apps, die dafür nicht vorgesehen sind, Daten über Bluetooth versenden. Falls Sie Apps verwenden, die Bluetooth zur Datenübertragung nutzen, werden sie hier angezeigt, und Sie können entscheiden, wie Sie vorgehen.

⑯ Legen Sie fest, ob Sie die Twitter-Nutzung auf dem Gerät erlauben oder nicht.

⑰ Bestimmen Sie, welche Apps auf Ihren Facebook-Account zugreifen dürfen und welche nicht.

⑱ In der Rubrik **Änderungen zulassen** bestimmen Sie schließlich, ob Änderungen an Einstellungen der folgenden Bereiche erlaubt sind: **Accounts**, **Meine Freunde finden** und **Maximale Lautstärke**.

⑲ Zu guter Letzt können Sie im Bereich **Game Center** noch Einstellungen für das Game Center vornehmen. Sie können die Mehrspielerfähigkeit beschränken und auch die Möglichkeit, Freunde hinzuzufügen.

Alles in allem haben Sie eine ganze Reihe von Möglichkeiten, Ihr iPhone sicher zu machen und vor fremdem Zugriff zu schützen. Sollte es aber doch einmal in fremde Hände geraten, sperren Sie es via Fernsperre oder löschen die darauf enthaltenen Daten per Fernlöschen. Beide Themen behandele ich in Kapitel 9, »Synchronisieren mit iCloud«.

Backups verschlüsseln

Wenn Sie Ihr Backup mit iTunes erstellen – egal, ob über ein WLAN oder kabelgebunden –, können Sie es in jedem Fall verschlüsseln.

1. Um Backups zu verschlüsseln, öffnen Sie iTunes und klicken Ihr iPhone in der Seitenleiste an, um in die Synchronisationseinstellungen zu gelangen.

2. Scrollen Sie im Bereich **Übersicht** nach unten bis zum Menüpunkt **Backup**, und setzen Sie ein Häkchen bei **Lokales Backup verschlüsseln** ❶.

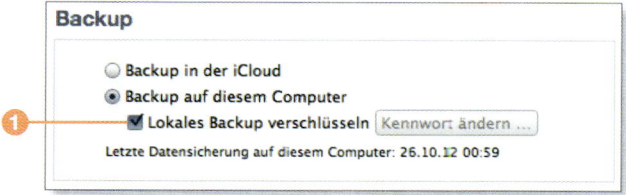

3. Daraufhin öffnet sich ein weiteres Dialogfeld, in dem Sie ein Kennwort für Ihr Backup eingeben ❷ und dieses zur Bestätigung noch einmal wiederholen müssen ❸. Darüber hinaus können Sie noch entscheiden, ob Sie das Kennwort in Ihrem Schlüsselbund speichern möchten ❹ (nur Mac). Klicken Sie dann zur Bestätigung auf **Kennwort festlegen** ❺.

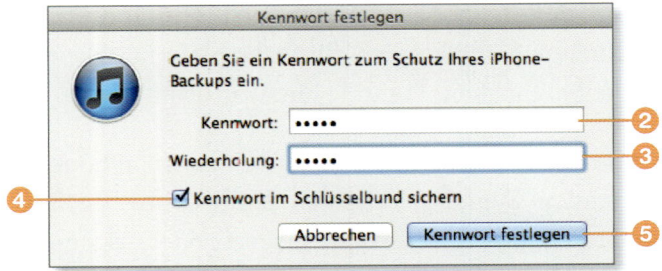

Fortan wird jedes Backup, das von Ihrem iPhone erstellt wird, verschlüsselt. Selbstverständlich können Sie bei Bedarf den Kennwortschutz auch wieder aufheben.

Index

- E-Mails, Musik, iCloud, Fotos und Spiele

- Alles Schritt für Schritt erklärt

- Die besten Apps für Ihr iPad

Herbert Thoma, Marc Oliver Thoma

Das neue iPad
Die verständliche Anleitung

Entdecken Sie die Möglichkeiten Ihres iPads! Schritt für Schritt zeigt Ihnen dieses Buch, wie Sie Ihr iPad nutzen können. Für jeden verständlich und mit hohem Praxiswert. Erleben Sie großartige Anwendungen und lernen Sie die besten Apps kennen. iCloud, Musik, Filme, Spiele und Fotos: So holen Sie das Beste und Schönste aus Ihrem iPad heraus.

303 S., 2012, komplett in Farbe, 19,90 Euro
ISBN 978-3-8421-0059-6
www.vierfarben.de/3174

»Ein unbedingtes MUSS für jeden iPad-Neuling. Das Buch ist klar gegliedert und führt in alle grundsätzlichen Funktionen des iPad ein.«
Peter Ernszt, IT-Dozent

- Den Mac richtig bedienen, ins Internet gehen, Probleme lösen

- Safari, Mail, iPhoto, iMovie, iTunes und andere Programme nutzen

- Aktuell zu OS X 10.8 Mountain Lion

Jörg Rieger, Markus Menschhorn

Das große Mac-Buch
für Einsteiger
Aktuell zu Mountain Lion

Entdecken Sie Ihren Mac! Dank der unkomplizierten Anleitungen und zahlreichen farbigen Abbildungen dieses Buches erlernen Sie den Umgang mit Ihrem Mac und OS X Mountain Lion schnell. Alle wichtigen Themen werden anschaulich, leicht verständlich und unterhaltsam erklärt – egal ob Sie im Internet surfen, E-Mails schreiben und Ihre Bilder mit iPhoto bearbeiten möchten oder vielleicht Hilfe mit iTunes, Windows auf dem Mac oder bei der Datensicherung über iCloud brauchen.

446 S., 2013, komplett in Farbe, 24,90 Euro
ISBN 978-3-8421-0052-7

Leseprobe im Web!

- E-Mails schreiben, Fotos bearbeiten, Mac-Programme nutzen

- Daten vom Windows-PC auf den Mac übertragen

- Alle Gemeinsamkeiten und Unterschiede verständlich erklärt

Jörg Rieger, Markus Menschhorn

Das Mac-Buch für Windows-Umsteiger
Aktuell zu Mountain Lion

Sie haben bisher mit Windows-Computern gearbeitet und sich nun einen Mac gekauft? Dann ist dieses Buch das Richtige für Sie! Jörg Rieger und Markus Menschhorn kennen sich in beiden Welten bestens aus und unterstützen Sie beim Um- und Einstieg. Sie erfahren, was anders ist am Mac, wo Sie gewohnte Programme und Funktionen finden und wie Sie Ihre Daten sicher übertragen. So finden Sie sich schnell auch in der Mac-Welt zurecht!

393 S., 2013, komplett in Farbe, 19,90 Euro
ISBN 978-3-8421-0053-4
www.vierfarben.de/3161

- Das komplette Wissen zum Mac, verständlich erklärt

- Fotos, E-Mails, Internet, Administration, Sicherheit u.v.m.

- Mit zahlreichen Schritt-für-Schritt-Anleitungen

Florian Gründel

Mac OS X Mountain Lion
Der umfassende Ratgeber

Entdecken Sie die Möglichkeiten und Funktionen Ihres Macs! Sie werden staunen, was alles im neuen Betriebssystem OS X Mountain Lion steckt. Der Apple-Experte Florian Gründel zeigt Ihnen Schritt für Schritt, was Sie tun müssen und steht Ihnen in allen Fragen mit Rat und Tat zur Seite. Zahlreiche Tipps und Tricks aus der Praxis helfen Ihnen dabei, Ihren Mac in jeder Situation souverän zu bedienen. Mit diesem Buch haben Sie immer einen verlässlichen Begleiter zur Hand.

873 S., 2013, komplett in Farbe, 39,90 Euro
ISBN 978-3-8421-0056-5
www.vierfarben.de/3163

■ Lernen Sie die Möglichkeiten von Skype kennen

■ Kostenlos und weltweit über das Internet telefonieren, Video- und Gruppengespräche führen, SMS, chatten u.v.m.

■ Leicht verständlich, Bild für Bild erklärt

Patrick Hollecker

Skype
Die Anleitung in Bildern

Dank Skype können Sie nicht nur kostenlos mit Familie und Freunden telefonieren, sondern sie dabei sogar sehen! Schritt für Schritt erklärt Ihnen Patrick Hollecker, wie Sie Skype installieren, Webcam und Mikrofon anschließen, Ihr Profil einrichten, jemanden anrufen oder ein Video-Telefonat führen.

270 S., 2012, komplett in Farbe, 14,90 Euro
ISBN 978-3-8421-0045-9
www.vierfarben.de/3098

»Wer dachte, Skype erklärt sich von selbst, könnte in diesem Vierfarben-Buch noch eine Menge Neues erfahren.«
Mac Life

- Sicher im Internet surfen und einkaufen

- E-Mails, Online-Banking, Skype, Filme und Spiele

- Keine Vorkenntnisse erforderlich

Herbert Thoma, Marc Oliver Thoma

Internet
Der leichte Einstieg

Im Internet einkaufen, E-Mails schreiben oder bei Google etwas suchen. Dieses Buch zeigt Ihnen, wie es geht. Unsere Autoren Marc Oliver Thoma und sein Vater Herbert Thoma erklären Ihnen alles, was Sie wissen müssen, um im Internet zu surfen. Alles wird in Schritt-für-Schritt-Anleitungen und mithilfe von konkreten Beispielen erklärt. Und weil die Autoren auf Fachchinesisch verzichten und Ihnen mit Rat und Tat zur Seite stehen, sind keinerlei Vorkenntnisse notwendig. Legen Sie los!

ca. 300 S., komplett in Farbe, 14,90 Euro
ISBN 978-3-8421-0035-0, August 2013
www.vierfarben de/2985

- Für Fotoenthusiasten: Einfach anders fotografieren

- Neue Bildideen entwickeln und kreativer fotografieren

- Zahlreiche Projekte für zu Hause und unterwegs

Jacqueline Esen

Fotografieren!
Die Fotoschule zum Mitmachen

Dieses Buch bietet Ihnen haufenwe se Fotoideen und Anregungen! Ob Sie wenig Zeit haben oder viel, ob Sie gerne drinnen oder lieber draußen fotografieren, für jeden ist etwas dabei: von kleinen Fotosnacks für zwischendurch bis zu Tages- und Monatsprojekten. Die Vollblutfotografin Jacqueline Esen weist Ihnen auf dem großen Spielplatz der Fotografie den Weg. So können Sie sofort loslegen!

379 S., 2012, komplett in Farbe, 29,90 Euro
ISBN 978-3-8421-0034-3
www.vierfarben.de/2982

»Dieses Buch können wir jedem nahe legen, denn es erweitert die eigene Kreativität auf angenehme Art und Weise.«
prophoto.de

Vierfarben

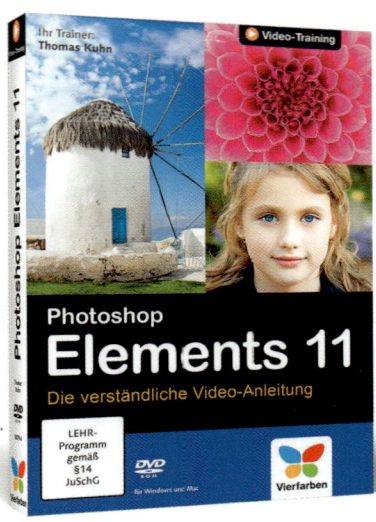

- Bequem lernen durch Zuschauen und Mitmachen

- Begeisternde Fotos aus Schnappschüssen zaubern

- Rezepte für perfekte Porträts, Landschaftsaufnahmen und Urlaubsfotos

- Bilder optimal organisieren

Thomas Kuhn

Photoshop Elements 11
Die verständliche Video-Anleitung

Lernen Sie Photoshop Elements wie im Spiel – auch ganz ohne Vorkenntnisse. In diesem Video-Training erfahren Sie Film für Film, wie Sie Ihre Bilder entscheidend verbessern und eigene Kunstwerke daraus erschaffen. Ihr Trainer Thomas Kuhn zeigt Ihnen ausführlich alle Arbeitsschritte in Photoshop Elements – vom Fotoimport bis zur Bearbeitung und Präsentation als Diashow oder Webgalerie. Mit diesem Training bekommen Sie Ihre Bilder ganz einfach in den Griff!

DVD, Windows und Mac, 12 Stunden Spielzeit, 29,90 Euro
ISBN 978-3-8421-0079-4
www.vierfarben.de/3298